古代歷史文化 研究輯刊

十四編

王明蓀 主編

第 3 冊

先秦「樂神」精神與中國
尚「文」政治傳統研究（上）

雷大川 著

國家圖書館出版品預行編目資料

先秦「樂神」精神與中國尚「文」政治傳統研究（上）／雷大川
著 -- 初版 -- 新北市：花木蘭文化出版社，2015〔民104〕
目 4+168 面；19×26 公分
（古代歷史文化研究輯刊 十四編：第 3 冊）
ISBN 978-986-404-311-8（精裝）
1. 中國政治思想 2. 先秦
618   104014369

ISBN-978-986-404-311-8

古代歷史文化研究輯刊
十四編　第三冊　　　　　　　ISBN：978-986-404-311-8

先秦「樂神」精神與中國尚「文」政治傳統研究（上）

作　　　者　雷大川
主　　　編　王明蓀
總 編 輯　杜潔祥
副總編輯　楊嘉樂
編　　　輯　許郁翎
出　　　版　花木蘭文化出版社
社　　　長　高小娟
聯絡地址　235　新北市中和區中安街七二號十三樓
　　　　　　　電話：02-2923-1455／傳眞：02-2923-1452
網　　　址　http://www.huamulan.tw 信箱 hml810518@gmail.com
印　　　刷　普羅文化出版廣告事業
初　　　版　2015 年 9 月
全書字數　292513 字
定　　　價　十四編 28 冊（精裝）台幣 52,000 元

版權所有·請勿翻印

先秦「樂神」精神與中國
尚「文」政治傳統研究(上)

雷大川　著

作者簡介

　　雷大川，家族世代安居於中國吉林省。承蒙天恩，紫氣東來，書香盈門，自幼濡化於詩書文墨之家。書香之家的濡染，母國古典文化怡然我的心魂。如果說，故鄉的白山黑水是恩養我的自然家園，那麼華夏古典文化則是我的精神原鄉。印度詩哲泰戈爾曾說過：世界上還有什麼事物，比中國文化的美麗精神更值得寶貴的？當我們沉浸於中華古典文化，感悟其中的「樂神」精神與詩意靈魂，更會體味到這句話的深長意味！

　　人皆銜天命而降生。在下雖為一介布衣，「為天地立心，為生民立命，為往世繼絕學，為萬世開太平」，乃矢志不渝之終身使命。明知自不量力，但仍要負重前行。

提　　要

　　從哲學人類學維度而言，人性內涵「神性」之維，每個人心魂深處都升騰著神聖的嚮往。不要問上帝與神明是否存在，關鍵是如何感悟上帝與神明的存在。樂舞「通於神明，參於天地」，中華上古先民在古「樂」之中體悟到神聖的升騰與神明的臨在。在中國先秦文化中，樂舞作為一種生命情態，寄寓著靈魂超越、「神人以和」的超驗境界，在這一超驗境界中，華夏先哲以「道」為心，在「遊心太玄」之際，彷彿踏入「行乎陰陽而通乎鬼神」的天路歷程，心魂深處領受著「天人合一」、「神動天隨」的超驗意識，這一神聖的超驗意識即是中國先秦「樂神」精神。先秦「樂神」精神發軔於以樂舞祭祀神明的祭祀儀式，流變為幽深玄遠之「道學」，詠歎於千古流芳之詩文佳作。「樂神」精神從先秦以致明清，大化流行，千古迴蕩，歷經世代之沉潛，逐漸凝結為「中華魂」，化成「詩化的中華」與尚「文」的華夏傳統。如果說「酒神精神」濡化古希臘文明的獨特品格，那麼，「樂神精神」則化育華夏文明獨特的精神魂魄，形塑中華政治傳統的尚「文」本性。

目次

緒　論

　　德國著名哲學家黑格爾曾說過：「聲音的餘韻只在靈魂最深處蕩漾。」
〔註 1〕音樂的審美意境「既使心靈和宇宙淨化，又使心靈和宇宙深化」，從
而讓人「在超脫的胸襟裏體味到宇宙的深境」〔註 2〕。黑格爾的美學意境深
刻揭示出美學的超驗之維，這種神聖的超驗之維跨越時空，與先秦「樂神」
精神千古迴蕩，遙相呼應。當音樂的「餘韻」蕩漾於「靈魂最深處」之時，
一種「通於神明，參於天地」超驗意識便會驀然升騰，人們彷彿踏上「行乎
陰陽而通乎鬼神」的天路歷程，這種神聖的超驗意識即是中國先秦時代「樂
神精神」。「詩爲樂語」。先秦「樂神」精神歷經世代輾轉，逐漸濡化成中華
禮樂文明，沉澱爲尚「文」政治傳統。

　　每一個社會都是從傳統社會中脫胎而出，因而每一個民族都遺傳著傳統
的「文化性格」，每一個社會都承傳著傳統的「文化基因」。「傳統」作爲社
會的「文化基因」與民族的「文化性格」，深刻的影響著一個民族、一個社
會的命運。現代的華人社會脫胎於數千年的傳統社會，傳統之於現代華人社
會的「慣性力」尤爲巨大。著名學者殷海光在《中國文化的展望》中將中國
人稱之爲被「古祖牽著手走的孩子」，足見傳統對華夏民族有著甚爲深重的
影響。探究先秦「樂神」精神與尚文政治傳統具有十分重大的學理意義與現
實價值。

〔註 1〕黑格爾：《美學》第 3 卷，商務印書館，1997 年，第 333 頁。
〔註 2〕宗白華：《美學與意境》，人民出版社，1987 年，第 214 頁。

一、「樂神」精神升騰浩蕩千古的「中華魂」——在幽深玄遠中感悟「樂神」精神

作爲現代哲學基本詞彙，從古至今一直被哲學家所廣泛使用，直到黑格爾的「絕對精神」概念的出現，「精神」一詞的運用達到了鼎盛時期。黑格爾心中有一個「世界之神」，它創造了這世界上的一切。物質的、精神的都從它那裡產生，最後又都返回到它那裡去，黑格爾所說的這個「世界之神」即是「精神」，他將「世界之神」理解爲一種「精神」。在黑格爾看來，「精神」具有一種「神性」，它是「神」在世間最高貴的體現，世界上的一切皆是「神」的外在表現。精神之「神」作爲世界的本原、起源，乃至本質處於不斷的演化之中，升騰著無限的內在意蘊。精神可以賦予萬物不斷向上的動力，並主宰著整個宇宙萬物的變化與衍化，一株草，一棵樹，一粒種子，地面上一切凡是有生命的東西，皆可以用精神的定義去解釋，從一定意義而言，宇宙萬物皆是一種精神的存在，精神的跌落意味著整個世界滅亡。一個民族若沒有精神的升騰，也必然要向下沉淪，在精神萎靡逐漸消亡。先秦「樂神」精神作爲華夏先民「形上性」的超驗意識，挺起華夏民族的精神天空，生發著華夏民族生生不息的內在精神動能。先秦「樂神」精神發軔於上古先民以樂舞祭祀神明的宗教儀式，流變爲幽深玄遠之「道學」，詠歎於千古流芳之詩文佳作。「樂神」精神從先秦以致明清，千古迴蕩，讓世代華夏英靈尋找到了安身立命的精神根基與形上救贖，蔚爲「中華魂」。

（一）「大道爲心」與「神動天隨」——「樂神」精神開掘中華文化的核心之「道」

「所有關於上帝的陳述乃是關於人的陳述」。[註3] 德國哲學家、現代哲學人類學創始人之一舍勒說：「在神身上，人描述了自己。」因爲，「人的生成與神的生成從一開始就是互爲依存的」[註4] 在蒼茫邈遠的上古之際，中華先民與「樂神」精神互爲依存。伏羲與神農作爲華夏民族的人文始祖，史載：「伏羲作琴，神農造瑟」。[註5] 琴與瑟在上古中國社會中不僅僅是一種藝術形態，而是一種涵蓋政治宗教等諸多範疇於一體的精神載體與文化符號。作爲一種精神符號，「樂」與華夏民族的人文始祖相伴而生，歷經世代演繹，逐

〔註 3〕藍德曼：《哲學人類學》，北京：工人出版社，1988 年，第 99 頁。
〔註 4〕劉小楓選編：《舍勒選集》下，上海：三聯書店，1999 年，第 1361 頁。
〔註 5〕司馬貞：《三皇本紀》。

漸升騰爲「樂神」精神。在「樂神」精神的高遠境界中，上古先賢聖哲「陳述」自身關於天地之大道、人生之眞道、治國之政道的深切感悟，從而開掘出中華文化的精神主脈，化育出中華文化的獨特之「道」。相較於世界各國，中國可謂是一個「道」的國度。宇宙、天地、萬物、人類各有其「道」，雖視之不見，聽之不聞，但卻無所不在。自古以來，身爲華夏人，始終以「明道」、「悟道」、「得道」、「守道」爲安身立命之本。中華之「道」，作爲中華文化獨有的思維範疇影響甚巨，彌漫於中華文化的方方面面，滲透於華夏民族之骨髓，凝聚爲中華文化之魂。如果說在上古之際，「樂神「精神是洋溢於宗教祭祀儀式中的「神道」，那麼時至人類「軸心時代」，隨著人文意識的萌醒，「樂神」精神作爲一種超驗意識會通於「老、莊」之道，千古貫通，開拓出中華文化的精神天空。

公元前 800 至公元前 200 年之間，人類文明在歷經漫長童蒙期之後，在地中海沿岸與中國海沿岸迅速發育，它們幾乎同時進入極具里程碑意義的新時代——「軸心時代」。在軸心時代裏，人類文明實現自我的重大突破。各個文明都湧現出偉大的精神導師——古希臘有蘇格拉底、柏拉圖、亞里士多德，古印度有釋迦牟尼，古老的中國有老子、孔子、莊子，他們的思維理念形塑出不同的文化傳統，千古以來，一直影響著人類的生活。雖然這些偉大的精神導師走過不同的心路歷程，開創出不同的文化形態，但殊途而同歸，「宇宙本體論」都是其內在的精神源頭。

遠在上古之際，無論在西方抑或在東方，先賢聖哲們關於宇宙、自然、社會和人生的種種探究，都洋溢著以哲理思辨、整體解悟爲特徵的美學精神。那浩瀚無垠的宇宙、無邊無際的浩瀚長空，不知引發多少先賢聖哲的無限神往，形而上學的冥思與開示開啓中西方古典美學的精神原點。中國的莊子、古希臘的柏拉圖，兩位哲人雖茫然交錯、天各一方，但卻不約而同地走上審美的天國之路，也許他們循著不同維度與路徑，但最終他們都登臨了審美的天國。儘管此後東西方文明，沿著各自不同的維度跋涉了兩千餘年的精神之旅，形成貌似格格不入的「文化傳統」，可是，當我們追溯一下這「傳統」的精神源頭時，卻會驀然地覺悟，假若兩千年前的莊子與柏拉圖能夠有緣一聚，定會成爲精神知己。諸多美學家皆認爲美學是哲學的一部分，可是，當我們深入研探莊子本文與柏拉圖本文時，卻會有完全相反的領悟。無論莊子還是柏拉圖，他們最神往的精神境界是能「至美」之境，他們的理論，與其稱之

爲「哲學」，不如稱之爲「人生美學」更爲恰當。在人類精神的初春期，美的意念是高於一切的，並無特定的學科意識。東方的審美體悟，由莊子歸納爲「道」，西方的審美的「凝神觀照」，由柏拉圖歸結爲「理念」（朱光潛譯爲「理式」）。而「道」和「理念」只是「天界之美」的不同表述方式，二者在本質上是相通的，〔註6〕皆源自於「神聖天空」的神思與頓悟！

無論是古希臘古典美學，還是中國古典美學，「神聖天空」的精神信仰超拔起共通的審美天國，靈魂深處的靜觀與生命皈依開啓出通往天國的審美之路。美在天國、美在神聖的精神意念不僅來自於西方先賢聖哲的開示，也源自於東方文化聖哲的詠歎；美的崇高與神聖不僅是歐洲先哲在上帝信仰中開示出審美體驗，也是中國先賢在審美超驗中所歷經的天路歷程，在俯仰天地之間，上古中國先民體驗到浩瀚長空之「大美」！

「神聖天空」崛起於「萬物有神」的精神信念，所謂：「山林、川谷、丘陵，能出雲爲風雨，見怪物，皆曰神」。〔註7〕對於上古先民而言，江、河、雲、風皆被賦予神秘的能力，「空間的部分和東南西北的方位也有自己神秘的意義」。〔註8〕無論在西方還是在東方，「世界之所以成爲一個我們能夠理解的世界和宇宙，在一定程度上，就是因爲它是自我顯現出作爲一個神聖世界的」。〔註9〕浩瀚的長空充滿著無限的神秘，在歷代先賢聖哲的神思冥想中，深邃的星空一直被視爲「顯聖之物」，

在中國先賢聖哲的心魂深處，「天」既是自然之「天」，也是「命運之天」。如果說宇宙大爆炸開啓了人類的物質世界，那麼「神聖天空」的精神信仰則開啓中國先民的精神世界。當人置身於天地之間，凝望蒼茫遼遠、深邃浩大的天空，在心馳神往中，深沉的哲思、超驗的審美意識不禁湧上心頭。美之真諦顯現在物我兩忘的超驗境界中，如何「致虛守靜」，消除物我間距，跨越空間阻隔，在「滌除玄鑒」中釋放靈魂深處的神思暢想，升騰到朗朗澄明之空靈意境，這一直是先秦之「道」的永恒求索。

「道」是一個極具中國本土色彩的精神意念。它從一個實物名詞推演爲中國傳統文化中最爲古老的精神意念，可謂中華文化的精神源頭與邏輯起

〔註6〕李文方：《論龍子美學與柏拉圖美學》，載於《學習與探索》，1989年第6期。
〔註7〕《禮記·祭法》。
〔註8〕列維·布留爾：《原始思維》，丁由譯，北京：商務印書館年，第30頁。
〔註9〕同上，第30頁。

點。以「道」爲精神原點，開闢「軸心時代」，百家爭鳴，「道」內涵不同的精神意蘊。但作爲一種抽象的哲理意念則源自老子、莊之學。在老子的精神意念中，「道」被視爲萬物生機、萬物之宗主。莊子之「道」得承於老子，但與老子之「道」卻有不同，二者共同開啓中華「道學」精神主脈。

老子之「道」是推天道以明人事，從一定意義而言是現世的權謀之道：以「無爲」求「有爲」，以「出世」來「入世」，內涵凝重的現實情懷；而莊子之「道」則在「遊心太玄」之際，極具超驗意識。在莽莽乾坤之中，人如何定位此生之位階？在千古悠悠之中，人如何尋求永恒的生命意義？這是一個難解的千古之謎。

「生而自由，卻無往而不在枷鎖之中」，〔註10〕這雖然是近代西方哲人的人生感歎，但卻與兩千前的東方莊子遙相呼應，共同感發出人類的生存困境。「人的存在是被限制的、有限性的東西。人是被安放在缺乏、不安、痛苦的狀態，而常陷於矛盾之中。美或藝術，作爲從壓迫、危機中，回覆人的生命力，並作爲主體的自由的希求，是非常重要的。」〔註11〕兩千前的莊子雖未曾以相同哲學語境來闡釋這一共通的人生困境，但「美或藝術」是「回覆人的生命力」，這一生命真諦的體悟早在兩千年前即開示於莊之學。莊子之學最爲深切的夙願即是如何讓人的心魂升騰到「天界至美」的超越境界，從而在紛紛擾擾的一片迷茫中，洞悉生命的本源意義。

心魂之淨化、自我之救贖、人性之回復，皆源自於「道」的體悟。「天界至美」澄明於「人與神合」、「靈與道歸」之際。胸若萬籟空靜之幽谷，心魂自會悄然落定，心魂落定則神思高遠，神思高遠則靈命升騰，靈命升騰，天國之美自會豁然開朗。在天國之美中，「道」之根底、「生」之本源就會在人的心魂深處得以徹底了悟。

「虛靜」、「空靜」是中國古典審美意念的至高境界，是審美主體在超越世俗功利煩擾後，在怡然自得的靈魂深境中所達到的一種崇高的審美天界。「靜」這一意念源自老子之悟。老子覺悟「道」乃宇宙萬物之本體，「靜」則爲本體之「道」的精神歸宿。「夫物芸芸，各歸其根。歸根曰靜，靜曰覆命。覆命曰常，知常曰明。」〔註12〕現代哲學大師任繼愈先生在《老子新譯》中

〔註10〕盧梭：《社會契約論》。
〔註11〕黑格爾：《美學》第一卷，商務印書館，北京：1979年，P124－12碩。
〔註12〕《老子・十六章》。

注曰：觀復即「觀察它的循環往復」，歸根即「最後又各自回到它的出發點」。〔註13〕這個出發點就是「寂兮寥兮」的清虛寂靜之境。萬物蓬勃生長，老子在蓬勃生長的物象中，覺悟出往復循環的天地之理。在老子看來，萬物紛紛芸芸，千態萬狀，但是最後總要返回到自身的本來狀態，這種狀態乃是「虛靜」的狀態。

如果說「靜」為本體之「道」的靈魂歸宿。那麼「心齋」與「坐忘」則是體悟天道的心魂通道，在這一心魂通道中，人踏上了冥和天界至美的天路歷程。《莊子》關於體道有多種表述，如「心齋」、「坐忘」、「養心」等，但最基本的還是「心齋」與「坐忘」。《說文》云：齋，戒潔也。〔註14〕故「心齋」的基本義應是潔淨心靈，《莊子·知北遊》曰：汝齊戒，疏瀹而心，澡雪而精神。「齊」即「齋」。古人認為雪色潔白，晶瑩剔透，象徵著純潔，乃世間至純之物，以雪洗身可以清淨神志，並以此喻清除意念中的雜質，使神志保持純正。人的心靈本來是空明靈覺的，但在現實中被情慾理智和道德規範所遮蔽，日積月累，心靈被捆縛，蒙上塵垢，使人不得真我，難獲真知。求道的第一步便是祛除這些遮蔽物，使心回到「虛靜空靈」之態，而所謂祛除，即是「忘」的工夫。「心齋」之忘是逐層達到的。

如果說「心齋」讓人潔淨心靈，獲得真我，「坐忘」則要將此真我也一併捨棄，讓個體生命與宇宙生命合二為一，「心齋」與「坐忘」看似只一步之遙，而「有我」與「無我」的境界，實差之千里。在「心齋」之中返璞歸真，讓人性回歸本真，生命不再成為一種醜陋虛假表演的人生道具；在「坐忘」中凝神觀照內在心魂，在凝神觀照中洗淨人心塵埃，心魂滌蕩則「心遊太玄」，「心遊太玄」則「天人冥和」，天地之「大美」便豁然洞開，故「心齋」、「坐忘」則是通達天地之道的天路歷程。如何將人心歸化為「道心」，如何將人體轉化為「道體」，這是莊子之學的心魂歸宿，也是莊子之學至高無上的精神訴求，徐復觀先生在感悟莊學之美時，不由得感歎：「心齋」與「坐忘」的心念乃莊子之學的精神核心。

從「類」的屬性上看，人類是唯一擁有生命自覺意識的精神存在。茫茫乾坤，人即是一個生物性存在，亦是一種精神性的生命存在，只有人類真正能感悟到人生苦短的那份悲涼與無奈的苦楚。而古老的東方文化語境使華夏

〔註13〕任繼愈：《老子新譯》，上海：上海古籍出版社，1985年，第111頁。
〔註14〕（漢）許慎撰：《說文解字》。

先民的這種生命憂患意識更為強烈深沉，中國是一個農業古國農業文明歷史
悠久，自足封閉的農耕文明是中華文明的典型特徵。農耕文明十分注重農時，
春耕夏播、秋收冬藏，四季分明，榮枯有序。花開花謝、四季輪迴而人生一
去不復返的生命比照更讓人觸景生情，自然永恆而人生短暫，四季輪迴不息
而人生卻只有一次，自然因其永恆而真實，生命卻因其必將消失而變得虛幻
而難以把握，華夏先民就是在這樣的無奈的悲涼憂傷之下感悟著生命和自然
的節奏，懷著沉重的生命憂患意識而難以釋懷。無論是孔子望逝川而傷懷：「逝
者如斯夫，不捨晝夜！」〔註15〕還是莊子悵然感歎：「人生天地之間，如白駒
過隙，忽然而已！」〔註16〕都是這種天地悠悠、人生一瞬的深沉感慨！這種
深沉的感慨延綿千古，逐漸生發為一種永恆的文化情結與哲學主題。人生的
無奈在莊子之學中並不是在悲涼中自愛自憐，也不是在空明中失去昂揚升騰
的豪邁，而是在心魂「體道」的澄明之中，將人心化為「道心」，將肉身昇華
「道身」，在「心齋」與「坐忘」中冥和天道，在冥和天道之際，體悟到滌蕩
一切人間凡塵的清新瑩潔之天國之美：「藝術心靈的誕生，在人生忘我的一剎
那，即美學上所謂『靜照』。靜照的起點在於空諸一切，心無掛礙，和事務暫
時絕緣。這時一點覺心，靜觀萬象，萬象如在鏡中，光明瑩潔，而各得其所，
呈現著它們各自的充實的、內在的、自由的生命，所謂萬物靜觀皆自得。這
自得的、自由的各個生命在靜默裏吐露光輝。」〔註17〕這種至深的體驗不同
於一般感官視聽愉悅，而是一種內在的、暫時捨棄了耳目視覺的「靜照」與
「靜觀」，是道家天界之美超驗意識。這種形而上的在靜極、虛無、空明中的
體驗，既不同於尼采美學中「日神」的幻覺，又不同於「酒神」的狂歡這些
基於生命意志的律動，而是在虛無恬淡中游心太玄，體悟生命終始之奧妙和
大道運行之常則。它是一種來自於對人生、宇宙之大道的超驗情懷，這種超
驗的情懷，我們可以將其稱之為「樂神」精神與「詩魂」情懷。

（二）詩詞中的精神朝聖——在「樂神」與「詩魂」的交融中湧蕩
　　　起千古浩然正氣

　　「自后夔以來，樂以詩為本」〔註18〕。先秦「樂神」精神發軔於遠古祭

〔註15〕《論語・子罕》。
〔註16〕《莊子・知北遊》。
〔註17〕宗白華《美學與意境》，人民出版社，1987年版，第228頁。
〔註18〕鄭樵：《樂府總序》。

祀樂舞，歷經世代輾轉，逐漸沉浸於千古流芳的詩詞神韻之中，大化流行，
千古迴蕩，化成一種詩意的存在。詩是一種靈魂的朝聖。歷代先賢聖哲在冥
和天道之際，將自我的靈魂升騰到永恒神聖的高度，在超然曠遠的崇高境界
中，徹悟著宇宙人生之大義。「樂神」與「詩魂」的千古迴蕩，激揚起華夏民
族永恒不朽的千古浩然正氣，挺起華夏民族生生不息的精神脊梁，蔚爲華夏
民族之魂。

在莊學之後的兩千餘年，人生微茫的悲涼與無奈化作不朽的詩魂，千古
回響，讓人難以釋懷。「往事越千年、人生不足百」的遺恨任憑歷史洪流的沖
刷依然令讓後來者感歎不已。

> 對酒當歌，人生幾何？譬如朝露，去日苦多。慨當以慷，憂思
> 難忘。

一代雄傑曹操在《短歌行》中的悲愁彰顯漢魏亂世，人命更爲飄忽短暫的悲
劇。魏晉而後，千年已過，飄忽一瞬，時至唐代，凡塵中的盛世繁華依然難
掩人生如朝露的蒼涼與冥茫：

> 前不見古人，後不見來者。念天地之悠悠，獨愴然而涕下！

面對遼闊的山河，獨立於悠悠天地間，時空無限、人生一瞬的無奈悲情不禁
油然而生，這是唐代初期一首弔古傷今的生命悲歌，從中我們可以感悟出，
人雖生逢於繁華昌盛的唐代盛世，但卻依然難掩孤獨遺世、獨立蒼茫的落寞
情懷。時至近古之明代，這種天地永恒、人生一瞬的孤獨與蒼涼雖然依舊是
一代英靈的人生悲歌，但卻迴蕩起貫通千古的浩然正氣，湧動著超然豪邁的
生命意志：

> 滾滾長江東逝水，
> 浪花淘盡英雄。
> 是非成敗轉頭空，
> 青山依舊在，
> 幾度夕陽紅。
> 白髮漁樵江渚上，
> 慣看秋月春風。
> 一壺濁酒喜相逢，
> 古今多少事，
> 都付笑談中。

這首詠史詞，借敘述歷史興亡抒發人生感慨，豪放中有古雅，高亢中有深沉。從全詞看，基調慷慨沉雄，意味無窮，讀來令人蕩氣迴腸，不由得在心頭平添萬千感慨。在湧蕩千古風雲之際，這首詩詞又舒展出一種淡泊恬靜、怡然自得之古雅意境，折射出深邃而又超脫的人生哲理。作者試圖在歷史長河的奔騰與沉澱中探索永恒價值，在是非成敗之間尋找深刻的人生真諦，有歷史興衰之感，更有人生沉浮之慨，體現出一種高潔的情操、曠達的胸懷。讀者在品味這首詞的同時，彷彿感到那奔騰流放的不僅僅是滾滾長江之水，還有那千古不朽的浩然正氣與民族英魂。

在這凝固地歷史畫面上，白髮的漁夫、悠然的樵漢，意趣盎然於秋月春風。江渚即為江灣，是風平浪靜的休閒之所。一個「慣」字讓人感到些許莫名的孤獨與蒼涼，幸虧有朋自遠方來的喜悅，酒逢知己，讓這份孤獨與蒼涼有了一份慰藉。「濁酒」似乎顯現出主人與來客情誼之高淡平和，其意本不在酒。古往今來，世事變遷，即使是那些名垂千古的豐功偉績也算得了什麼，只不過是人們茶餘飯後的談資而已。多少無奈，盡在言外。萬里長江裏挾歷史洪流奔騰而去，自古豪傑灰飛煙滅，真可謂「是非成敗轉頭空」，在這一時空交錯的境界中，即湧現出往事如煙的蒼茫與悲涼，也洋溢著高山隱士的淡泊與清幽，既是超脫的又是悲涼的，只是這種悲涼已經漸漸沒了火氣。面對似血的殘陽，歷史彷彿也凝固了，「幾度夕陽紅」的時空變換在「青山依舊在」的萬古不變中怡然落定，於是一種人生永恒的超驗情懷驀然而生。在天地永恒之中，拉開千年時空間距，歷盡紅塵百劫，感懷飄忽一瞬的短暫人生，糾葛於「是非成敗」，是何等愚妄之事！「是非成敗轉頭空」是對歷史滄桑的參悟，在參悟之中，一種怡然自得、曠達超脫的人生境界悠然而生。「是非成敗」都如同過眼煙雲，就不必耿耿於懷、斤斤計較；不如寄情山水，託趣漁樵，與秋月春風為伴，自在自得。作者平生抱負未展，橫遭政治打擊，他看透朝廷的腐敗，不願屈從、阿附權貴，寧肯終老邊荒也要持守浩然正氣。

浪奔水流，萬里滔滔永不休，任憑江水淘盡人間塵事，化作滔滔一片潮流。歷史總要不斷地向前推進，不以人的意志為轉移。青山不老，看盡炎涼世態；佐酒笑語，釋去心頭重負。任憑江水淘盡人間煙雲，化作滔滔一片潮流，但總會在奔騰中沉澱下些許的永恒。與人生短暫虛幻相對的是超然世外的曠達和自然宇宙的永恒存在。宇宙永恒，江水不息，青山常在，滌蕩人間塵埃，遊心太玄，讓心魂升騰於宇宙之永恒，大化流行於天地之間，人生無

限的超驗境界便可怡然自得。

這首詞的下片展現出一個白髮漁樵的形象,任它驚駭濤浪、是非成敗,他只著意於春風秋月,在握杯把酒的談笑間,固守一份寧靜與淡泊。而這位老者不是一般的漁樵,而是通曉古今的高士,就更見他淡泊超脫的襟懷,這正是作者所追求的理想人格與審美的生存境界。詞中「長江」、「逝水」、「浪花」、「英雄」、「青山」、「夕陽」、「漁樵」、「江渚」、「秋月」、「春風」、「濁酒」,意境高遠而淡泊,宛若一片清幽至美的人間仙境,在極具審美意境的時空下,湧動著「滾滾」、「淘盡」、「轉頭空」、「依舊在」、「幾度」、「慣看」、「喜相逢」、「笑談」這些栩栩如生而又悠然豪邁的世間風貌,從而使這首詞開拓出一片超離塵世的超驗審美境界。

浪奔浪流,萬里滔滔永不休,任憑江水淘盡人間塵事,化作滔滔一片潮流。歷史總要不斷地向前推進,不以人的意志為轉移。青山不老,看盡炎涼世態;佐酒笑語,釋去心頭重付。任憑江水淘盡人間煙雲,化作滔滔一片潮流,但總會在奔騰中沉澱下些許的永恒。與人生短暫虛幻相對的是超然世外的曠達和自然宇宙的永恒存在。宇宙永恒,江水不息,青山常在,滌蕩人間塵埃,遊心太玄,讓心魂升騰於宇宙之永恒,大化流行於天地之間,人生無限的超驗境界便可怡然自得。

1511 年(明朝正德六年),楊慎獲殿試第一。1524 年因得罪世宗朱厚熜,楊升菴被發配到雲南充軍。他戴著枷鎖,被軍士押解到湖北江陵時。正好,一個漁夫和一個柴夫在江邊煮魚喝酒,談笑風生。楊慎突然很感慨,於是請軍士找來紙筆。寫下了這首《臨江仙》。一代文士橫遭迫害,遠離故土,發配至千里之外的蠻荒之地,人生際遇之淒苦,讓人情何以堪。然而作者在這淒苦悲涼的人生境地中並沒有沉淪,反而是在詩情畫意的審美人生境界中升騰起生命本源的價值意義,從而超越此生,實現了人生的詩意棲居,在詩情畫意中物我冥和、怡然兩忘,超越今生的苦難,成全生命的救贖!

如風歲月,如夢年華,是人們對時間流逝的體驗與感歎,這是用心去度量時間。一代代後來者在無情的流逝中追求永恒價值意義,在審美的藝術境界中,體悟此生超脫於名韁利鎖後的怡然自得,這種超然審美的內在心魂與莊子的在天之靈遙相呼應,千古知音之情,迴蕩於永恒的天地之間!從上古的時期的孔子、莊子一直到中古時代的歐陽修、近古時代的楊慎,莫不如是。當人生走到盡頭,當生命即將離開塵世,天國的曙光便會依稀可見,歷經塵

世的紛紛擾擾、忙忙碌碌，到頭來依然是：「浪花淘盡英雄，是非成敗轉頭空」，當人超脫於是非成敗、功名利祿的塵網時，人便會在此生的迷茫中進入一種「澄明」之境，「生命爲何與生命何爲」在空明中終於得以開悟。然而「浪花淘盡英雄，是非成敗轉頭空」這種生命眞諦的開示並不是源自於一種人生的虛無、此生意義的幻滅，而是人生超脫於此世狹隘的羈絆，以心魂升騰於歷史洪流之上的豪邁情懷來縱橫古今，讓有限的人生在物我冥合中超越歷史時空，升騰爲一種崇高而神聖的審美境界，這種崇高而神聖的審美人生境界從先秦到而今，形塑千古不朽的「中華魂」，開啓東方古國形上的精神天空。

　　一個沒有靈魂的民族無異於一群烏合之眾。先秦「樂神」與千古「詩魂」引領華夏民族的精神朝聖，在這種精神的朝聖中，歷代先賢聖哲在靈魂的律動與宇宙韻律的冥和中，將自我的生存提升到一個神聖的高度，在超然曠遠的境界徹悟著宇宙人生的奧義，鼓蕩起千古浩然正氣。時至如今，先秦「樂神」與千古「詩魂」仍然內涵深邃而又永恒的價值意義。

二、「現在總是處於過去的掌心之中」——傳統的深邃意涵及其價值之維

　　在日常生活中，我們經常會提起傳統這一話語，但何謂傳統？傳統的本質意義究竟是什麼？有時我們好像只能意會而又難以言傳。傳統這一概念看似平常，其實卻內含著非同尋常的深邃意涵。從一般意義而言，傳統是世代承傳的歷史文明。然而，傳統作爲一個民族的「文化基因」與「文化性格」，其本身又具有先天的遺傳性，因而傳統不僅僅一種過去的存在，也是一種現實的存在。作爲一種過去的存在，傳統具有「歷時性」；但作爲一種先天遺傳的「文化性格」與「文化基因」，傳統又具有與當今共存的「共時性」。

　　從「歷時性」的維度而言，傳統是一種歷史的存在。作爲人類思想行爲最大的背景參照系，歷史情懷在心理激勵、心靈撫慰、陶冶情操、靈魂鑄造等方面有著不可代替的作用。蘭克在談到歷史的價值時說：歷史是人們的精神家園史學的研究，使人們的精神有所皈依，使人們的活動有了動力和目標，得以享受歷代的財富，會見往日的英雄豪傑，重溫往昔的種種生活，人生快事，莫過於此。在波瀾壯闊的歷史畫卷裏，既有英雄人物的悲歡離合、歷史事件的跌宕起伏、民俗風情的光怪陸離，也有歷史進程的陰差陽錯，在對歷史的審視中，體驗到人類創造的甘甜和失敗的苦寂，這種強烈的歷史情感領

悟，給人的啓迪與影響是無與倫比的。法國著名史學研究家布洛赫十分看重歷史對人的精神愉悅作用，他說：「歷史學以人類的活動爲特定的對象，它思接千載、視通萬全、千姿百態、令人消魂，因此它比其它學科更能激發人們的想像力。」〔註19〕

其實，歷史本身就是一部賦有傳奇色彩的圖畫，透過歷史可以看到英雄人物的感染力和民族文化的特殊性格，在平靜的社會生活中，歷史意識維繫著人類的靈魂，沉澱永恒的人生價值。尤其在社會轉型的的歷史劇變中，歷史情懷更是穩定民族魂靈、族群心理的情感依託。對於人類來講，歷史不僅僅意味著個體的生老病死、榮辱盛衰，也不僅僅意味著時代的薪火相傳、代代相因，而且是對生活意義、生存價值與生命歸宿的一種精神慰藉。勒高夫曾經說過：「在我們這個集體記憶迅速變化的世界中，面對著歷史的加速發展，任何人都想擺脫成爲過去的孤兒，沒有根基的人這種苦惱，所有人都熱衷於尋求自己的身份，到處都在清點和保護歷史遺產，爲了過去和未來而建立信息庫，驚惶失措的人們試圖把握看來正從他們手中逃遁的歷史。」〔註20〕人類作爲一種統一於自然，而後又分離於自然的特殊存在物，只有在回歸歷史之中，才能眞正體會到」與天地萬物同化」的精神境界；我們只有回望歷史，才能在根本上消除」前不見古人，後不見來者」的虛無感，從而成爲一種上有根基、下有承傳的現實存在。蘇聯歷史學家茹科夫也認爲：「歷史認識就是使人們能夠架設一座從過去通向現在的橋梁，促使人們不僅對今天的而且對明天的任務有所瞭解」。〔註21〕從這一意義而言，歷史寄予生命以眞實的內涵，現代人回望歷史恰恰是在呵護自己，體會生存的理由、價值和意義。

古諺道：「水有源，木有根，人有血脈宗親」，探詢自己從哪裏來，尋找自己的生命根源是人的一種自然本性。「根」，意味著一種生命的回歸。在生命之「根」中，我們能找到一種人生的歸宿感和安定感。所謂「尋根」，是對其祖先族群、語言宗教等文化結構所生發的一種眷戀、追尋、崇拜。一個人在前行中自然要回望走過的人生道路，以確定當下所在的位置，唯有如此，我們才不會自我迷失。尋根溯源、認祖歸宗的祖根意識雖然只是一種古老而樸素的情感需求，但它具有超越政治說教的自發性、恒久性優勢，是形塑現

〔註19〕布洛赫：《歷史學家的技藝》，上海社會科學出版社，1995年，第10頁。
〔註20〕J・勒高夫等：《新史學》，上海譯文出版社，1989年，第34頁。
〔註21〕茹科夫：《歷史方法大綱》，上海譯文出版社，1988年，第83頁。

代人終極關懷的重要精神元素。現代人在回望歷史之餘，感受到歷史的蒼茫、浩蕩、崇高與神秘，一種永恆的生命意義便會悠然而生。在永恒的價值之維下，人生苦短的生命焦慮、命運無常的飄忽不定之感自然會釋然消融。從而重新樹立理想和信仰，確立起絕對價值和終極關懷構築人類的精神家園。

　　傳統不僅具有「歷時性」的特徵，尤爲重要的是，傳統內涵「共時性」的本體屬性，從這一意義而言，傳統不僅是一種歷史的存在，更是一種現實的存在，傳統深刻而又直接的影響、規制人們的現實生活。但在日常生活中，我們往往只認識到了傳統的「歷時性」，而沒有認識到傳統的「共時性」，我們常常將傳統視爲「過去」，一種沒有生命力的的過去，其實，這是對傳統的一大誤解。傳統雖然脫胎於過去的歷史，但傳統不意味著消逝的「過去」，傳統仍是「活著的傳統」。傳統作爲一以貫之的精神「活體」，它是承接過去與現在的精神紐帶，沒有傳統，社會生活就會斷裂，正是因爲有了傳統，才將過去、現在與未來聯結成一個整體，從這一意義而言，傳統就是我們社會生活的本體，但在現實生活中，我們常常將傳統視爲一種「客體性」的存在，而沒有認識到傳統更是一種「本體性」的存在。關於傳統的「本體性」，美國著名社會學家希爾斯在《論傳統》這一論著中，曾有過深刻的闡述，他說：「人類社會保存了許多它們所繼承的傳統，這不是因爲人們熱愛這些傳統，而是因爲他們認識到，沒有這些傳統他們就不能生存下去。」〔註22〕在此，「傳統」被提升到一種本體論的高度，儼然已成爲關涉人類社會生存與發展的重大問題。中國是一個具有五千年歷史傳統的古老國家，傳統對於中國社會的影響尤爲重大，深入把握中國的歷史傳統，尤其是中國的向文政治傳統，無論對於中華民族的生存與發展，還是對於中國的現代化建設事業，這都是一個不可逾越的邏輯起點。

三、華夏民族是「被古祖牽著手走路的孩子」──傳統研究對於　　華人社會意義尤爲重大

　　現代心理學的研究表明：感念過去、緬懷傳統，這是人類心靈的一種天然傾向，但中國社會尤爲感懷傳統。崇尚先聖、沉湎過去的歷史情懷之強烈，在世界各民族之中皆少見。比照中西方社會的社會心理模式，我們就不難發現，在上古之初，上帝崇拜與天堂信仰既是中國上古初民安身立命於現世的

〔註22〕希爾斯：《論傳統》，上海人民出版社，第 285 頁。

精神根基，也是開拓未來的永生希望。〔註 23〕然而隨著中國上古初民與上帝的失聯，永生天堂逐漸淪落，未來希望漸趨破滅，上古初民從此因失去未來精神指引而走向歷史的回歸。如果說西方先民在上帝的引領下走向未來的天堂，實現生命的永生；那麼華夏先民是在「祖先之靈」的護祐中「報本返始」，實現此在的「永恒回歸」。尤其在周而復始的農耕生活中，與列祖列宗同在的「永恒回歸」感應在多去春來的、四季輪迴的時空下，更是生發出中國傳統社會所獨有的「循環性」時空意識。在傳統中國社會，如果說祭拜先祖是身心安頓的「超驗」歷程，那麼「立功、立言、立德」，彪炳千秋，名垂萬世，在歷史中永生，這是超越此生的精神階梯，故歷史在中國傳統社會，已不僅僅是一種記錄往昔歲月的文本典籍，乃是永生之天堂。祖先祭拜的心魂感應、位列「歷史天堂」的現世訴求、四季輪迴的農耕意識，歷經世代的沉澱，逐漸累積爲一種「返古皈依」情結，這一特殊情結養成了中國社會的積重難返的一大特性，這就是對傳統的依賴性。

每一社會都深受傳統影響，每一民族都留下傳統的胎記。然而，傳統對於中國社會的影響尤爲深重！雖然歷史的列車已駛入國際化的新時代，然而中國社會在諸多層面仍停留於傳統世代，這意味著，無論國家的發展，還是民族的前行，都必須在過去、現在與未來中，找尋其內在相連的邏輯脈動，探究其前因後果的內在的矛盾，在對傳統的理解中，洞悉中國社會之特性，有的放矢，開掘行之有效的治國安邦之道。

（一）「祖靈」是人神會通的精神橋梁——「祖先有靈」的神性信念根植中國社會的傳統依賴性

無論是中國古民，還是西方先民，上帝信仰皆是他們精神世界的核心。「昭事上帝，聿懷多福」，〔註24〕這一千古詩句即表明：早在上古之初，中國古代社會即十分崇信上帝，即便身爲王者的周文王也要恭敬勤勉地服侍上帝。然而，歷經世代交替，在殷周之變前後，中國古民逐漸與上帝失聯。沒有上帝的引領，天路歷程日漸荒蕪，然而永生的盼望並沒有隨著天路歷程的迷失而破滅。追求生命永恒的不屈意志讓華夏先民逐漸走上「祖先崇拜」的「靈魂回歸」之途，在「靈魂回歸」中實現了生命的安息與靈魂的安頓！「祖先崇拜」是一種較爲普遍的歷史現象，但在世界諸民族中，中國的祖先崇拜意識

〔註23〕郭沫若：《先秦天道觀之進展》，上海：商務印書館，1936 年。
〔註24〕《詩·大雅·大明》。

最爲深切凝重。〔註25〕祖宗在天有靈的「祖靈」信念可謂沁入心魂，化爲骨髓，這一獨特的精神信念根植中國社會的傳統性，也養生華夏民族對於傳統的依賴性。

從上帝信仰到祖先崇拜，華夏先民走過了一條崎嶇坎坷的精神苦旅。回溯悠遠的遠古時代，我們會發現，上古時代是神性的時代，因而無論是中國古民，還是西方先民，都將上帝視爲他們生命的來源、永生的歸宿、人生的福祉。說起「上帝」一語，人們會立即聯想到西方基督教至上神的概念。殊不知，「上帝」也是中國上古先民所崇信的至上神。作爲一種精神信念，華人自古就崇信上帝，這樣的說法，對熟悉中國上古史的考古學家和學者來說是專業常識，但這一專業中的常識卻沒有成爲公眾的普遍認識。多數人會認爲，中國人並沒有上帝信仰的精神傳統，其實這是一種嚴重的歷史誤解。

宇宙萬物是被至高的上帝之神所創造的。上帝之神能夠回應人的思想和行爲，這種「天人感應」的超驗體驗，普遍存在於世界各地的古代文明之中，中國上古文明人也不例外。早在上古之初，中國已有上帝信仰。現代中國著名考古學家陳夢家與胡厚宣曾經大量引述過卜辭中有關「帝」或「上帝」的材料。〔註26〕在此擇取一點，以供考察：

> 帝令雨足年。（前 1.51.1）
> 今二月帝不令雨。（鐵 123.1）
> 帝其降禍
> 王乍邑，帝若。（乙 1947，6750）

由卜辭來看，可以說殷人無可爭議地信仰了「上帝」。這位天神具有極高的權能，它主宰著風雲雷雨，水澇乾旱，決定著禾苗生長，農產收成。它管轄天時，既可降福降祥，亦可降饑降災。殷人的上帝確實不像普通的原始部落的部族神，它那管理著自然與下國的氣質，確如陳夢家先生所說「與《舊約聖經》希伯來人之上帝相吻合」〔註27〕由此可見，早在上古之初，上帝不僅啓示過猶太人，也啓示過中國人。不同的是，猶太人詳細完整地記錄了上帝的

〔註25〕林耀華：《原始社會史》。

〔註26〕Antony Black: Political Thought In Europe 1250～1450, Cambridge University Press, 1992, p.116.

〔註27〕Cecil N.Sidney Woolf, M.A., Bartolus Of Sassoferrato, His Position In The History Of Medieval Political Thought, Cambridge, at the University Press, 1913, p.160.

啓示，而中國先民留下的記錄則是零碎的、片斷、分散的，如同閃光的珠寶深埋在泥土之中，或者正如十七世紀法國著名數學家、思想家布萊茲‧帕斯卡爾所說：在上古中國，上帝的見證人都被人殺掉了。布萊茲‧帕斯卡爾的這一評說有著深刻的歷史洞見，早在千年之前，西漢著名學者劉向即曾披露：上古之初，中國古代先王爲獨斷王權統治，便壟斷上帝信仰，消除其他一切人對上帝的祭祀與敬拜！「天子祀上帝，公侯祀百神，自卿以下不過其族。」〔註28〕只有天子可以祭祀上帝，公侯們只可以祭祀百神。從卿以下，就只能祭祀自己家族的祖先。

中華上古先王爲一己之私，人爲消除社會大眾的上帝信仰，上帝與華夏民族漸趨失聯，失去上帝神靈的引領，天路歷程日漸荒蕪。天路的迷失必然導致天堂盼望的破滅，在未來的迷茫中，中華先民逐漸走上「祖先崇拜」的「靈魂回歸」之途，在「靈魂回歸」中實現了生命的安息與靈魂的安頓！

「祖先崇拜」或稱「靈魂崇拜」是一種世界性的社會現象。在人類歷史上，許多國家或地區都曾盛行過祖先崇拜，如古巴比倫、古埃及、古希臘、古羅馬、古印度、波斯等。「祖先崇拜」是一種世界性的現象。現今的西方國家，在基督教傳入之前也曾有亡靈（祖靈）崇拜現象，但現在由於大都信奉基督教，而崇拜一神之故，祭祖儀式日漸消逝，有些逐漸融入到一些基督教儀式之中，如萬聖節、萬靈節，這兩個節日至今還遺留著祖靈崇拜的痕迹。萬聖節、萬靈節來自民間的祭拜祖先的傳統，在每年十一月二日舉行的萬靈節，基督教會特准可舉行三次彌撒，除講道外，還舉行掃墓等儀式，而這種掃墓活動實際上就承載了民間的拜祖遺風，只不過現在，這些節日與基督教緊緊地聯繫在一起，從而失去原有的精神意涵。如果說在西方，「祖先崇拜」逐漸淡化乃至消亡，那麼在中國，隨著上帝信念的中斷，「祖先崇拜」日漸興盛強化，以至於成爲延綿至今的重要民間習俗。

中國的「祖先崇拜」由「圖騰崇拜」過渡而來。「祖先崇拜」與「圖騰崇拜」不同，「圖騰崇拜」的對象主要是動植物，「祖先崇拜」的對象主要是有血緣關係密切的近幾代祖先，即在親緣意識中萌生、衍化出對本族始祖先人的敬拜思想。上古之初，隨著家庭制度日趨明朗、穩定與完善，人們逐漸有了祖先之靈可以庇祐本族成員、賜福兒孫後代的觀念，並開始祭拜祖宗亡靈的祭祀活動，從此形成嚴格意義上的祖先崇拜。

〔註28〕劉向：《說苑譯注》，北京大學出版社，2009年。

　　祖先崇拜在中國傳統社會的宗教傳統中尤爲突出。在中國歷史上，祖先崇拜成爲各族人民生活中一種強烈的神靈信仰，也是宗族結合的精神支柱。自上古以來，中國就有著複雜的鬼魂觀念。從周人重祭祖甚於祭天的記載，配合在長沙馬王堆出土的墓中帛畫所表現的漢人死後世界觀，及其它漢墓殉葬物的存在，可以肯定的說「靈魂不滅」的觀念一直深具在中國人的宇宙觀裏。人是有靈魂的，一旦死亡，肉體歸於土，靈魂到稱爲「陰間」的另一個世界去，住在陰界的亡魂仍過著與人世相同的生活，還是有食衣住行等日常生活需求，而這必須由陽世子孫來供奉。他們相信祖先可以保祐自己的子孫，但若得不到適當的供養也會降禍懲罰子孫。

　　「靈魂崇拜」是「祖先崇拜」的神性超驗之維，從殷墟發掘出的甲骨殘片可以看出，殷商時期，天神崇拜、上帝崇拜超越「祖先崇拜」。然而時至西周時期，「祖先崇拜」的神性超驗之維逐漸淪落，「祖先崇拜」逐漸壓倒上帝、天神崇拜，而成爲祭祀活動的主體。上帝信仰徹底中斷，華夏先民與上帝完全失聯，於是「祖先在天有靈」的精神信念逐漸積澱爲中國傳統社會最爲重要的精神依託，祭祀先祖對於華夏民族而言，既是家族大事，也是「國之大事」，即所謂「國之大事，在祀與戎」。〔註29〕祖先崇拜在中國古代社會生活中，始終佔據特殊的重要地位，國外有學者甚至將其提升到國家宗教和神聖法則的高度。〔註30〕盤古開天、三皇五帝、祖先有靈的世代傳說，在世代先民的天路歷程中，逐漸升騰爲華夏民族的神靈信仰。尤其是「祖先有靈」的「祖靈」信仰與神聖祭拜，已成爲華夏民族心魂深處的集體潛意識。不管是否信仰神明，每逢春節、清明節前後，「祖先有靈」的世代積習在人的心魂深處都會泛起一種莫名的心靈漣漪，人們以不同的形式祭拜先祖在天之靈，「祭神如神在」。〔註31〕華夏民族在祭拜先祖之中，恍若隔世，在祭祀這一時空交錯的超驗境界中，時光逆轉，世代輪迴，人們彷彿穿越時光隧道與先祖同在，這種「永恒回歸」的心魂感應，將人從飄忽一瞬的人生苦海中解脫出來，獲得解救，從而實現生命永恒。

　　時至春秋之際，隨著「軸心時代」的來臨，儒家學說的興起，人們逐漸

〔註29〕《左傳·成公十三年》。
〔註30〕馬克斯·韋伯：《儒教與道教》，洪天富譯，南京：江蘇人民出版社，2005年，第29頁。
〔註31〕《論語·八佾》。

「敬鬼神而遠之」，在「慎終追遠」、「報本反始」的倫理觀念的濡化下，祖先祭祀逐漸轉化一種倫理性的民間禮俗。誠如余英時教授所說的，任何學術思想或精神信念至終均要走向世俗化，化爲一種日常生活形態，方可植下永久的生命力。隨著宗族制度在社會生活中的踐行，「祭祖」已深深地融於民間的日常生活中。歷經儒家倫理文化的提煉與修整，「祖先崇拜」逐漸由「靈魂崇拜」層次具體化爲倫理化的教化禮俗。此影響之大如美國哈佛大學精研漢學的拉圖萊教授（Keneth Scott Latourette）所說：對中國人之崇拜死者，孔子主張的影響要較其它任何一個因素的影響來得大，當然這大部分是孔子主張的儀式及特殊觀念所致，在察考祖先崇拜信念的演變過程中，這是要特別注意的。

就儒家的生命性延續而言，「家族」是祖先生命延續的具體表現；就百姓而言，家族或家是供給祖靈必須品最穩固的社會團體，所以家族成爲連續過去與未來的一環。一個人死後是否能成爲祖先，並不因爲他的死亡，而是因爲他有後嗣，所以父子關係才是維持祖先崇拜的依據，然而僅以父子世代間的關係還不能充份說明祖先崇拜，還要考慮社會組織中的權威與社會地位之傳遞，可見祖先崇拜是父權、父系制度的基礎，而父權、父系是家族制度的根本，也是社會組織得以延續的依憑，故祖靈的祭拜與家族的建立擴展成爲中國社會發展的連鎖因素。祭祖既成爲中國宗法社會的骨幹，中國人便藉此形式來發揮中國式地方政治的權力，宗族祠堂猶如地方司法部門，肩負解決家庭糾紛，維持社會治安的行政職能，也具有義倉、濟貧、義學等慈善功用。如此，宗祠隱然成爲維繫社會、法律、道德、傳統的重心了。在這一社會形態下，「祖先崇拜」發揮著社會整合的功能。

在中國傳統社會，「祖先崇拜」影響極爲普遍，可謂遍及中國各民族。祭祀先祖不僅是漢族民眾最爲重要的家族大事，在中國大陸各少數民族中，「祭祖」也是最受重視的一項宗教活動。例如納西族每年定期於七月和十月祭祖。十月祭祖時，院壩中間要插三排帶葉的青枫樹枝，每排三棵，每棵樹放一枚鵝卵石，另插一棵剝皮的高約一公尺的白楊樹枝，在祭前殺豬，用豬血染紅白楊樹枝，在鵝卵石上塗上豬血，用意是以此作爲路標，便於祖先亡靈沿著鮮紅的路標返回家園，祭祀開始，由巫師念「祭祖經」，然後逐一呼喚家庭亡故祖先的姓名，每喚一個名字，家長將少許豬肉放於祭盤內，祖先姓名一般喚到三代至四代，祭畢，將白楊樹枝和十二枚石子扔到院外，把各類祭品各

選取一點拋於村外山坡上，讓鳥雀啄食，其餘九棵青櫊樹枝用石頭壓在正房屋脊中央，樹枝尖朝北表示祖先來自北方，永不忘本，彝族在人死後有兩大祭儀：一是作祭，追悼死者指引死者赴陰間的路程；二是作齋，超度陰鬼化爲仙靈，與始祖國登仙域，作齋是彝族最隆重的祭祖大典。〔註32〕

瑤族信奉祖先神盤王，所以各地均有盤王廟，又稱「社廟」。每年或隔若干年祭一兩次，如廣西南丹瑤族「社廟」，爲感念盤王夫婦造天地，開始種田，每年農曆三月三十日小祭，六月三十日大祭，祈求保祐。另外，在瑤族廣大聚居地區，早已普遍舉行盛大的達努節，又俗稱盤王節，時間是農曆五月二十六日二十九日。

「祖先崇拜」作爲中國各民族的一種重要的民間信仰與習俗，長久以來，一直備受學界所矚目。雖然其他國家存在著祖先崇拜，但都沒有像中國這樣，將祖先崇拜發展得如此完善、自成體系，馬克斯・韋伯將之稱爲「俗世宗教」──「乃是一種對祖靈神力的信仰和崇拜」〔註33〕幾千年來，這個信仰系統不僅塑造了人們的思想和行爲，而且也「表現了人對神的依賴感和敬畏感」。〔註34〕千百年以來，中華民族在祭祀先祖這一浸透心魂的民間習俗中養成了對祖先的依賴，也養成了對於傳統的依賴。

（二）循環往復──華夏先民的時空意識與傳統迷戀情結

時間觀念形塑於不同的生活方式、思維意識與人格心理類型，因此它揭示了文化和生活的本質。「對於時間的感知方式揭示了社會以及組成社會的階級、群體和個人的許多根本傾向。」〔註35〕中西兩大文化傳統對待時間的態度迥然不同。諸多學者通過西方傳統哲學框架來理解中國古代思想，從而得出這樣的結論：在中國人的思維意識中缺少時間的維度。這樣的論斷是否恰當，姑且不論，但東西方時空意識確實存在著顯著的不同。異於西方傳統線性時間，中國的時間呈現出非線性特徵。概括而言，主要有如下特點：循環反覆、周而復始、永恒回歸。尤其在多去春來的農耕時令下，中國上古先民的循環反覆、周而復始的時空意識更是根植爲一種生活潛意識，形塑著華夏

〔註32〕馬昌儀：《中國靈魂信仰》，上海：上海文藝出版社，1998年，第66頁。
〔註33〕馬克斯・韋伯：《儒教與道教》洪天富譯，南京：江蘇人民出版社，2005年，第119頁。
〔註34〕呂大吉：《宗教學綱要》，高等教育出版社，2003年，第114頁。
〔註35〕《時間：文化史的一個課題》【前蘇聯】A.J.古列維奇，見《文化與時間》，路易・加迪等著，浙江人民出版社，1988年，第313頁。

民族的傳統迷戀情結。

　　探究時間觀念，首先應對「何謂時間」、時間的特性是什麼有一個大體的把握。然而要做到這一點，簡直是「難於上青天」，正如奧古斯丁所說：

　　　　時間究竟是什麼？誰能輕易概括地說明它？誰對此有明確的概念，能用言語表達出來？可是在談話之中，有什麼比時間更常見、更熟悉呢？我們談到時間，當然瞭解，聽別人談到時間，我們也領會。那麼時間究竟是什麼沒有人問我，我倒清楚，有人問我，我想說明，便茫然不解了。〔註36〕

海德格爾也說：

　　　　什麼是時間？或許會認為《存在與時間》的作者必定知道。但他不知道。所以他今天還在追問。〔註37〕

雖然歷代哲人對時間的本質內涵有著不同感悟與理解，但從時間的維度而言，古往今來，共形成三大時間觀念：循環時間觀、線性時間觀和相對論時間觀。從中國先民的時間觀念史來看，「循環時間觀」是中國人最為典型的時空觀。所謂「循環時間觀」，即指將時間理解成一個圓圈，周而復始、周而復返。中華先民認為宇宙是周而復始、永恆循環的，時間則對應了這種循環模式。世界萬事萬物在經歷一定的時間周期後又回復到原來的狀態，於是在時間意識上就形成了循環性時間。

　　中國人傳統的時間觀念知覺中有著明顯的倫理意識，歷史學家古列維奇認為「時間必須按照同空間一樣的方式來加以理解，現在是與過去和未來的時間統一不分的」〔註38〕古列維奇認為所有的時間樣式，過去、現在和未來，可以說處於同一平面。這種「平面化」時間意識，通過節日期間的神話和禮儀慶祝活動，不斷地獲得重生。克里斯托娃在《婦女的時間》中也說，「循環時間」不只是日常生活的時間，「它通過在禮儀中追溯可逆的時間，從而趨向神話的過去」。〔註39〕也就是，過去從未終止其存在，它與現在具有同樣的現實性，而未來也同樣介入現在之中。人們可以預測未來，並對未來施加某種

〔註36〕奧古斯丁：《懺悔錄》，周士良譯，北京：商務印書館，19%年，第242頁。
〔註37〕吳國盛：《時間的觀念》，北京：中國社會科學出版社，1996年，第249頁。
〔註38〕西川直子《克里斯托娃——多元邏輯》，王青譯，石家莊：河北教育出版社，2002年，第317頁。
〔註39〕西川直子《克里斯托娃——多元邏輯》，王青譯，石家莊：河北教育出版社，2002年，第303頁。

神奇地影響，由此衍生出算命、預言以及相信命運等。按照這種時間觀念，時間不是一種抽象綿延，而是人類世代間的鏈環，它像季節一樣先後承續，循環反覆，周而復始。

中國古代的循環時間觀，雖然在一定的時段裏，是一個逐漸推移的時間序列和發展過程，但從總體上看，仍是一個不斷向原點返回、再出發的循環往復的過程，這樣的時間過程形成一個具有可逆性的封閉圓環，主要體現為一年四季的循環、陰晴圓缺的循環以及王朝更替的循環等。「這些循環不是嚴格意義上的，不是歷史事件嚴格地再現，而是某種態勢、傾向、氣運等微妙因素的重演。」〔註40〕

先民的時間意識與自然緊密聯繫。中國人關於時間的觀念，既基於四季的循環，同時也來自於天體運動，從日、月、年的輪迴開始，上古中國先民很早就感受到自然時序呈周期變化，一年四季的循環反覆，歷經千百年農耕生活的沉澱，使人們很容易形成循環時間意識。「一棵樹春天發芽，夏天茂盛生長，秋天盡量地多覓食儲藏，冬天則休眠，來年的春天又是新的開始。……周流往復乃生命之源，在今天看來是一個抽象的哲學問題，然而在先民們看來，則是一個實實在在的現實問題。」〔註41〕

人的意識觀念不全是對過去事件的回憶，還有對未來的期望。在循環性的時間意識中，人不僅抓住對過去的關聯，還有對未來的關聯。在這個循環的時間圓環內，人們可以根據過去預知未來，通過以祖先崇拜和祭祀為基礎的時間描述，通過節日期間的神話和禮儀慶祝活動，使生命不斷地獲得重生。周代先民的時間意識呈現出循環性特徵，在循環的時空內，周代先民形塑出特有的生命意識：在過去的回憶或回歸中獲得生命的永恒。

從一定意義而言，回憶過去、回歸往昔是為了超越死亡，超度永生。阿爾弗雷德·阿德勒在《理解人性》中談到：「所有的記憶都有一個隱蔽在自身之內的無意識目的。記憶不是偶然的現象，而有著鼓勵和警告的作用。決不存在無關緊要或無意義的記憶。」〔註42〕《詩經》中大量的祭祀詩篇就是各種記憶的表達。追憶先人，不論是鼓勵還是警示都是為了追求生命的永恒：「周

〔註40〕吳國盛：《時間的觀念》，北京：中國社會科學出版社，1996年，第56頁。
〔註41〕朱良志：《中國藝術的生命精神》，合肥：安徽教育出版社，1995年，第79頁。
〔註42〕阿德勒：《理解人性》，陳太勝等譯。北京：國際文化出版公司，2007年，第42頁。

人的生命儀禮中，不論哪一種，事實上都由族群成員共同參加，其重要性也是群體的。一個男性貴族的出生，是為了延續祖先的子嗣，婚姻是為了結兩性之好，也為了延續宗嗣。死亡，是在祖先與生者之間的過渡。」〔註43〕上古先民在祭祀先祖、追憶先人之際，恍若隔世，彷彿穿越時光隧道與先祖在天之靈同在，在祭祀這一時空交錯的超驗境界中，時光逆轉，世代輪迴，神明顯聖，人生彷彿超越凡塵俗世，跨入永恒神界。

（三）「永恒回歸」──華夏民族的「返古」意識與傳統依戀情結

在無始無終的歷史長河中，人的心魂深處總是湧動著如何超越有限走向永恒的歸宿，於是無論是在西方，還是在東方，為了尋找最終的心魂歸宿與精神家園，沿著不同的路徑踏上同一條天路歷程，如果說西方先民在「聖靈」的引領下走向上帝的懷抱，那麼華夏先民在「返古」意識中實現此在的「永恒回歸」。

著名宗教歷史學家伊利亞德在其經典著作《宇宙與歷史──永恒回歸的神話》一書中，中揭示出一個非常重大的人類學現象：上古先民從根本上是反抗具體的歷史時間和歷史事件的，並周期性地希望回歸到事物起源的神話時代和宇宙創生的原型，以此來不斷獲得存在的價值和意義。〔註44〕

人是一種意義的存在，生命是一種希望的存在，為了此生的希望，人們總要追尋生命的意義。沒有了生命的意義，人無法安身立命；沒有了自我的定位，人生就會飄浮不定，心魂就難以安寧。民族學家和人類學家揭示出一個重大的人學真相：與置身於現實社會中的現代人相比，傳統社會中的人，尤其是上古先民，他們往往在神靈的信仰中，將自己置身於與神明同在的神聖際遇中，而不是具體的歷史中，他們總是嚮往著回歸宇宙開闢之際的那種神人同在的原始形態，從而超越現實生死存亡的邪惡與恐怖，從而汲取存在的能源與動力，獲得形而上的安定和救贖。

傳統世代的先民往往認為：現實生活皆是在時間肇始之際經由「天啓」而來的，通過某種方式，例如儀式的反覆與象徵、神話的講述、時間的定時再生等等，能夠返回到那個宇宙開闢的「偉大時代」，以使世俗變得神聖，從而使生命賦予永恒存在的意義。在對待時間問題上，伊利亞德認為神話思維

〔註43〕許倬雲：《西周史》，北京：生活・讀書・新知三聯書店，1993年，285頁。
〔註44〕米爾恰・伊利亞德：《宇宙與歷史──永恒回歸的神話》，楊儒賓譯。臺北：聯經出版事業公司，2000年，第9頁。

中的時間可以不斷地循環和再生，初民「賦予時間一種循環的方向，從而泯除了它的不可逆轉性。一切事物時時刻刻都在起點從頭開始，過去只是未來的先兆，沒有任何事物不可回轉，沒有任何變化是終極的。在某一意義下，我們甚至可以說世上沒有任何新鮮事發生，因為任何事物都只是重複同樣的太初原型，這種重複具現了原型事迹顯露的神話時刻，它等於不斷地把世界留在一切初始時的晨曦時刻裏」。〔註45〕中國著名的文化學者葉舒憲先生在《老子與神話》一書中亦認為，伊利亞德從創世回歸的種種象徵性活動中破譯出「時間的不斷再生」的原始信仰，為理解永恒回歸神話提供了觀念背景。他進一步分析在這種時間觀念之下的「永恒回歸」的實質：「由於宇宙間的一切生命和一切運動都開始於創世神話所講述（或是象徵性表達）的『神聖開端』——也就是也就是《老子》中所說的『古史』或『無極』狀態，人類社會便只有通過神話和儀式行為周期性地回歸到那個『神聖開端』，象徵性地重述或重演創世活動——時間和空間的肇始，萬物的創生——才能確保世界（包括自然與社會）的延續和有效更新，重新獲取生命和運動的動力。這種不斷加以重複的周期性回歸開端的努力便是所謂『永恒回歸』。〔註46〕

「永恒回歸」源自於歷史的神性化。歷史的神性化是一個普遍性的人類學現象。古希臘的神化歷史，中國遠古時代盤古開天的神話傳說，皆是這一人類學現象的不同展現。時至上古時代，商王朝始祖「契」、周王朝始祖「棄」皆傳說為神明感孕而生，各自都充滿神話色彩，按照伊利亞德的分析，上古先民將其始祖神性化，將始祖同化於神話模型，將祖先的身世與萬能的天或帝聯繫在一起，其根本的目的在於「永恒回歸」原初意義——獲得生存的實在與神聖。

「永恒回歸」是一個普適性的人類學現象，尤其在中國傳統社會，與神同在、「永恒回歸」的神性感應尤為突出，它根植了華夏民族對於傳統的依賴的內在文化基因。

（四）歷史是中國人永生的天堂——名垂青史的生命情懷根植華夏先民的懷古情結

「我們要到哪裏去？」兩千年前，蘇格拉底的這一深切追問，千秋以

〔註45〕米爾恰・伊利亞德：《宇宙與歷史——永恒回歸的神話》，楊儒賓譯。臺北：
　　　　聯經出版事業公司，2000 年，第 77 頁。
〔註46〕葉舒憲：《老子與神話》，西安：陝西人民出版社，2005 年，第 107～108 頁。

來，一直是東西方哲學永恆難解的精神主題。不知來向，人生猶若無源之水、無根浮萍；不知去處，生命恍若飄浮的塵埃，心魂總是難以在安寧中悠然落定。

我們從歷史中走來，回歸到歷史中去。對於世界各民族的文化精英而言，歷史已不僅僅是一種往昔事迹的記錄，而是一種家國情懷。德國偉大的哲學家黑格爾《在哲學史講演錄》中曾深情的寫到：「一提到古希臘這個名字，在有教養的歐洲人心中，尤其是我們德國人心中，自然會引起一種家園之感。」〔註47〕歷史是心魂的歸宿，歷史是精神家園，追憶往昔，回望歷史，緬懷傳統，這是人類所共通的精神情懷。尤其對於中國的先賢聖哲而言，歷史不僅是一種精神情懷，更是生命不朽的終極依歸。相較於其他民族，中國先賢聖哲的歷史情懷更是飽含崇高的神聖境界！如果說西方先民是在《聖經》這一天道話語的引領下，面向未來，逐漸走上永生的天堂；那麼中國先民則是在名垂青史的希冀下，面向過去，泛舟於歷史的長河以求永生的超越。對於中國的某些文化精英而言，歷史就是永生的天國。在中國傳統社會，深沉的歷史情懷凝結爲一往情深的傳統依戀情結。

不知從何時起，人類就開始在浩蕩的歷史長河中漂流，前不見古人，後不見來者。無邊無際的歷史蒼茫伴隨著生命意識的覺醒，逐漸積澱爲「人生不足百，往事越千年」生命感慨，個體生命之微茫，歷史洪流之浩蕩，在斗轉星移、時空交錯中，越發反襯出「人生一瞬」的幻滅感。然而生的本能，在中華先賢聖哲的心魂深處激揚起永生不朽的精神意志，驅動他們踏上永生的超越之路。

超越個體生命的有限性，這一直是人類不懈的精神追求。「人不滿足於現實世界而追求超越現實世界，這是人類內心深處的一種渴望。在這一點上，中國人和其他民族的人並無二致。」〔註48〕如何超越有限的生命，實現生命的永恆，世界各民族往往會歷經不同精神歷程。爲了尋求生命的永恆意義，世代西方先民在上帝的引領下踏上天路歷程，而歷代中國文化精英則將永恆的希望寄託青史留名，以求得超越肉體生命的不朽。

人作爲一種高級靈慧的存在，來自歷史又必然回歸歷史。悠久蒼遠的無限宇宙與人生苦短的現實無奈，正是人類歷史意識產生的精神悸動。歷史作

〔註47〕黑格爾：《哲學史講演錄》第1卷，北京：商務印書館，1959年，第15頁。
〔註48〕馮友蘭：《中國哲學簡史》，北京：新世界出版社，2004年1月，第5頁。

為一種曾經的存在，總是以精神的方式延展，在今天的生活世界之中，建構著今人的生命底蘊。面對人生的無常、心緒的漂泊、生命的無依，塵世的喧鬧與淺薄，永恒的歷史長河既是內涵深沉哲思的精神寶庫，又是滌蕩心魂的精神洗禮，更是永恒皈依的精神家園。回望永恒的歷史長河，人會體悟到一種永恒，正如雅斯貝斯所言：「為什麼要研究歷史呢？因為人生是有涯的，不完全的，同時也是不可能完全的，所以他就必須通過時代的變遷才能領悟到永恒，這也是他達到永恒的唯一途徑。」〔註49〕

　　歷史浩瀚而人身渺小，歷史無限而人生短暫。「不識廬山眞面目，只緣身在此山中」，當我們跳脫塵世之外，站在歷史長河的岸邊，回望那無邊無際的歷史洪流，我們就會驀然頓悟人生眞諦，心胸洞開，一種「眾裏尋他千百度，驀然回首，那人卻在燈火闌珊處」的精神境界，會讓我們豁然開朗。往事如煙，流年似水，回首億萬年的歷史長河，我們會驀然頓悟到，百年人生是如此微茫，在這微茫的人生中，糾葛於凡俗雜事，沉湎於滾滾紅塵，情何以堪？只有佇望於歷史長河的沿岸，只有在從祖先到後代的血脈長河中，我們才能體悟人生的眞諦，感悟生命永恒的崇高境界。

　　幾乎所有文明的核心價值，都內涵著永恒不朽的精神訴求。「人不滿足於現實世界而追求超越現實世界，這是人類內心深處的一種渴望：在這一點上，中國人和其他民族的人並無二致」。〔註50〕只是不同的文明有著不同的精神歷程。如果說歐洲文明在上帝的信仰中探索永恒，那麼華夏文明則希冀於「立德」、「立功」、「立言」，從而青史留名，立定永恒。《左傳・魯襄公廿四年》關於「三不朽」的記載曰：

　　　　穆叔如晉，范宣子逆之，問焉，曰：「古人有言曰，『死而不朽』，何謂也？」穆叔未對。宣子曰：「昔匃之祖，自虞以上爲陶唐氏，在夏爲御龍氏，在商爲豕韋氏，在周爲唐杜氏，晉主夏盟爲范氏，其是之謂乎。」穆叔曰：「以豹所聞，此之爲世祿，非不朽也。魯有先大夫曰臧文仲，既沒，其言立，其是之謂乎。豹聞之：『太上有立德，其次有立功，其次有立言。』雖久不廢，此之謂不朽。若夫保姓受氏，以守宗祊，世不絕祀，無國無之。祿之

〔註49〕　雅斯貝斯：《論歷史的意義》，載《現代西方歷史哲學譯文集》，上海：上海譯文出版社，2002年，第53頁。
〔註50〕　馮友蘭：《中國哲學簡史》，新世界出版社，2004年，第5頁。

大者，不可謂不朽。」〔註51〕

春秋時魯國的叔孫豹與晉國的范宣子曾就何爲「死而不朽」展開討論。范宣子認爲，他的祖先從虞、夏、商、周以來世代爲貴族，家世顯赫，香火不絕，這就是「不朽」。叔孫豹則以爲不然，他認爲這只能叫做「世祿」而非「不朽」。在他看來，眞正的不朽乃是：

> 太上有立德，其次有立功，其次有立言，雖久不廢，此之謂「三不朽」。

唐人孔穎達在《春秋左傳正義》中對德、功、言三者分別做了界定：「立德」謂創制垂法，博施濟眾；「立功」謂拯厄除難，功濟於時；「立言」謂言得其要，理足可傳。在後人對「三不朽」的解讀中，「立德」係指道德操守而言，「立功」乃指事功業績，而「立言」指的是把眞知灼見形諸語言文字，著書立說，傳於後世。當然，無論「立德」、「立功」或者「立言」，其實都旨在追求某種「身後之名」、「不朽之名」。而對身後不朽之名的追求，正是古聖先賢超越個體生命而追求永生不朽、超越物質欲求而追求生命價值的獨特形式。屈原的《離騷》講：「老冉冉其將至兮，恐修名之不立。」〔註52〕孔子亦曰：「君子疾沒世而名不稱焉」。〔註53〕司馬遷在《報任安書》中云：「立名者，行之極也。」〔註54〕。在轉瞬即逝的時間之流中，人總想通過「立名」來挽留轉眼即逝的短暫人生。美國現代哲學家詹姆士在《人之不朽》一文中曾這樣講：不朽是人的偉大的精神需要之一。當然，詹姆士這裡所說的「不朽」，是指宗教性的不朽。而中國歷史上的所謂「三不朽」，則是仁人志士孜孜以求的一種凡世的永恒價值。

對中國人而言，人生最高價值在於立德、立功、立名，以求得青史留名，超越生理生命，實現人生之不朽，這可謂是中國人對人生價值的典型態度。孔子說「君子疾沒世而名不稱焉」，〔註55〕不知說出多少人的共同焦慮。孔子之後，千年已過，時至唐代，「上起帝王，下窮匹庶」，如何青史留名，仍是人們孜孜以求的深切渴求：

〔註51〕《十三經注疏‧春秋左傳正義‧襄公二十四年》，中華書局，1980 年，第 1979 頁。
〔註52〕屈原：《離騷》。
〔註53〕《論語‧衛靈公》。
〔註54〕司馬遷：《報任安書》。
〔註55〕《論語‧衛靈公》。

　　　夫人寓形天地，其生也若蜉蝣之在世，如白駒之過隙，猶恥當年

　　而功不立，疾沒世而名不聞，上起帝王，下窮匹庶，近則朝廷之士，

　　遠則山林之客，諒其於功也名也，莫不汲汲焉、孜孜焉！夫如是者何

　　也。皆以圖不朽之事也。何者而謂不朽乎？蓋書名竹帛而已！〔註56〕

何以不朽？青史留名即是永恒不朽。

　　自古以來，對不朽英名的追求，往往要付出非凡代價，被歷史大書特書
的曠世英傑，大都是經過艱苦卓絕的努力，付出巨大的個人犧牲，並放棄凡
俗物欲與塵世私利，而後才功成名就。在「三不朽」中，「立德」有賴於仁者
見仁、智者見智的後世評說；「立功」則要需要馳騁疆場，沉浮於宦海生涯，
這往往非一介書生之能力所及，於是，文人每以「立言」為人生第一要務，
以求不朽：

　　　蓋文章經國之大業，不朽之盛事。年壽有時而盡，榮樂止乎其身，

　　二者必至之常期，未若文章之無窮。是以古之作者，寄身於翰墨，見

　　意於篇籍，不假良史之辭，不託飛馳之勢，而聲自傳於後。〔註57〕

故被後世稱為「至聖先師」的孔子「知其不可而為之」，周遊列國，講學傳教，
結果畏於匡、困於蔡、厄於陳，「累累若喪家之犬」，而後恍然頓悟，著書立
說，一部《論語》傳至千古；司馬遷因說真話而遭到宮刑，仍忍辱負重，發
憤著書，遂留下「史家之絕唱，無韻之離騷」的《史記》。二者皆以文字典籍
實現此生的永恒不朽。

　　古往今來，無論在在東方，還是在西方，如何青史留名？如何實現生命
的永恒？這是湧動於每個人心魂深處的渴求。拼搏奮進、建功立業、青史留
名的精神境界會激越出個體生命的無限潛能，而置個人身後名譽於不顧的
人，則難免流於酒囊飯袋、行尸走肉，甚或淪為惡棍暴徒、獨夫民賊。歷史
上，功勳卓著的拿破倫生前總擔心自己在百年之後的世界史上連半頁紙都占
不到，這種關注歷史名譽的精神情懷形塑出一代雄傑的英氣勃發、崇高偉岸
的歷史人格。同為法國君主的路易十五，生前就放言「死後哪怕它洪水滔天」，
結果自然墮落為遺臭萬年的政治流氓。中國人對歷史有著更為深切的敬畏與
景仰。青史留名儼然已升騰為一種躋身天堂般的天路歷程，歷史意識的神性

〔註56〕劉知幾：《史通通釋・史館建置》，（清）浦起龍釋，上海古籍出版社，1978
　　　　年，第303頁。

〔註57〕曹丕：《典論・論文》。

化，沉澱爲中國社會文化心理對於歷史傳統的深切迷戀。

四、重要概念的基本要義

概念是人們對一個複雜的過程或事物的理解。人們在認識過程中，從感性認識上升到理性認識，把所感知的事物的共同本質特點抽象出來，加以概括，這即是概念形成的思維過程。從哲學的觀念來說概念是思維的基本單位。概念是本我認知意識的一種表達，概念可以是大眾公認的，也可以是個人認知特有的一部分。概念都有內涵和外延，即其涵義和適用範圍。概念隨著社會歷史和人類認識的發展而變化。在日常用語中，人們往往將概念與一個詞或一個名詞同等對待。

（一）「樂神」與「詩魂」——「樂神」精神的內涵與外延

精神，作爲西方哲學基本詞彙，從古至今一直被哲學家所廣泛使用，直到黑格爾的「絕對精神」概念的出現，「精神」一詞的運用達到了鼎盛時期。黑格爾心中有一個「世界之神」，它創造了這世界上一切東西。物質的、精神的東西都從它那裡產生，最後又都返回到它那裡去。黑格爾所說的這個「世界之神」即是「精神」，他把「神」理解爲一種「精神」。在黑格爾看來，「精神」具有一種「神性」，它是「神」在世間最高貴的體現，世界上的一切皆是「神」的外在表現，從這一意義而言，社會傳統亦是「神」的外在表現，在這一思想啓迪下，結合中華文化之詩樂本性，筆者將中華文化的源頭界定爲「樂神」精神似乎更契合中國文化語境，這是因爲中國的「樂神」精神本身就內含著無限升騰的「宇宙意識」。

世界著名的音樂史家庫爾特・薩克斯在《世界舞蹈史》中寫到：當人們沉浸於審美意境時彷彿跨過了現實世界與另一個世界的鴻溝，走向了魔鬼、精靈和上帝的世界，升騰到宇宙深境。尤其在遠古中國，樂舞作爲上古先民本眞的生命情態，寄寓著靈魂超越、「神人以和」的精神境界，《尚書・堯典》中說：「八音克諧，無相奪倫，神人以和。」〔註58〕對於史前華夏先民而言，「樂」是「通於神明，參於天地」的天路歷程，這種「樂通神明」的超驗意識歷經世代濡化，逐漸化育爲先秦「樂神」精神。先秦「樂神」精神發軔於上古先民以樂舞祭祀神明的宗教儀式，歷經世代延展，逐漸沉浸於千古流芳的詩詞神韻之中，大化流行，外延爲千古迴蕩的詩魂雅韻，升騰起千古浩然

〔註58〕《尚書・堯典》。

正氣。「樂神」與「詩魂」的一脈相承，湧起永恒生命的神聖境域，挺起華夏民族生生不息的精神天空。

在遠古中國社會，「樂」的意義決不止是單純的歌唱鐘鼓之類，它本身即是一種形而上的超驗存在，即所謂「大樂與天地同和」〔註59〕。《呂氏春秋‧大樂》也有類似的體認：「音樂之所來遠矣，生於度量，本於太一」。〔註60〕在中國古代文化中，「太一」是一種形而上的終極存在，上古先民把「樂」的衍生歸結爲「太一」，這種超驗化的精神冥想樹立起「樂」在先秦時期形而上的終極存在依據。

「樂」的本體性意蘊在現代人看來，雖然荒誕不經，但其中卻深藏宏遠的宗教神啓意蘊，在看似荒誕之中隱含著一種會通古今中外的精神境域。在西方的基督教文化中也有「音樂使人接近上帝」的超驗意識。通過深入探究「樂」的本體論意義，我們對上古先民的所思所想有了「如臨其境」的歷史感。在這一宗教文化背景下，我們才能理解由「樂」衍生而來的一系列思想觀念，才能眞正地理解思想史中的「思想」。爲此筆者在第一章中，從本體論的維度集中闡釋了先秦古樂在上古社會中的重大意義，以及「樂」在先秦時期極爲廣大宏遠的精神境域。

樂舞與上古初民生活中的圖騰崇拜、祭祀典禮、農耕狩獵、軍事戰爭乃至生息繁衍等社會生活有著十分密切的關聯。音樂源起之初，與舞蹈、詩歌緊密結合，形成一種歌、樂、舞三位一體的綜合形式。郭沫若在《青銅時代》中指出：中國舊時的所謂樂，它的內容包含得很廣。音樂、詩歌、舞蹈，本是三位一體，不用說繪畫、雕刻、建築等造型藝術也被包含著，甚至於連儀仗、田獵、肴饌等都可以涵蓋。中國古代文獻對原始樂舞有這樣的記載：「擊石拊石，百獸率舞」〔註61〕，「若國大旱，則師巫舞雩」〔註62〕，從這些史料來看，原始樂舞並非是一種以審美爲主要目的的社會活動，而是源自宗教儀式的需要，或出於農耕生產所需的求雨之祭。就此而言，可以說樂舞即是上古社會生活本身〔註63〕。由此可見，在上古時代，「樂」已不僅僅是一種藝術形態，而是涵蓋宗教、政治、思想等社會意識形態的諸多方面，因此，「樂」

〔註59〕《禮記集解》，中華書局 1989 年點校版。

〔註60〕《呂氏春秋集釋》，中國書店 1985 年影印本。

〔註61〕《尚書正義》，《十三經注疏》本，中華書局 1980 年版。

〔註62〕《周禮注疏》，《十三經注疏》本，中華書局 1980 年版。

〔註63〕參閱龔妮麗：《音樂美學導論》，中國社會科學出版社，2002 年。

是上古初民精神世界的軸心,「可以說是當時所有精神活動(包括宗教、藝術、哲學甚至科學)生息發展的土壤」〔註64〕,從一定意義而言,「樂」是上古先民生活之本體。

從一般意義而言,一種觀念的形成、一種理論的建構,往往都有其形而上的終極依據。沒有形而上的終極依據,任何理論都會飄搖不定,缺乏穩固的根基。比如,在基督教文化中,上帝是其形而上的終極依據;在黑格爾哲學中,「絕對理念」是其形而上的終極依據。在先秦「樂論」中「天」是其形而上的終極存在依據,即所謂「樂由天作」〔註65〕。在上古先民的精神境域中,「樂」的意義決不止是單純的歌唱鐘鼓之類,它本身即是一種形而上的超驗存在,即所謂「大樂與天地同和」〔註66〕。《呂氏春秋‧大樂》也有類似的體認:「音樂之所來遠矣,生於度量,本於太一」。〔註67〕在中國古代文化中,「太一」是一種形而上的終極存在,上古先民把「樂」的衍生歸結爲「太一」,這種超驗化的精神冥想樹立了「樂」在先秦時期形而上的終極存在依據。

由於先秦之「樂」具有通達天地的本體意涵,從而使「樂」具有形而上的至高境界與神啓意蘊,由此在上古社會中衍生了「樂通於神明」的觀念。即所謂樂舞「通於神明,參於天地」〔註68〕;「禮樂順天地之誠,達神明之德,隆興上下之神」〔註69〕。在上古先民的神化觀念中,「樂」是神人相通的特殊語言,在這一特定的歷史文化語境下,先秦「樂神」精神逐漸生化爲中華文化的超驗意識。

「樂」通神明的「樂神精神」不僅僅是中華上古文化的荒誕演繹,而是一種具有世界意義的普世性超驗情懷。在古希臘的神話中,音樂、舞蹈與古希臘神話天然渾成,「希臘文『Mousike』(音樂)一語之原意爲奉獻於司文學、藝術、科學等九女神中之任何一位之任何事物。」〔註70〕繆斯女神中就有專門司音樂的女神,而在希臘人的十二神祇中,也有愛好音樂的神祇——阿波羅,他手中的豎琴就經常會彈奏出美好動聽的音樂,尤其在古希臘晚期出現

〔註64〕 修海林:《古樂沉浮》,山東文藝出版社,1989年,第1頁。
〔註65〕 《禮記集解》,中華書局1989年點校版。
〔註66〕 《禮記集解》,中華書局1989年點校版。
〔註67〕 《呂氏春秋集釋》,中國書店1985年影印本。
〔註68〕 《荀子集解》,《諸子集成》本,中華書局1954年版。
〔註69〕 《禮記正義》,《十三經注疏本》本,中華書局1980年版。
〔註70〕 威爾‧杜蘭:《世界文明史‧希臘的生活》,東方出版社,1998年。

的重要教派——俄耳甫斯祕儀的創始人——俄耳甫斯本人，在希羅多德的描述中，也是一名樂師。樂師神化爲神祇，足見，在古希臘時期，音樂具有何等神聖的崇高意義！祭祀舞蹈作爲古希臘人的一種生活方式，也具有極爲崇高德爾神聖意義！「當人們用舞蹈紀念祖先或者已經去世的首領的時候，而且這樣的舞蹈又是公開的、社會性的，而且也是引發了強烈的情感的，那麼這樣的舞蹈就是有宗教色彩的。」〔註 71〕在祭祀神明的祭祀和祈禱活動中，人們都會通過舞蹈來表達自己對神祇的無限神往之情感情。

　　「樂」的超驗情懷雖具有一定的普遍性，但「樂神」精神作爲一種人文文化與民族性格，則是中華古國所特有的精神形態。中華泱泱大國，素以禮樂文明著稱，「禮」與「樂」是傳統中國文化的兩個基本元素，尤其在上古中國社會，「樂」崇於「禮」具有尤爲突出的文化意義。在上古時期，「人們生活的各個方面，差不多都和音樂舞蹈發生密切的聯繫」〔註 72〕。樂舞觀念是上古先民意義世界的核心，當時「社會的經濟關係、人群或階級之間的關係以及在此基礎上形成的社會文化心理、觀念、意識都會反映到音樂審美實踐活動中」〔註 73〕，故「樂」崇於「禮」佔據主要地位，成爲巫史文化的核心。時至如今，一些學者逐漸突破了「重禮輕樂」的畸形思維，認識到「樂」在傳統中國文化中獨特而重大的價值意義。以至於有的學者提出，不瞭解「樂」與其他哲學概念的關係，「就不能很好地把握中國哲學」〔註 74〕。若想準確而深入地把握傳統中國文化，尤其是中國的傳統政治文化，首先必須要探究「樂」的精神意蘊。

（二）「文經武緯」——尚文之「文」與尚「文」傳統的基本要義

　　在中國古典文化中，「政」與「文」是爲一體，互爲表裏。政爲其表，「文」爲其裏。「文」是「政」的內在精神底蘊，政治的本質即是「文治」。在中國古代先賢聖哲看來，治國安邦的理想模式是「經國以文」，天下治理的最高境界是「化成天下」。「經國以文、化成天下」這八個字構成了中國政治傳統的「文化基因」，這一文化基因歷經治亂興衰的資治通鑒，逐漸形塑中國的

〔註71〕簡·艾倫·赫麗生：《古希臘宗教的社會起源》，謝世堅譯，廣西師範大學出版社，2004。

〔註72〕蔣孔陽：《先秦音樂美學思想論稿》序言，人民文學出版社，第 1 頁。

〔註73〕龔妮麗：《音樂美學論綱》，中國社會科學出版社，2002 年，第 9 頁。

〔註74〕張世寶：《從郭店儒家簡談古代「樂」的形上特徵》，載於《學術月刊》2001 年第 12 期。

尚文政治傳統的基本要義：這就是「馬上得天下、不可馬上治天下」。武力可以奪得天下，但卻無法以武力來治理天下，這是因爲暴力雖然能使人一時屈服，卻不能讓人心悅誠服；武力雖然可以維持一時的政治安定，但卻無法實現長久的政治穩定。暴力與武力的濫用只能導致國家道義的淪喪。道存則國存，道亡則國亡；天下有義則治，無義則亂，故「馬上得天下、不可馬上治天下」。

中國作爲世界著名的文明古國，具有鮮明的尚「文」特色。尚「文」傳統作爲中國傳統政治文化的精髓，內蘊精深宏大，若一言以蔽之可概括爲：經世以「文」、化成天下。在中國古代先賢聖哲看來，經國安邦的理想模式是經世以「文」，政治治理的最高境界是化成天下。歷經世代演化，古之「文」與今之文語義不近相同，古之「文」有「天文」之文、「文辭」之文、「文武」之文等多維要義，但文武之「文」是中國尚「文」政治傳統的基本要義，基本意旨是指非軍事性的社會形態。

從一定意義而言，中國的傳統政治文化即是一種「求治」的文化。如何經世安邦，如何維繫政治統治以實現國家的長治久安始終是中國傳統政治文化的主題。遠在先秦時期，有關經世安邦的政治理念即已百家爭鳴，但其中影響最爲深遠的則是「經世以文、化成天下」的尚「文」政治理念，尚「文」理念是中國傳統政治文化中最具本質意義的核心概念。在中國古典語境中，政與「文」、道與治、「化」與「成」互爲一體：政爲其表，文爲其裏；道爲其「體」，治爲其「用」；「化」爲其本，成爲其歸。道、文、「化」相互勾連的邏輯理路，以「華夷之辨」、「文野之分」爲坐標，開掘出中國傳統「文治」政治以學術立國、以道義立國，以文明立國的內在精神主脈。定國安邦若能以「學」爲先、以「道」爲本、以文明爲依歸，始終以自身的先進性、文明性來感召民心，則可「以文而化成天下」。〔註75〕

（以）文－化－成，「這可以說是中國『文化』的原理和要義之所在」。〔註76〕從一定意義而言，不明了這一基本要義，就無法認識到中國文化的內在精髓。「經國以文、化成天下」這八個字構成了中國政治傳統的「文化基因」，這一文化基因歷經治亂興衰的資治通鑒，逐漸形塑中國的尚文政治傳統的基本要義：這就是「馬上得天下、不可馬上治天下」。武力可以奪得天

〔註75〕《周易正義》卷3《賁》象辭。
〔註76〕陳飛：《古「文」實義說略》，載《中國社會科學》2007年第4期。

下，但卻無法以武力來治理天下，這是因為暴力雖然能使人一時屈服，卻不
能讓人心悅誠服；武力雖然可以維持一時的政治安定，但卻無法實現長久的
政治穩定。暴力與武力的濫用只能導致國家道義的淪喪。道存則國存，道亡
則國亡；天下有義則治，無義則亂，故「馬上得天下、不可馬上治天下」，
這即是中國尚「文」政治傳統的基本要義。「經世以文、化成天下」作為尚
「文」主義政治傳統的基本要義，根植中國傳統政治文化的內在精髓，同時
也形塑整個中化文化的精神主脈。

　　日本東京大學教授小森陽一曾說過：數千年以來，在以中國為中心、包
括日本在內的漢字文化圈中，「文」是思想文化中的核心概念。中國傳統文
化中的諸多思想意念皆由此展開其精神脈動，在中國數千年的文化變遷中，
「文」這一概念的內在意蘊已經發生了極為重大的變化，以至於當我們用今
天的語義來對應上古之「文」的意蘊時，往往會發生一些涵義上與觀念上的
錯位。古之「文」與今之「文」不盡相同：「古之所謂文者，非特語言之工」。
〔註 77〕

　　古之「文」有著極為高遠浩大的精神境界，何謂古之「文」？「日月星
辰天之文也，五嶽四瀆地之文也」。〔註 78〕在古代先哲看來，「文」已不再是
一種精神理念的表達，「文」乃宇宙萬物之本體，所謂「文之為德也大矣，與
地天並生者何哉？夫玄黃色雜，方圓體分，日月疊璧，以垂麗天之象；山川
煥綺，以鋪理地之形。此蓋道之文也。仰觀吐曜，俯察含章，高卑定位，故
兩儀既生矣。惟人參之，性靈所鍾，是謂三才，為五行之秀，實天地之心。
心生而言立，言立而文明，自然之道也」〔註 79〕天地因為有了人才有了靈性
和秩序，因而垂象萬千；而人因為有了語文才能進入了一個有秩序、有意義、
有價值的人文世界。世界只有進入語文的世界，才能表現為人類的世界。人
類永遠是以語文的方式擁有世界，倘若沒有語文來描述和呈現這個世界，那
麼，整個世界便會沉入一片混沌不清的冥冥之中。故《易·賁卦·象傳》曰：
剛柔交錯，天文也；文明以止，人文也。觀乎天文，以察時變；觀乎人文，
以化成天下。

　　在中國古典文化語境中，在中國數千年的思想文化史中，「文」是一個

〔註 77〕張栻：《雙鳳亭記》，引自《湖廣通志》卷 160。
〔註 78〕張彥遠：《法書要錄》，人民美術出版社，1986 年，第 158 頁。
〔註 79〕劉勰：《文心雕龍·原道》。

包羅萬象的意念，文，在甲骨文中意指祭祀儀式中的文身行爲，是對身體的一種修飾。在原始社會裏，文身與原始圖騰觀念相連，用於重大時刻、重要場合：戰爭、宴會、少年進入成年的儀式等，是一種帶有社會意義的禮儀儀式。文作爲原始社會圖騰巫術儀式、奴隸社會文物昭德的禮儀制度既內涵神祈性的宗教底蘊，也內涵著倫理性、審美性等精神意象。《逸周書·諡法解》曰：

> 經緯天地曰文；道德博聞曰文；慈惠愛民曰文；愍民惠禮曰文；
> 賜民爵位曰文；勤學好問曰文；博聞多見曰文；忠信接禮曰文；能
> 定典禮曰文；經邦定譽曰文；敏而好學曰文；施而中禮曰文；修德
> 來遠曰文；剛柔相濟曰文；修治班制曰文；德美才秀曰文；萬邦爲
> 憲、帝德運廣曰文；堅強不暴曰文；徽柔懿恭曰文；聖謨丕顯曰文；
> 化成天下曰文；純穆不已曰文；克嗣徽音曰文；敬直慈惠曰文；與
> 賢同升曰文；紹修聖緒曰文；聲教四訖曰文。

在此，「文」既是一種令人高山仰止的人格修爲與精神境界，同時也是自然萬物、人倫社會運行發展的「根本之道」。「文」由此概括了漢文文化的全部精神內涵。舉凡人類社會中的種種政治制度、觀念形態、文化現象、風俗習慣、生活方式，都可以「文」指稱之。以至於明朝的宋濂在《文原》中寫道：故凡有人的一切彌綸範圍之具，囿乎文。非文之外別有其他也。「文」的精神內涵雖然如此博大而包羅萬象，

「文」之境界浩大高遠，爲世人所崇敬，儼然已成爲華夏民族的精神圖騰。中國社會的尚文之風蔚然萌發於遠古時代。早在先秦時期就有「夏尚質，殷尚忠，周尚文」之說，秦、漢之際也常有「周道文」、「周人尚文」，「周極文」、「周貴文」，「周末文勝」之論。總之，周人尚「文」、崇「文」已成定論，它代表了周代社會的總體風貌。

文武之「文」是文的基本要義，其基本內涵被引申之後，指詩、書、禮、樂等文化方面的內容，又與禮樂制度緊密相關。(注：《論語·述而》記載：「子以四教，文行忠信。」劉寶楠《論語正義》說：「文謂詩書禮樂。」《論語·子罕》載孔子語：「文王既沒，文不在茲乎！」朱熹《論語集注》卷5曰：「道之顯者謂之文，蓋禮樂制度之謂。」這裡的「文」即指禮樂制度。)「文」雖淵於禮樂，但又與此相區別，禮樂文明多側重於有形的制度、典禮以及由此衍生的具體的思想文化。

五、文獻綜述

　　據筆者考證，無論是在中國學術界，還是在國外學術界，關於「中國尙『文』政治傳統」的研究都是一個有待開拓的「學術荒地」，尤其從「樂神」精神的維度來探究中國尙「文」政治傳統的歷史源流與基本要義，此類專項研究成果更是不爲多見。誠然如此，任何學術著述皆不是空中樓閣，筆者在探究「中國尙『文』政治傳統」這一問題的過程中，有賴於諸多觸類旁通之相關文獻的佐證，使筆者堅定了寫作的信心與勇氣，尤其是從「樂神」的維度來探究中國的尙「文」政治傳統，這是一項浩大又跨越諸多學科的研究課題，既需有歷史文獻學的厚度，還要有政治學的分析、形上學的思辨、宗教學的視野與文藝學的素養。在寫作過程中，不同學科的學術同仁，從不同的維度，給予我很多啓發。現將這些已有的學術研究基礎簡介如下：

（一）相關先秦典籍的簡介與詮釋

　　中華泱泱大國，素以禮樂文明而著稱。尤其在崇尙鬼神、巫覡興盛夏、商兩代，樂舞是「神人以和」的精神象徵，即所謂「八音克諧，無相奪倫，神人以和。」〔註80〕在拙著中，先秦之「樂」的超驗之維是「樂神」精神得以形成的精神根基。尤其是「樂神精神」的提出更是源自先秦「樂論」。先秦「樂論」既內涵超驗之維，而且內涵深刻的政治寓意，尤其是舜帝「修政偃兵，執干戚而舞之」的樂治典故，對於拙著中的尙「文」政治傳統，有著十分重要的啓迪意義。

1. 興舞可「降興上下之神」──先秦「樂論」奠定拙著的史料基礎

　　關於「樂」的討論從中國思想發展的早期階段便已經出現，並在之後的不同時代繼續發展。在不同的歷史時期，「樂」的思想的發展也有著不同的表現，從原始時期人類的勞動和審美活動的開始一直到對「樂」的思想的體系化和理論化的思考，最後再到具體藝術實踐中對「樂」的理論的運用。「樂」的思想的發展經歷了一個長期的發展過程。拙著中的「樂神」精神即是以先秦「樂論」爲基石。「樂」字即已出現。而「禮」則是後起之字，周初彝銘中並不見有此字。〔註81〕歷經世代輾轉，時至先秦，關於「樂」，中國的先賢聖哲就有著高遠宏達的陳述。《呂氏春秋·大樂》更是把「樂」提高到了本體論的高度：

〔註80〕《尚書·堯典》。
〔註81〕楊尙奎：《宗周社會與禮樂文明》，人民出版社，1992年，第330頁。

　　　　音樂之所由來者遠矣，生於度量，本於太一。

　　　　凡樂，天地之和，陰陽之調也。

《禮記・禮運》曰：

　　　　夫禮之初，始諸飲食。其燔黍捭豚，汙尊而抔飲，蕢桴而土鼓，

　　猶若可以致其敬於鬼神。〔註82〕

在上古先民的觀念中，「樂」能夠使神喜悅，從而達到與神「相和」的崇高境界。「神人以和」的精神信仰反映了人對自然與神祇的敬畏、景仰之情，這種以「樂」來敬奉神靈的觀念早在遠古時期就已內化為華夏民族的文化基因。指的就是原始的音樂。在原始的儀式活動中，作為樂的內容的詩歌、舞蹈、樂器的表現都包含在禮之內。在最初的時期，禮包含了樂，代表了對原始儀式的總體的描述。作為原始儀式的組成部分，樂在原始部落中起到十分重要的作用，通過原始的儀式，將人和神聯繫在一起。通過儀式中的樂，人與自然產生了某種神秘的聯繫。在這種氛圍之中，獲得人與神（自然）的溝通。《尚書・堯典》對「樂通神明」有著更為活靈活現的描述：

　　　　帝曰：「夔，命汝典樂，教冑子。直而溫，寬而栗，剛而無虐，

　　簡而無傲。……八音克諧，無相奪倫，神人以和。」夔曰：「於！予

　　擊石拊石，百獸率舞。」〔註83〕

《尚書・堯典》的陳述不但表明當時的人們已經認識到「樂」超驗之維，而且還深刻的認識到的「樂」之於人有著十分重大的教育意義。

　　先秦時代之後，《樂記》是對音樂進行系統討論的重要著作。《樂記》的準確成書年代及作者並無定論，但研究者一致認為《樂記》是先秦以來論「樂」思想的綜合。從現在留存的十一篇來看，其中《樂本篇》、《樂論篇》、《樂禮篇》、《樂情篇》、《樂化篇》等篇目集中對音樂進行討論。從對中國古代的關於音樂的討論的簡述中我們可以看出，中國古代關於音樂的討論主要集中在先秦時期，這一時期對音樂的討論包含了後來音樂理論發展的主要方向，拙著「樂神精神」的提出也主要以這一時期的理論作為立論根基。

2.「修政偃兵，執干戚而舞之」——舜帝「樂治」典故啟迪尚「文」政治傳統

　　先秦「樂論」既內涵超驗之維，而且還說明「樂」在現實生活中的實際

〔註82〕《禮記・禮運》。

〔註83〕《尚書・堯典》。

意義。

> 昔古朱襄氏之治天下也，多風而陽氣蓄積，萬物散解，果實不
> 成。故士達作爲五弦瑟，以來陰氣，以定群生。昔葛天氏之樂，三
> 人操牛尾，投足以歌八闋……。昔陶唐氏之始，陰多滯伏而湛積，
> 水道雍塞，不行其原，民氣鬱閼而滯著，筋骨瑟縮不達，故作爲舞
> 以宣導之。〔註84〕

古朱襄氏以「樂」來溝通天地，葛天氏操「牛尾」而歌，陶唐氏以「樂」來
疏導人的精神。「樂」在氏族的祭祀、生產和生活起到重要的作用。先秦「樂
論」不僅闡釋了「樂」在經濟領域中的重要作用，而起還揭示「樂」的政治
隱喻意義，衍生獨具中國文化特徵的「樂治」理念：

> 當舜之時，有苗不服，禹得罰之，舜曰：不可，上德不厚而行
> 武，非道也。〔註85〕

「有苗」又被稱作「三苗」、「苗民」，是原始社會末期的南方大族，居處「左
彭蠡之波，右有洞庭之水」。〔註86〕三苗的活動區域大致主要在今河南南部及
洞庭湖至鄱陽湖一帶以長江中游的江漢間地爲中心也延及江南廣大地區。堯
時，壯大起來的三苗逼進中原腹地，於是，「堯與有苗戰于丹水之浦」〔註87〕，
《呂氏春秋・召類》亦載：「堯敵於丹水以服南蠻」。〔註88〕然而「三苗」並
未被征服，「在江淮、荊州數爲亂」。舜爲天子後，一如慣例，遣發大軍以武
力征服。然而，「三苗」不畏強暴，雖力不敵強大的禹師，但敗而不餒。至此，
虞舜乃知三苗不能用武力征服，只能以仁德感化，以文明教化。於是，虞舜
制止了禹等「請伐之」的要求，偃兵修教、推德懷遠，結果喻教行德三年，
三苗不僅欣然誠服，而且，「移風易俗」，文獻中對此多有記述。《呂氏春秋・
上德》載：

> 三苗不服，禹請攻之。舜曰：「以德可也。」行德三年，而三苗
> 服。舜卻苗民，更易其俗。〔註89〕

> 當舜之時，有苗不服，禹將伐之，舜曰：「不可。上德不厚而行

〔註84〕《呂氏春秋・古樂》。
〔註85〕王先愼撰：《韓非子集解》，北京：中華書局，1998年，第442頁。
〔註86〕《戰國策・魏策》。
〔註87〕《六韜・韕文》。
〔註88〕《呂氏春秋・召類》。
〔註89〕《呂氏春秋・上德》。

武，非道也」，乃修教三年，執干戚舞，有苗乃服。〔註90〕

　　當舜之時，有苗不服，於是舜修政偃兵，執干戚而舞之。〔註91〕

　　當舜之時，有苗氏不服。其不服者，衡山在南，岐山在北，左洞庭之波，右彭澤之水，由此險也。以其不服，禹請伐之，而舜不許，曰：「吾喻教猶未竭也」，久喻教，而有苗氏請服。天下聞之，皆薄禹之義，而美舜之德。〔註92〕

武力征伐不能服眾，行德喻教方可化成天下，舜帝折服「有苗」的歷史典故彰顯「執干戚而舞之」的樂治觀念的基本要義，歷經世代承傳，逐漸化育出「修政偃兵」的尚「文」政治傳統。

（二）相關學術理論的回溯與分析

　　常言道「孤證不立」。筆者在開展《先秦「樂神」精神與中國尚「文」政治傳統》這項研究計劃的過程中，諸多學術前輩的學術理論為拙著的立論與謀篇奠定堅實的學理基礎。

1.「天人合一」是中華傳統文化的精神歸宿──錢穆中華文化觀的啟蒙意義

　　錢穆是20世紀中國學術史上通儒式的國學大師。「錢先生不僅僅是一位專才，一位學問家，一位史學巨擘，而且是一位通儒，一位著名的思想家，他的學術著作和講演不僅僅有學術、學理的價值，而且有深刻的思想性和哲理性。」〔註93〕通儒式的國學大師是大陸學界評價錢穆的共識。錢穆之通又通在中西互觀，錢穆在中西文化對比中立足傳統文化，凸顯傳統文化的優越性，揭示傳統文化的精華。錢穆以傳統人文思想為基礎，以史學融通文哲，以情感貫通中西，以天人合一會通人類文化的發展，這樣的「通」對當代人文學建設有重要的意義。尤為重要的是，錢穆晚年對「天人合一」的論述回歸了傳統文化天命、人性的和合緣構，既是對傳統文化的現代開發，也是對人類文化未來發展的構想、對中華文化的現代化作出的突出貢獻。錢穆晚年的「天人合一」觀對於拙著之「樂神精神」的提出與形塑有著重要的啟迪意義。

　　錢穆晚年在「天人合一觀」上獲得大徹大悟。他早年屢屢關注中國傳統

〔註90〕《韓非子・五蠹》。
〔註91〕《淮南子・齊俗訓》。
〔註92〕《韓詩外傳》卷三。
〔註93〕郭齊勇、汪學群：《錢穆評傳》。

文化中的「天人合一」理念，直至 95 歲高齡始有徹悟：「此一觀念實是整個
中國傳統文化思想之歸宿處……我深信中國文化對世界人類未來求生存之貢
獻，主要亦即在此。」〔註 94〕此一徹悟對於錢穆學術有兩方面的重要意義：
一方面錢穆在「天人合一觀」中體悟到了中國文化的價值，從而對其始終牽
縈在心的時代話題「中國文化會不會亡」作出了擲地有聲的否定回答；另一
方面，錢穆以天人合一觀囊括其晚年的文化學思想，為其文化學找到了「全
人類」的基石。錢穆指出：「天下」二字，包容廣大，其含義即有使全世界人
類文化融合為一、各民族和平並存、人文自然相互調適之義。其他亦可據此
推想。中西文化異而能通，其共通處即是中國傳統文化的精粹：人之生不能
違背天，違背自然，且又能與天命自然融合一體。錢穆的「天人合一觀」引
起了大陸學者季羨林、湯一介的注意。季羨林先生也認為，天人合一觀將是
中國文化糾偏歐洲文化，引導世界文化建設的重要思想。湯一介認為：「天人
合一」的觀念無疑將會對世界人類未來求生存有著頭等重要的意義。〔註 95〕
錢穆的天人合一觀立足於人性與天命的和合緣構，是人性對天命的內在性寓
有。錢穆認為，人性源於天命。人有性命之分，命為自然屬性，性為人的社
會屬性，是人秉承於天的可能性與本質。錢穆先生在《中國思想通俗講話》
中寫道：「人為要自表示其生命之與其他禽獸草木一切生命之不同，故牽連著
說性命。因此，中國人通常俗語用性命二字來代替生命，其實已包涵了極深
的思想結晶。這一語中，即包涵著生命之本質與可能，也可說，即包涵著生
命之意義與價值。則該從此性命兩字中細參。」〔註 96〕天既然賦性於人，天
就不是高懸於人之上可望而不可及的「上帝」，天不需要我們頂禮膜拜，天也
不會導致人性異化。人率性即知天命，「率性之謂道」，因此「天命之性」是
「天人合一」之性。錢穆在《中國思想通俗講話》中進一步闡述說：「率性之
道，既是天人在此合一了。……我們若明白得我之稟有此性，乃出天心與天
意，我們自率己性，即不啻是依循著天心與天意。我們自可明白，此性乃我
們所最該遵依、不宜有違抗。因我若違抗了我之性，這不僅是違抗了天，而
且是違抗了我。何以故？因我之所以謂我，正為我之稟得有此性。……因此，

〔註94〕錢穆：《中國文化對人類未來可有的貢獻》，載於：《劉夢溪中國文化》，北京：
　　　　中華書局，1991 年。
〔註95〕湯一介：《讀錢穆先生〈中國文化對人類未來可有之貢獻〉》，載於《北京大學
　　　　學報》，第 4 期。
〔註96〕錢穆：《中國思想通俗講話》，北京：生活‧讀書‧新知三聯書店，2002 年。

天人合一，同時也即是人生規範與人生自由之合一。」〔註 97〕可見，錢穆論「天人合一」是從人性與天命的和合緣構著眼，天並非僅僅是外在於人的自然界，天同時也是內在於人的神聖體驗。人不僅是順應著天，同時也是稟賦天命而自率己性。天命是人性之歸藏，人性是天命之秀出。人性與天命在秀出與歸藏中和合緣構即是天人合一。天要求人盡性的是人的文化屬性，天命所歸，天人和合，天將自己內在於人的物性，人以天命超越自己的物性，因此，人之盡性即是天命之秀出，天命是人文化行為淵源不絕的精神家園。

2. 文明形成的物質基礎是「神人溝通」——張光直考古發現與中華文明的起源超驗之維

張光直是當代著名的美籍華裔學者，人類學家，考古學家。畢生從事中國歷史與考古學研究。對於他的學術成就，有文章認為，「在西方世界，近四十年來，張光直這個名字幾乎是中國考古學的同義詞」〔註 98〕張光直對中華文明起源的研究有許多獨特的看法，並作出了重大貢獻，對筆者的學術研究產生深遠影響。

張光直在考古研究中，發現中國文明的起源，關鍵是政治權威的興起與發展。而政治權力的取得，主要依靠通過道德、宗教、壟斷稀有資源等手段，其中最重要的是對天地、人神溝通手段的獨佔。古代中國文明有一個重要觀念：把世界分為截然分離的兩個層次，如天和地，人與神。上天和祖先是知識與權力的源泉。天地之間的溝通，必須以特定的人物和工具為中介，這就是巫師和巫術。統治者只要掌握了這二者，就佔有了與上天和祖先的交通，也就取得了政治的權威。可見，巫術對中國文明起源起決定作用，而以生產工具為核心的生產力在中國國家和文明起源中並不佔據根本性地位。〔註 99〕三代的統治帶有強烈的巫術色彩，中國古代文明是所謂「薩滿式」文明。張光直先生認為，概括中國古代文明的方式有多種，但就中國古代文明的世界性來說，「薩滿式」文化是中國古代文明的最主要特徵。「薩滿式」的世界觀，就是把世界分成天、地、人、神等不同層次，進行不同層次溝通的是巫覡。這種世界觀也是中國古代文明的重要成分。這樣討論中國古代文明特徵的意義在於：其一，中國古代文化是世界性的；其二，在薩滿式文化中巫覡宗教

〔註 97〕錢穆：《中國思想通俗講話》，北京：生活・讀書・新知三聯書店，2002 年。
〔註 98〕李潤權：《張光直教授的學術成就》，載於《中原文物》2002 年，第 1 期。
〔註 99〕張光直：《中國考古學論文集》，北京：生活・讀書・新知三聯書店，1999 年。

集團具有很大力量。後者導致了古代中國以宗教、政治手段，而不以技術或貿易手段佔有社會財富。

　　張光直的上述觀點，對於研究中華文明起源和國家形成的特點無疑是一個極爲新穎的啓示，對於筆者研究中國政治傳統的精神源頭也極具啓迪意義。

3.「樂感文化」是中華傳統的基本精神──李澤厚先生相關學術理論的啟示意義

　　作爲二十世紀下半葉中國大陸最具影響力的思想家之一，李澤厚先生的學術理念備受國際學術界矚目，他對中國傳統思想文化的關注表現在許多的方面，因其卓越的學術成就，1989 年，當選巴黎國際哲學院院士，先後在德國圖賓根大學、美國密歇根大學、威斯康星大學等多所大學任客座教授，主要從事中國哲學、中國美學研究。「樂感文化」是李澤厚將中國傳統文化與美學相結合而產生的重要理論之一，這一重要學術理論對於筆者提出「樂神精神」，有著重要的啓示意義。

　　李澤厚的「樂感文化」理論主要建築於先秦「樂論」基礎之上。《禮記・禮運》中「夫禮之初，始諸飲食。其燔黍捭豚，汙尊而抔飲，蕢桴而土鼓，猶若可以致其敬於鬼神。」〔註100〕指的就是原始的音樂。在原始的儀式活動中，作爲樂的內容的詩歌、舞蹈、樂器的表現都包含在禮之內。先秦時代之後，《樂記》是對音樂進行系統討論的重要著作。《樂記》的準確成書年代及作者並無定論，但研究者一致認爲《樂記》是先秦以來論「樂」思想的綜合。從對中國古代的關於音樂的討論的簡述中我們可以看出，中國古代關於音樂的討論主要集中在先秦時期，這一時期對音樂的討論包含了後來音樂理論發展的主要方向。李澤厚的「樂感文化」的提出也主要以這一時期的理論作爲他的主要關注對象。

　　「樂感文化」最早見諸於李澤厚《中國古代思想史論》中最後一篇《試談中國的智慧》。在這篇文章中，李澤厚說到：

　　　　西方文化被稱爲罪感文化，於是有人以恥感文化或「憂患意識」
　　來相對照以概括中國文化。我認爲這仍不免模擬「罪感」之意，不
　　如用「樂感文化」更爲恰當。〔註101〕

〔註100〕《禮記・禮運》。
〔註101〕李澤厚：《中國古代思想史論》，北京：生活抬新知抬讀書三聯書店，2008 年，

在這之後，李澤厚接連引用《論語》中的包含「樂」意義的句子來說明樂感文化與儒家思想之間的密切關係，並進一步認爲樂感文化已經成爲中國人的「文化心理結構」或「民族性格」，筆者完全認同李先生的這一論斷。尤其是「樂感文化」源自於上古之際的「巫史傳統」，更是引發筆者的強烈共鳴。

在考證的基礎之上，李澤厚認爲藝術的起源與「巫術」有著密切的關係。「原始歌舞（樂）和巫術禮儀（禮）在遠古是二而一的東西，它們與其氏族、部落的興衰命運直接相關而不可分割」。〔註102〕遠古圖騰傳統，巫術禮儀分化形成的「禮」與「樂」，在《華夏美學》中，李澤厚提出「禮」與「樂」是「同一回事」。在李澤厚後期的著作中，「樂感文化」由巫術到禮儀發展的理性化過程得到了更進一步的探討。受到一些考古界的新發現的影響，李澤厚將上古的「巫君合一」作爲理論的前提，將巫術和禮儀聯繫在一起。「自原始時代的「家爲巫史」轉到「絕地天通」之後，「巫」成了「君」（政治首領）的特權職能。」〔註103〕上古之「樂」作爲巫術的主要承載的形式，運用舞蹈，器樂，詩與歌多種要素於一體，在原始的巫術活動中獲得與神的溝通，在巫術進行的的過程中，人的主動性，過程性和情感性得到充分的表達，在這種情感的強烈的體驗中，達到神人合一。

「樂」作爲巫術的形式在由原始時期的一種強烈的情感性的表達，逐步理性化，最終喪失了巫術時期的重要地位，轉變爲與「禮」共同維護王權統治的工具。「樂」的情感性受到「禮」的節制，將巫術時期的「神人以和」發展爲維護王權統治的政治之和，成爲後來儒家奉行的「禮樂」傳統。「樂」的音樂性並不是李澤厚樂感文化關注的重點，他關注的是在巫史傳統的過程中，樂作爲巫術的主要表現形式是如何完成其理性化的過程，實現情感性與理性的結合。這種理性化並不是西方哲學意義上的理性，從某種意義上來說，是將情感性的表達進一步形式化的過程。由於中國古代巫史傳統的特殊性，在周朝，由於樂的情感性尤其是對人的內心的情感的直接作用，因而「樂」被以鞏固政治統治爲目的而保留下來。

第 328 頁。

〔註102〕李澤厚：《美學三書》，天津：天津社會科學院出版社，2003 年，第 13 頁。

〔註103〕李澤厚：《李澤厚舊説四種説巫史傳統》，上海：上海譯文出版社，2012 年，第 9 頁。

　　時至春秋。李澤厚指出：「那個以『禮樂』治天下的遠古時代畢竟已經過去了，想用『樂』來感化百姓，安邦定國，在春秋時代已經是不切實際的幻想，更不用說殺伐爭奪日益劇烈化的後世了。孔子的仁學理論作爲『治國平天下』的政治方略，並沒有也不可能實現。」〔註104〕在春秋之際，儒家樂感文化的意義和價值在於使「樂」成爲人生的最高理想，一種人生的境界和人的人格建立的最終歸宿。

　　「樂感文化」是儒家學說的精神內核。孔子之後，孟子和荀子的思想都可以與樂感文化思想聯繫起來。孟子對樂感文化的發展首先表現在對儒家人格境界的劃分：「可欲爲之善，有諸己謂之信，充實之爲美，充實而有光輝之謂大，大而化之之謂聖，聖而不可知之之謂神。」〔註105〕孟子對人格境界的進一步的劃分表現出儒家樂感的精神內涵。「美」，「大」，「聖」，「神」的劃分，體現出將儒家人格精神最終的目標是與自然界及宇宙達到「天人合一」，這種發展，正是與孔子提出的道德之樂相一致的。

　　孟子對樂感文化的發展是對個體人格精神的突出。孟子的浩然之氣將人的巨大的人格力量直接與天地相接，將道德的主體力量與人的自然生理結合，提出了不同於西方「崇高」的陽剛之美。立足於儒家的道德境界，孟子在此基礎上提出了以陽剛的「浩然之氣」來溝通人的道德境界與天地自然，使人「上下與天地同流」。這種思想，在李澤厚看來，體現出樂感文化的「樂」的最高境界與原始巫術活動中的「神人以和」傳統間的密切關係。在孟子思想的發展下，樂感文化的人格境界變得更爲壯闊雄偉，人的人格品質被凸現出來。

　　「情本體是樂感文化的核心。」〔註106〕李澤厚在《實用理性與樂感文化的》下篇第一句便作出了這個論斷。李澤厚先生認爲「人生只是一種情感，這是一種普泛而偉大的情感眞理」。〔註107〕樂感文化的內涵根本出發點是對人的情感性的關注，從遠古時期的巫術之樂中的「百獸率舞」到「樂以忘憂」的儒家道德情感，從「神人以和」的神秘的原始經驗到後世儒家「上與天地萬物造物者遊的」天地境界，樂感文化在不斷發展的過程中始終堅持的是對

〔註104〕李澤厚：《美學三書》，天津：天津社會科學院出版社，2003年，第234頁。

〔註105〕朱熹注：《孟子》，上海：上海世紀出版集團，2007年，第191頁。

〔註106〕李澤厚：《實用理性與樂感文化》，北京：生活‧讀書‧新知三聯書社，2005年，第55頁。

〔註107〕李澤厚：《實用理性與樂感文化》，北京：生活‧讀書‧新知三聯書社，2005年，第166頁。

日常與「形而上」的並重。以「情本體」爲核心的樂感文化，包含以李澤厚先生悲天憫人的救世情結，用李澤厚的話說，他的哲學只是關於人的命運的提綱。「如何活」、「爲什麼活」和「活得怎樣」三個問題是李澤厚先生一生的學術探究的歸宿，展現了對人的「命運」的深切關懷。

李澤厚先生的救世情懷，筆者甚爲感佩，這是中華歷代文化精英共有的精神情懷，這一精神情懷與「樂感文化」濡育下之「浩然之氣」一脈承傳，共同形塑爲「中華魂」。李澤厚先生洞悉「樂感文化」與「浩然之氣」之間的精神脈動，這恰好暗合筆者在拙著中的一個深切感悟——「樂神」精神形塑「中華魂」。

然而筆者的「樂神精神」與李澤厚先生的「樂感文化」，就其內在旨意而言，卻有著重大差別。李澤厚先生將「樂感文化」歸結爲實用理性，筆者完全尊重李先生學理體系的最終歸宿，但李先生將「實用理性」看做是中國傳統文化心理結構的基礎，筆者認爲這有待進一步商榷。中國傳統文化心理結構不僅濡化於「儒家之樂」，還浸潤於「道家之樂」。李先生以「儒家之樂」來建構自己的「樂感文化」體系，進而將其視爲中國傳統文化心理結構，顯然不符合儒道佛三維一體之中華文化本源結構。文化心理結構源自於一種文化的精神內核，中華文化的主要精神內核是爲「道學」，與其說立基於儒家義理，毋寧說奠定於中華「道學」。中華道學既是「形而下」之實用理性，更是「形而上」之超驗理性，從這一意義而言，中國傳統文化心理結構內涵著高遠的超驗之維，這也是筆者將「樂神」精神視爲中華文化精神源頭的邏輯前提。即便如此，李澤厚先生揭示出「樂」在中華文化、華夏民族心理結構中的特別意義，對筆者仍具有十分重要的啓示意義。

4.「士」：千古承傳的文化傳統——錢穆、余英時先生的相關學說旁證尚「文」傳統

作爲當代華人世界中著名的歷史學者、漢學家，余英時先生是國際公認的最具影響力的華裔知識分子之一，被部分學者認爲是第三代新儒家的代表人物之一。余英時個人從不認爲自己是新儒家，也否定別人將其師錢穆視爲新儒家。在學術上，余英時頗受錢穆的影響，研究興趣主要集中在歷史學尤其是中國思想史領域，尤其是關於士與中國文化的研究，更是被國際學術界所矚目。錢穆與余英時先生都揭示出在中國傳統社會，千古承傳著一個關於「士」的傳統，這一傳統在中國文化史上佔有特殊地位，形塑了中華文化獨

特的精神品質。

　　「士」在中國史上的作用及其演變是一個十分複雜的現象，從文化史和思想史的角度出發，《士與中國文化》所企圖觀察和呈現的是：士作為一個社會階層的精神風貌。本書不取通史式的寫法，而是一系列的史學專題的研究。在各歷史階段中選擇了若干有關「士」的發展的中心論題，然後對每一論題進行比較具體而深入的分析。通過這一重要的研究方式展示「士」在中國文化史上的特殊地位。

　　中國古代的士，其義相當於西方近代出現的被人稱為「社會的良心」的知識分子。這是余英時先生在《士與中國文化》一書引言中的論斷。這種「知識分子」意義的「士」，在中國有綿延不絕的兩千多年傳統，是中國歷史上的重要文化現象。士是中國文化的自覺載體，所以海內外討論中國文化都將之視為中國文化的大傳統。錢穆先生很重視中國的知識分子這一問題。他以中國的知識分子為專門對象的研究，就其論著篇目看，除了散見於《國史大綱》、《中國歷史精神》、《中國文化精神》等著作外，其最重要的代表作主要是《中國的知識分子》、《中國文化傳統中的士》和《再論中國文化傳統中的士》。他認為，中國的士在社會上有其特殊地位，在文化傳統上有其特殊意義和價值。

　　余英時先生繼承了錢穆關於「士」的人文關懷的觀點，把「士」與「中國文化」聯合起來，考察「士」作為一個社會階層的精神風貌。他通過「士」這個階層的歷史發展來探索中國文化的獨特形態，同時說明中西知識分子的異質所在，並對中國當代知識分子所扮演的角色提出了自己的看法。

　　首先，余先生和錢先生同樣認為，「士」的傳統雖然在中國延續了兩千多年，但這一傳統並不是一成不變的。「士」是隨著中國歷史各階段的發展而以不同的面貌出現於世的。余先生正是以士階層的歷史發展來探索中國文化獨特形態的，從學脈、從人文關懷乃至具體的研究上來說，都與錢先生的研究有深厚的聯繫。

　　其次，錢先生認為，孔子作為中國四民社會中堅的士一流品的創始人，在中國歷史社會和整個文化系統上發生了極大的影響，其中，士的最基本的品性就是孔子所規定的「士志於道」，士是「道」的承擔者與實踐者。錢先生認為中國歷史是從承擔「道」的責任上去看士的品位與性格的。所以，中國古代的士，不像西方的教士，也不像西方的律師。士不僅是有智識的讀書人，

「中國古人所謂士，要能負擔著此一『文化理想』之大責任。」〔註108〕錢先生對中國古代士具備「智識」與「志於道」兩重性的揭示，與西方近代對知識分子的理解很相近。而余先生在其《士與中國文化》一書中指出，「今天西方人常常稱知識分子爲『社會的良心』」，認爲他們是人類的基本價值（如理性、自由、公平等）的維護者。知識分子一方面根據這些基本價值來批判社會上一切不合理的現象，另一方面則努力推動這些價值的充分實踐。這裡所用的「知識分子」一詞在西方是具有特殊涵義的，並不是錢先生對中國古代士具備「智識」與「志於道」兩重性的揭示，與西方近代對知識分子的理解很相近。

再次，錢先生認爲「士貴王賤，亦中國文化傳統中一特殊觀念特殊風氣」〔註109〕所謂士貴王賤當然是指價值意義文化意義上的。雖然現實政治中王至尊至貴，但在中國人尤其是士的價值觀念中，卻是士尊於君。士以師道而尊，以「士統即道統」而尊，士承道統而名望能高於帝王卿相一類政治人物，士可以無君，常以自任道統自負，但君則不能不禮賢下士。錢先生解釋「士貴王賤」說：

> 在中國人心中君師並尊，而士人之爲師，抑猶有高出於爲君之上。

又指出：

> 中國傳統政治歷代取士標準，亦必奉孔子儒術爲主。政統之上尚有一道統。帝王雖尊，不能無道無師，無聖無天，亦不能自外於士，以成其爲一君。〔註110〕

所謂「道統高於政統」，錢先生說：「教權尊於治權，道統尊於政統，禮治尊於法治，此乃中國儒家陳義，所由爲傳統文化之主幹」〔註111〕而且他認爲道統地位隨於歷史演進而益尊於治統之上。錢先生完全是儒家本位的立場，而且偏傾於理想化。在這一點上，余先生對「翟下之學」的研究中也承認有「道」尊於「勢」的存在，並認爲士與君主之間存在師、友、臣三種關

〔註108〕錢穆：《中國文化精神》，載《錢賓四先生全集》38，臺北，聯經出版事業公司，1998年，第100頁。

〔註109〕錢穆：《晚學盲言》，桂林，廣西師範大學出版社，2004年版，第316頁。

〔註110〕錢穆：《晚學盲言》，桂林，廣西師範大學出版社，2004年版，第320頁。

〔註111〕錢穆：《政學私言》，載《錢賓四先生全集》40，臺北：聯經出版事業公司，1998年，第91頁。

係，當然他的態度比之錢先生偏客觀。總體上他是認同儒家「道」尊於「勢」的存在的。

余英時先生繼承了錢穆關於「士」的人文關懷的觀點，把「士」與「中國文化」聯合起來，考察「士」作為一個社會階層的精神風貌。他通過「士」這個階層的歷史發展來探索中國文化的獨特形態，同時說明中西知識分子的異質所在，並對中國當代知識分子所扮演的角色提出了自己的看法。首先，按錢穆先生的詮釋，「士志於道」之「道」是價值意義、整全意義、人文意義的。他認為，中國人所講的「道」字，不僅是一個具體存在的事實，還包括一個價值理想在裏面。他又認為這個道，主要是人道，接近於現代人所講的文化，深切地說，是「文化中之有意義價值者始稱道」〔註112〕余先生從比較文化史的觀點認為中國的「道」具有「內向超越」的特徵，並對這種「內向超越」的涵義作了說明（詳見本文第四章），這是與他對中西文化各自價值源頭以及價值世界與現實世界的關係的研究相貫通的。對中國的「道」具有「內向超越」特徵的概括，是余先生對先秦「士」文化現代價值的抉發。

《士與中國文化》中最大的兩處遺憾卻也來自於它的優點，首先，作為思想史的討論，余先生沒有限定好「士」、「道」、「勢」三個概念的內涵和外延，尤其是，「士」與「政」之間的政治互動關係是一個貫穿千古的重大問題，然而余先生對這一問題鮮有論述，不能不說是「士與中國文化」研究的一大缺漏。幸好，杜維明先生在《道學政》這一論著中有所彌補。

5. 道、學、政──杜維明先生學術觀念簡介

杜維明先生是蜚聲國際的第三代新儒家代表人物之一。杜維明一直將自己「看作一個五四精神的繼承者」，將儒家文化置於世界思潮的背景中來進行研究，直接關切如何使傳統文化與中國的現代化問題接軌，從而自20世紀80年代以來通過借鑒哲學人類學、文化人類學、比較文化學、比較宗教學、知識社會學等跨學科研究的方法，比較多地闡發了儒家思想的現代意義和儒家第三期發展的前景問題，勾畫了當代新儒學理論的基本構架，在東亞和西方世界產生了相當的影響。作為新儒家學派的學術領袖，杜維明先生關於中國傳統「士人」的研究，從特定角度再現他的新儒學理論，對筆者從事尚文傳統研究具有重要的啟迪意義。

〔註112〕錢穆：《中國歷史精神》，載《錢賓四先生全集》29，臺北，聯經出版事業公司，1998年，第163頁。

　　杜維明先生關於中國傳統「士人」的研究集中體現在《道、學、政——論儒家知識分子》一書。該書是杜維明在 1982 年至 1987 年間所撰寫文章的合集。按杜維明所說，這本書所收錄的文章各有側重，對「道、學、政」三個互相關聯的基本概念給予深入探究。

　　「道」是儒者的核心價值、終極信念，並通過人的自我努力獲得現實性的意義。如果說「道」所關注的是人類存在的終極意義，那麼儒家之「道」是有著獨特內涵的，它既關注俗世，又有融「道」於人自身的超越性意義。儒家之「道」是在天人合一的內存力量中覓得的，人在自身中「行道」、「弘道」，在「至誠」之中盡人之性，即所謂：「唯天下之至誠，為能盡其性，能盡其性，則能盡人之性，能盡人之性，則能盡物之性，能盡物之性，則可以贊天地之化育，可以贊天地之化育，則可以與天地參矣。」〔註 113〕在此，天道與人道是為一體，「內聖」與「外王」相輔相成。

　　儒家之道一言以蔽之即是「內聖外王」之道。若「外王」必先「內聖」，若「內聖」必先「為學」，在儒家文化中，「學」可分成互相關聯的五個部分，即「詩、政、社會、史、形而上學」，通過多維的學養實現自我的完善與提升。孟子將人自身的完善分為六個階段：「可欲之謂善，有諸己之謂信，充實之謂美，充實而有光輝之謂大，大而化之之謂聖，聖而不可知之之謂神。」〔註 114〕通過個人學養，人可以達到「善、信、美、大、聖、神」的六種生命境界，於是自我在「學」的向度的展開崇高的精神境界，通過「學」臻於「聖神」境界，修身、立命，人即可「贊天地之化育」，外王於天下。

　　「政」是「外王」的經世實踐，「政道」是「道」之社會意義上的載體，也是「學」在社會生活中的具體展開。杜維明堅持認為，儒家之學本是一個向外開放的體系，除了調動我們的內在資源以增強知識外，還強調外在的把我們的自我意識具體應用於服務社會的功用即所謂「格物、致知、誠意、正心、修身、齊家、治國、平天下」的八條目。

　　杜維明先生在《道學政——論儒家知識分子》一書通過闡明道、學、政三者之間的內在關聯，揭示出中國傳統政治獨特的精神品格，這對於中國政治傳統研究，具有非常重要的現實學理意義。

〔註 113〕《禮記・中庸》。
〔註 114〕《孟子・盡心章句下》。

6. 文官系統是中國傳統政治的基本特色——許倬雲先生關於中國傳統政治研究簡述

許倬云是與余英時、張光直齊名的海外學者。先生學貫中西，先後執教於臺灣、美國和香港的多所高等院校，善於運用社會科學的理論和方法治史，研究領域主要在中國文化史、社會經濟史和中國上古史，其代表著作包括《中國古代社會史論》、《漢代農業》、《西周史》、《萬古江河》等。在其卓越的學術成就中，尤以中國傳統文官制度研究獨樹一幟，他將中國歷史上的文官制度，以管理學的觀念，分析解釋，開創中國管理學研究的另一途徑。

許倬雲認為，站在現在看歷史，中國傳統政治制度的特色是秉持儒家道德價值觀的文官系統。它是惟一能夠與今天的現代政治接軌的。不能接軌的是傳統的君主制度，不合理處是任命來自上面，不由人民決定。這個道德教條是中國文官制度與韋伯的純粹工具理性不一樣。中國的儒家理性裏面，永遠有忠誠有抗爭。宋朝集權，皇帝向士大夫讓步了；漢朝的制度，皇帝向文官系統讓步。從漢到宋，沒有宰相的附署，皇帝詔書不算數。「士與皇帝共天下」的歷史事實佐證著中國的尚「文」政治傳統

（三）中國大陸有關「樂」的學位論文及其旁證價值

隨著中國大學研究生教育事業的蓬勃發展，博士研究生與碩士研究生已成為中國學術事業發展的主力軍，他們的學位論文逐漸在不同的學科領域不斷開拓學術新領域，開創學術新理念，打開精神新境界，為中國、乃至國際學術研究事業做出不可磨滅的新貢獻。根據拙著的研究視閾，有關「樂」的學位論文，筆者擇其主要篇章，簡介評析如下：

1. 詩歌：時代的特殊史料——《詩經·大雅與禮樂文化研究》的史料價值

《詩經》是我國第一部詩歌總集，收集了自西周初年至春秋中葉五百多年的詩歌 305 篇。先秦稱《詩經》為《詩》，或取其整數稱「詩三百」。西漢時被尊為儒家經典，才稱為《詩經》並沿用至今。《詩經》本來只是周代的詩歌集，作者既有平民，又有貴族，涵蓋了社會生活方方面面。作為歷史的見證，《詩經》保存了當時社會生活的鮮明特色，保存了些國家大事的真實細節，同時也保存了上古史的某些素材，因此說《詩經》既是一部詩歌總集，也是一部極具史實性的歷史典籍。孫娟女士以《詩經·大雅》為立足點，具體而

又深入地研究先秦禮樂制度的基本風貌。在史料分析的基礎上得出如下結論：禮樂思想主要表現爲天人合一的審美理想、天下一統的政治思想、有德是輔的建國理念、制禮作樂的和諧思想、政教合一的教化思想等幾個方面，後來成爲儒家思想的基石。

2.「堯貴以樂治時，舉舜」——《先秦時期樂文化研究》與舜帝「樂治」的闡釋

長久以來，海內外爲學者將中華文化稱之爲「禮樂文化」，其實中華文化萌生之初，乃是「樂文化」，對於這一問題，筆者在博士論文中早有論述。有幸適逢學術知音，南開大學博士研究生崔廣慶同學以「樂文化」爲主題，依據的傳統文獻資料，諸如十三經、諸子文集、前四史等文獻之中關於音樂的論述，運用各學科相關資料，力圖全方位、多角度對先秦時期的樂文化發展中的若干疑難問題進行深入的考辯，詳盡闡釋在這種文明發展的早期階段，「樂文化」與「禮文化」相互分離與交融的歷史脈絡。尤爲重要的是，《先秦時期樂文化研究》對於史前舜帝「樂治」事迹的考證，較爲準確地糾正以往的偏差認識，也展示了舜帝歌舞昇平的「樂治」場景。

《大戴禮記·誥志篇》有「堯貴以樂治時，舉舜」的記載，王聘珍在《解詁》中綜合古代的解說認爲：堯貴是其血統高貴，樂治是人們擁戴其統治。作者認爲，這種用後世血統族姓的觀念解釋史前時期的文字顯然是削足適履，未免倉促。所以其解讀應該是「堯貴以樂治，時舉舜」，意思是堯治理國家的寶貴之處是充分發揮樂的功能，用「樂」作爲手段來治理天下，在治理過程中使用了舜。我們已經知道，舜這個有虞氏的家族是精通於樂的，而堯若用樂來治理國家，當然要選擇一個和其政見相同的人，舜的家庭背景是其合適的人選，這也是堯任用舜的一個很重要的原因。所以舜能夠得到堯的重用以至於登上帝王之位，這和其家族悠久的樂文化傳統是密切相關的。《先秦時期樂文化研究》對舜帝樂治的理解切合當時特定的政治文化語境。

結合先秦典籍，作者不但闡釋舜帝時期的樂治，還闡釋舜帝樂治下的樂官。舜帝時期的朝臣皆有較高的音樂修養，當舜繼承堯成爲華夏聯盟的首領之後，其周圍更是聚集著一批優秀的音樂家。首先是垂，在先秦文獻裏面垂又作倕，是一位能工巧匠。而古代的樂器製作就需要有著高超技藝的匠師完成。據《世本·作篇》言：垂，舜臣，垂作鍾。可見垂是一位製造樂器的優秀匠師，能夠爲有虞家族製作完美的樂器；再者是龍和夔，《禮記·樂記》言：

「昔者，舜作五弦之琴以歌《南風》，夔始制樂以賞諸侯。」〔註115〕《大戴禮記·五帝德》亦言：「伯夷主禮，龍、夔教舞」。〔註116〕據上文可知，夔和龍的主要職責是作爲舞師而輔佐舜進行治理天下；此外還有叔、延、質三人。按《世本·作篇》：「磬，叔所造，叔舜時人也。」《呂氏春秋·古樂》：「舜立，命延，乃拌瞽叟之所爲瑟，益之八弦，以爲二十三弦之瑟。帝舜乃令質修《九招》、《六列》、《六英》，以明帝德。」〔註117〕他們三人之中叔改造了聲而延改造了瑟，可見這兩人都是精通這兩種樂器的，而質則是直接幫助舜完善了歷史上最爲優秀的樂曲《韶》。

最後還有必要談一下伯夷，按照《尚書·堯典》的記載伯夷的職務是「秩宗」鄭玄注曰「秩序宗尊也，主郊廟之官」，也就是管理宗族秩序的官員。《大戴禮記·五帝德》又言「伯夷主禮」，《國語·鄭語》言：「姜，伯夷之後也，嬴，伯翳之後也。伯夷能禮於神以佐堯者也，伯翳能議百物以佐舜者也。」說明伯夷還有主管禮儀、祭祀神祇的工作，這在史前社會更是巫人的職責，這一點在《周禮·司巫》上有詳細的記載。據上面的文獻我們也可以推測，伯夷在堯時爲巫官和在舜時爲史官其名稱雖異，但本質上是一樣的。而作爲史前時期巫史的伯夷其勢必要精通音樂，因爲在古代祭祀神靈的時候是要演奏音樂或者表演舞蹈的。

上面的伯夷、夔、龍、延、質、叔、垂等人作爲舜執政時期優秀樂師共同輔佐舜創建了一個以「樂文化「爲中心的時代，使得音樂成爲當時政治發展中的主要部分，以至於國家大事也要以唱歌的形式進行，按《尚書·堯典》曰：

> 庶尹允諧，帝庸作歌。曰：敕天之命，惟時惟幾。乃歌曰：股肱喜哉！元首起哉！皋陶拜手稽首颺言曰：念哉！率作興事，愼乃憲，欽哉！屢省乃成，欽哉！乃賡載歌曰：元首明哉，股肱良哉，庶事康哉！又歌曰：元首叢脞哉，股肱惰哉，萬事墮哉！帝拜曰：俞，往欽哉！

可見作爲司法者的皋陶也是用樂歌來和舜交流，這樣有虞時期的音樂就到達了一個前所未有盛況。

〔註115〕《禮記·樂記》。
〔註116〕《大戴禮記·五帝德》。
〔註117〕《呂氏春秋·古樂》。

3.「樂禮文化」衍生「禮樂文明」──《先秦樂政與樂教研究》中的 新觀念及其價值意義

在這篇學位論文中，**張國安先生**指出：對人類文化、文明史稍有瞭解的人，都不難發現，中國古代的禮樂制度是世界文化史上最獨具特色的文化形態之一。中國文化傳統之所以能夠成爲「傳統」，顯然是與禮樂制度的這種獨特性密不可分的。對於旨在發現中國文化個性的學術研究而言，如果無視中國古代禮樂制度的存在，其研究所得出的結論便難免隔靴搔癢、失之泛泛。尤爲重要的是，作者在考古學的基礎上，揭示出「禮」源於「樂」的文化淵源，勾勒出「樂禮文化」向「禮樂文明」轉化的歷史脈絡。考古研究表明，在中國大陸的江西省萬年縣的仙人洞、弔桶環和湖南道縣的蛤蟆洞遺址都發現有原始載培稻的痕迹，作者依據這一考古發現，說明早在一萬年前，中國南方已經率先進入農耕時代。作者將這一階段視爲「樂禮文化」時期。在「樂禮文化」時期，爲了慶祝豐收，上古先民狂歌勁舞，這便是「樂禮文化」之淵源。在此後近一萬年中華文明發展的歷史進程中，「樂禮」文化之傳統並未中斷，盛行於春秋之際的蠟祭尚能隱約看見原始「樂祭」行樂之場面。隨著遠古先民認識能力的進化，人們逐漸萌生天文與歷時觀念，「樂禮文化」進入「天學」階段，掌握觀象授時能力的知識人「巫」開始出現，並逐漸壟斷祭祀權，即所謂的「絕地天通」。在上古時代，「絕天地通」具有劃時代意義，其詳情細節，《國語》有著詳細記載。「絕天地通」敲響「樂禮文化」時代的晚鐘。「樂禮文化」經過大約三四千年的發展，進入一個新的歷史發展階段──考古學上的新石期中期。〔註 118〕中國社會逐漸進入「禮樂文化」階段。《先秦樂政與樂教研究》的這一闡述，揭示出「禮」源於「樂」的文化淵源，從一側面折射出「樂」是中華文化精神的歷史事實，具有一定的史料價值。

4.《樂書》：中國第一部音樂百科全書──《陳暘及其〈樂書〉研究》 的史料價值

宋代學者陳暘，北宋紹聖元年賢良科進士，官至禮部侍郎，所著《樂書》二百卷，保存了大量宋及宋以前的音樂史料，具有很高的歷史文化價值，其成書之早、內容之豐富，爲當今世界僅見。

〔註 118〕嚴文明：《中國新石期時代聚落形態的考察》，載於《慶祝蘇秉琦考古五十五年論文集》，文物出版社，1989 年。

　　《樂書》自成書至今已近千年，歷史上對《樂書》有各種評價，進入二
十世紀以後，對《樂書》的定性不一，楊蔭瀏先生將《樂書》歸入綜合性的
音樂理論著作，王世襄先生認爲它是我國第一部音樂百科全書，這是最有代
表性的兩個觀點。楊先生的觀點在音樂史學界得到廣泛認同，王先生的觀點
又得到秦序的呼應，秦序先生的《試探我國最早的音樂百科全書》一文，認
爲王世襄先生在《中國大百科全書・音樂舞蹈卷》中將《樂書》的釋文調整，
改稱之爲「中國現存歷史上較早出現的音樂百科著作」是較爲「準確和精當
的」〔註119〕《樂書》是對中國古代禮樂制度的一次綜述，其中涉及的樂用理
論和實踐的諸多問題，對它進行系統的研究將有助於對中國古代儀式音樂用
樂制度作全面梳理。《樂書》涉及到的中國音樂發展史上的古今、中外、雅俗
等諸多理論問題，從某種意義上講，是繼《樂記》以後對中國古代音樂思想
和音樂實踐的又一次集大成，對此系統梳理將很有意義。

　　鑒於《樂書》具有重大的史料價值，福建師範大學博士研究生鄭長鈴同
學結合史學、社會學、解釋學等研究方法，對《樂書》的本體結構、內容和
著述方式及其學術源流進行深入論析，窺探陳暘恢復「禮樂制度」、強化「樂
用」的價值取向，從而使這篇論文具有一定的史料價值。

（四）國際學術界有關中國尚「文」政治傳統的重要學術論述

　　國際學術界，有關尚「文」政治傳統的學術論述並不多見，惟有美國學
者包弼德先生在《斯文：唐宋思想的轉型》（江蘇人民出版社 2001 年）一書，
以中國傳統士人之「文」爲切入點，深入考察了中國唐宋之際的精神流變。

　　在《斯文：唐宋思想的轉型》這部著作中，包弼德先生認爲，唐宋時期，
士人的價值觀經歷了從以「斯文」爲基礎到以倫理原則爲基礎的轉變。在唐
代以前所形成的「斯文」概念，包含兩個層面，狹義地講，指從古代的聖人
所傳授下來的文獻傳統；廣義地講，是指孔子在六經中所保存的古人在寫作、
從政、修身各個方面的行爲規範。初唐時期，士人認爲「斯文」本身就是價
值觀的基礎和來源；而北宋道學文化興起以後，士人的價值觀基礎轉向了倫
理原則。從中唐到北宋，士人一方面主張要對價值做獨立的思考，一方面仍
然希望堅持「斯文」在確立價值觀方面的權威意義，這兩者之間的張力
（tension），構成了唐宋之際價值觀演變的內在動因。

〔註119〕秦序：試探我國最早的音樂百科全書，《音樂藝術》，1993 年第 3 期，第 12 頁。

這部著作從「文」的維度來闡釋中國傳統社會價值觀的內在精神底蘊，視角準確，見解深刻，但這部著作只是從思想史的維度來揭示「文」的內在意義，並沒有從政治的維度來闡釋「文」的精神意旨。

（五）中國大陸與尚「文」政治傳統有關學術著述簡介

雖然將尚「文」作為一項政治傳統加以系統研究的學術成果並不多見，但相關研究成果已陸續問世。現將較具代表性的學術成果簡介如下：

牟潤孫先生在《從唐初期政治制度論中國文人政治之形成》（載於《注史齋叢稿》，中華書局 1987 年版）一文中，首先提出了「文人政治」一詞。

復旦大學博士李福長在《唐代學士與文人政治》（齊魯書社 2005 年）一書中多次使用「文治主義」這一語辭。

劉澤華在其《先秦士人與社會》（天津人民出版社 2004 年）一書中詳細闡述了士人階層的產生與演化的歷程，同時該書還揭示了士人階層在社會中的獨特作用。

湯志鈞等在其《西漢經學與政治》（上海古籍出版社 1994 年）一書中提出「博士」作為學官正式出現於秦。

張秉楠在《稷下鈎沈》（上海古籍出版社 1991 年）中，認為戰國時期形成了中國古代知識分子第一次參政議政的高峰期。這種儒士參政的風尚直接影響到後來秦漢時期的博士議政制度。

葛兆光在《七世紀前中國的知識、思想與信仰世界》（復旦大學出版社 1998 年）一書中，認為戰國時代的「士」是一個介於下層貴族與庶民之間的、從事知識生產的一部分人。

閻步克《察舉制度變遷史稿》（遼寧大學出版社 1997 年）認為由於漢魏以來儒生參政成為傳統，使得魏晉南北朝時期的政治仍然在最低限度上保持著儒家文治化的精神。

唐長孺在《魏晉南北朝史論叢續編》（生活・讀書・新知三聯書店 1978 年）一書中，詳細探討了隋唐科舉制度的淵源。

毛蕾在其博士論文《唐代翰林學士》（社會科學文獻出版社 2000 年）一書中，認為學士群體出現在唐代政治舞臺經歷了一個較長的過程，唐代每次重大政治事件幾乎都與「學士」有關。

陳寶良在其《明代儒學生員與地方社會》（中國社會科學出版社 2005 年）一書中對明代生員階層進行了考察。全面揭示了生員在社會諸領域的活動以

及所扮演的角色，這本書的論述證明了文治主義不僅體現在國家政治生活中，而且還充分體現在社會生活的其它各個層面。

第一章 「樂」是神諭的傳達——「樂神」精神開拓中華文化的精神源頭

　　從哲學人類學維度而言，人性內涵「神性」之維，人皆爲「宗教人」，尤其在沉醉於樂舞之際，心魂驀然升騰，彷彿邁向宇宙深境，通達神靈世界。世界著名的音樂史學家庫爾特‧薩克斯在《世界舞蹈史》中寫到：「當人們沉浸於審美意境時彷彿跨過了現實世界與另一個世界的鴻溝，走向了魔鬼、精靈和上帝的世界。」〔註1〕不要問上帝是否存在，關鍵是如何感悟上帝的存在。上古先民在古樂之中能體悟到「神人相通」的精神境界，這一超驗意識確鑿無疑地記載於東西方歷史典籍中。在古希臘的神話中，音樂、舞蹈與神話天然渾成，「希臘文『Mousike』（音樂）一語之原意爲奉獻於文學、藝術、科學等九女神中之任何一位之任何事物」〔註2〕；而在中國先秦文化中，樂舞作爲上古先民本眞的生命情態，寄寓著靈魂超越、「神人以和」的超驗境界。在古「樂」聲中，華夏先民彷彿踏入「行乎陰陽而通乎鬼神」的天路歷程，在這一天路歷程中，先賢聖哲以「大道爲心」，在「遊心太玄」之際，領受到一種「天人合一」、「神動天隨」的超驗意識，這一神聖的超驗意識即是中國先秦時代「樂神精神」。先秦「樂神」精神發軔於上古先民以樂舞祭祀神明的宗教儀式，濡化成西周時代的禮樂文明，沉浸於世代詩文書畫，大化流行，千古迴蕩。歷經世代之沉潛，逐漸凝結爲「中國魂」，化成「詩化的中國」、「尚文的中國」。如果說

〔註1〕庫爾特‧薩克斯：《世界舞蹈史》，上海音樂出版社，1992年，第111頁。
〔註2〕威爾‧杜蘭：《世界文明史‧希臘的生活》，東方出版社，1998年。

「酒神精神」濡化古希臘文明的獨特品格，那麼「樂神精神」則化育華夏文明獨特的精神意境，形塑華夏民族靜篤中和、雅好風華的尚「文」品格。

一、「在神身上，人描述了自己」——人性的神性之維與「樂神」精神的大化流行

「所有關於上帝的陳述乃是關於人的陳述」〔註3〕德國哲學家、現代哲學人類學創始人之一舍勒說：「在神身上，人描述了自己。」因為，「人的生成與神的生成從一開始就是互為依存的。」〔註4〕作為一種超驗意識，「樂通神明」意識下的「樂神」精神看似有些荒誕，其實卻內含著深刻的人性邏輯，內涵著深刻的學理依據，逐漸被現代學理研究所證實。現代學理研究揭示出一個根本的人學真諦：人生之旅即是一種精神朝聖的天路歷程，在這一歷程中，人借助於各種「顯聖」之物顯示自身，如果說佛像是佛教徒的「顯聖」之物，那麼「樂」則是上古華夏先民通往神明的「顯聖」之物。

在混沌初開的上古之際，正是源自於「形而上」的神聖信念，人不斷超越自身的生物性，從人獸混雜的自然世界走向開化的人類社會。人有別於一般性生物，關鍵在於人性中的靈性，或者說人性中的「超驗性」與「超越性」。

「超越性」或者說「超驗性」問題不僅是神學、也是哲學上的一個重大基本問題。「超越」是一個普通的詞語，但是當它被哲學家運用之後，就有了特別而深遠的涵義。在生活、學習這些平常事情中，我們經常會聽到或看到很多含有「超越」的短語，如超越極限、文化的超越性等等。在此，我們要探討的是人性的超越性問題。何謂人的超越性？《現代西方哲學詞典》有著較為詳盡的詮釋：

超越（Transzendenz，transcendence）：存在主義的主要哲學概念之一。在雅斯貝爾斯、海德格爾、馬塞爾等人的哲學體系中均佔有重要地位。德文「Transzendenz」一詞兼具在經驗範圍之外和超出經驗兩重意義，康德在《純粹理性批判》中曾以貶義使用過該詞的形容詞形式「transzendent」，用來表明，知性範疇一旦超出經驗範圍使用，就會陷入不可解決的矛盾。存在主義哲學家接受了「Transzendenz」的基本含義，但卻以褒義使用這個詞，並賦

〔註3〕藍德曼：《哲學人類學》，北京：工人出版社，1988年，第99頁。
〔註4〕劉小楓選編：《舍勒選集》下，上海：三聯書店，1999年，第1361頁。

予它一些新的含義。雅斯貝爾斯認爲「Transzendenz」是存在的基本性質，從本體意義上說，「Transzendenz」表示我們生活於其中的世界永遠不可能是世界全體，在它之外總還有其它一些東西，引導我們不斷超越現有的界限。這種超越活動的結果就是要將我們引向一個與我們生活於其中的世界相對的 Transzendenz，亦即超驗世界，因此，超驗也是上帝的代名詞。他說：超越是一種存在，這種存在絕不會變成宇宙萬物，但似乎是通過宇宙中的存在來表達。只有當宇宙不僅由自身所構成，不依賴於自身，而且表示是超越自身時，超越才存在。如果宇宙即是一切，那麼在宇宙的存在中就可能有某種說明超越的東西。海德格爾同樣認爲「超越就是最本質的存在」。但他進一步將「超越」與人的本質相聯繫，認爲這種不斷超越現有界限的行動正是人的本質，因爲人的存在正在於他能夠不斷超越自己當下所是的。他說：「超越表示主體的本質，表示主觀性的基本結構。超越構成自我。」據此，「Transzendenz」一詞有兩個基本含義：它既可表示一種超越的行動，也可表示一種超驗的存在。它既是存在的本質，也是人的本質。同時，在有神論的存在主義者那裡，它還是上帝的代名詞。」〔註5〕

關於人的超越性研究，最爲專注的是存在主義的學者們，作爲存在主義學者，他們對於超越性持有不同的表述方式。存在主義著名代表人物薩特認爲意識的「意向性」就是「超越性」，即超越意識想像自身而達到非意識的存在。在超越與人的存在關係問題上，薩特認爲人的存在基於人的超越性而存在：「人經常超越自己。當人在投出自己、把自己消融於自己之外的時候，他就造成了自己的存在。另一方面，人之所以能存在，乃是由於追求超越的目的。人，處在這種超越境界內，注意於僅僅和這種超越有關的事物，他就是處在這種超越的心腹或中心。除了一種人類的宇宙，即人類主觀性的宇宙外，無其他宇宙。結合超越性和主觀性，即我們所謂的存在主義的人道主義。」〔註6〕

人性的「超驗性」不僅被存在主義哲學所揭示，同樣也見諸於宗教社會學的學理研究。按照宗教社會學家盧曼的說法，「宗教性」是人性的基本內核。〔註7〕愛因斯坦更是聲稱：「我是一個具有深摯的宗教感情的人」。〔註8〕德國

〔註5〕萬力：《現代西方哲學詞典》，北京：求實出版社，1990年，第502頁。

〔註6〕薩特：《存在主義是一種人道主義》轉引於《存在主義哲學》，北京：商務印書館，1963年，第359頁。

〔註7〕孫尚揚：《宗教社會學》，北京大學出版社，2001年，第196頁。

〔註8〕愛因斯坦：《愛因斯坦文集》（第三卷），許良英等編譯，北京：商務印書館，

偉大的哲學家康德在《純粹理性批判》、《實踐理性批判》等書中也認為宗教性情感是普遍存在於人性之中的一種超驗存在，宗教情感是人的道德觀的一個重要基礎，來自每一個人的道德理性；另一位著名的哲學家黑格爾也認為，人普遍存在有超驗意識，此意識呈現不同等級的超驗性，人的超驗性最後和絕對精神冥合，從而達到最高的超驗境界。

當代著名宗教學者伊利亞德（MicreaElidae）同樣熱衷於探討人的超驗向度，他認為一般人誤把一些宗教理念（如天啓與末劫）當成是「歷史發展的反常」（如認為末世教派是極端的邪教），其實這些宗教理念是很正常的事，因為人根本上是「宗教人（homoreligiousus）。「宗教人」是伊利亞德所使用的最重要的概念之一，在伊利亞德看來，「宗教人」並不等同於我們通常意義上所說的「宗教徒」，而是指人的一種潛在的超驗情結，或者說是具有超驗屬性的一種人格存在。在超驗意識中，神聖的東西向我們展現自己。〔註9〕即所謂「顯聖」或「聖現」。神聖的顯現與升騰是人性中不可磨滅的超驗本性。

綜上所說，我們可以看出，「超越性」被諸多哲學家視為人的本質。神學上的「超越」和哲學上的「先驗」和「超驗」，在西語中出於同一個詞「Transzendenz」（意為經驗界限之外的。）即已表明，哲學的「超驗」與神學的「超越」交相會通。無論是哲學的「超驗」，還是神學上的超越，皆表明：超越性是人的本質屬性。人既是一種現實的存在，也是一種超越性的存在。「超越性」是存在的本質，也是人的本質。「超越性」既體現為一種對現實存在的超越，也展現為一種面向神明的無限超越。

不管我們是否相信天神上帝，但沒有天神上帝，人將不成其為真正的人，這是既是確鑿無疑的歷史啓示，也是最為深切的學理真諦。德國哲學家、現代哲學人類學創始人之一舍勒曾深刻指出：「在神身上，人描述了自己。」因為，「人的生成與神的生成從一開始就是互為依存的。」〔註10〕遠古時代，人獸混雜，人的生命隨時都有被野獸吞噬的禍患，如此險惡的生存境遇，常常讓上古先民誠惶誠恐。沒有天神上帝，沒有神聖的超驗意識的精神支撐，人類始祖難以安定心魂，走出混沌初開、險象叢生的原始社會，從這一意義而言，超驗意識是開啓人類精神世界的靈泉，正是在神明信仰中，人找到生命

2009 年，第 55 頁。

〔註 9〕米爾恰·伊利亞德：《神聖與世俗》著，王建光，北京：華夏出版社，2002 年。

〔註10〕劉小楓選編：《舍勒選集》下，上海：三聯書店，1999 年，第 1361 頁。

的定力，在定力中人才不會精神迷亂，從而突破有限，踏上永恒的歷史征程。

時間意識是一種生命意識的覺醒。生命意識的覺醒喚起人們內心深處那永遠難解的悲愴：時空無限，人生一瞬。在時間的長河中，人生百年不過忽焉一瞬。無情的歲月流沙淹沒了的生命印記，人生存在的意義何在？人的生理生命忽焉一瞬，但人的精神生命則可以穿越時間的長河，突破一切現實的（心理的、生理的、外物的）羈絆而超越到永恒的精神境界，這種精神境界在人的超越性中開啓永恒的天路歷程。

在中國古典的文化心理語境中，人生的超越性是一種「內在」的超越，在這種內在的超越中，理想與現實、經驗與超驗、自然與人生並不脫節。在現實的境遇中，人的超越性點化於自然萬物之中。天人合一，萬物通感。在人的心魂深處，萬物之靈時常會撥動起人的內在心弦，從而促發個體生命內在的超驗感悟。一片樹葉、一根枯藤、一片斷垣殘壁、一葉孤舟，都能在著情景交融中，升騰起意味無窮的超驗感悟，展現出神明的神聖臨在，尤其在興舞「可降興上下之神」的先秦文化語境中，〔註 11〕古「樂」更是神明臨在的「顯聖」之物。

二、「樂者敦和，率神而從天」──古「樂」的超驗之維與神明「顯聖」的臨在

作為一種超驗意識，「樂通神明」的「樂神」精神看似有些荒誕，其實卻內含著深刻的人性邏輯，內涵著深刻的學理依據。從一定意義而言，人生之旅即是一種精神朝聖的天路歷程，在這一歷程中，人借助於各種「顯聖」之物顯示自身，如果佛像是佛教徒的「顯聖」之物，那麼「樂」則是上古華夏先民通往神明的「顯聖」之物。

在上古先民的文化心態中，音樂不止是一種審美的藝術形態，更是「鼓之以雷霆，奮之以風雨，動之以四時」的天道音律，內涵極為宏大而高遠的精神境域。「及夫禮樂之極乎天而蟠乎地，行乎陰陽而通乎鬼神，窮高極遠而測深厚」〔註 12〕。樂舞作為上古初民文化心理的物化形態，寄寓著靈魂超越、天人合一、「神人以和」的精神境界與文化意蘊。即所謂：

> 樂者敦和，率神而從天；禮者辨宜，居鬼而從地。故聖人作樂

〔註11〕《禮記正義》，《十三經注疏本》本，中華書局 1980 年版。
〔註12〕《禮記·樂記》。

以應天，作禮以配地。〔註13〕

從人類文化學的維度來看，上古時代的音樂、舞蹈等藝術形式不僅僅是一種審美形態，更是一種原始宗教情結。黑格爾曾說過：「只有藝術才是最早的對宗教觀念的形象翻譯。」〔註14〕上古時代是一個神靈的時代，祭祀神靈是遠古先民最爲重要的社會活動，音樂、舞蹈的主要作用在於，將參加祭祀禮儀的人們帶入一個神性的世界，從這一意義而言，上古時代的音樂、舞蹈與其說是一種審美性的感官體驗，不如說是一種宗教祭祀活動：「戲劇、舞蹈音樂形成了一種協調的綜合藝術，它一般說來總是和宗教儀式有關」。〔註15〕恩格斯也曾說過：舞蹈尤其是一切宗教祭典的主要組成部分。〔註16〕樂舞與祭祀之間的緊密關聯是一個極具普遍意義的宗教文化現象，在中國古代的祭祀儀式中更是如此。「先王以作樂崇德，殷薦之上帝，以配祖考」，〔註17〕直接點出「樂」與宗教祭禮之間的緊密關聯。在遠古時代，無論是舞蹈、還是音樂，它們或是宗教活動內容本身，或是作爲一種宗教儀式。對於上古初民而言，音樂歌舞不止是一般的審美藝術，更是人神會通的載體，從這個意義而言，中國傳統的「樂文化」即是一種「神性文化」，或者說是一種超驗性的文化，如筆者先前所言，是一種「樂神」精神。早在中國的上古之初，「樂」就是承載著「神人以和」的宗教意蘊。《尚書·堯典》云：

　　帝曰：夔！命汝典樂，教胄子，直而溫，寬而栗，剛而無虐，

　簡而無傲。詩言志，歌永言，聲依永，律和聲，八音克諧，無相奪

　倫，神人以和。曰：於！予擊石拊石，百獸率舞。

　　由此可見，早在三皇五帝之際，上古先民就相信：「八音克諧」即可「神人以和」。在傳統中國文化中，音樂不是一種審美的藝術形態，而是一種「人神相通」的天道韻律，「及夫禮樂之極乎天而蟠乎地，行乎陰陽而通乎鬼神，窮高極遠而測深厚」〔註18〕。「樂」對於上古先民來說，「樂通人神」不僅僅是一種觀念，更是一種通達神靈世界的現實路徑，他們虔誠地相信通過「樂」就可以實現人神相通的目的。在上古時代，興舞作樂本身就是一種宗教祭神

〔註13〕《史記·樂書》。

〔註14〕黑格爾：《美學》第2卷，商務印書館，1979年，第24頁。

〔註15〕參閱朱狄：《藝術的起源》，中國社會科學出版社，1992年，第239頁引文。

〔註16〕參閱《馬克思·恩格斯選集》，第4卷，人民文學出版社，1972年，第88頁。

〔註17〕《周易正義》，《十三經注疏》本，中華書局1980年版。

〔註18〕《禮記正義》，《十三經注疏本》本，中華書局1980年版。

活動，通過樂舞以求神人通達已成爲一種基本的生活形態。在上古典籍中，有關樂舞神妙功能的記載繪聲繪色，讓人頗有身臨其境之感。

　　在上古之際，「六樂」、「六舞」是禮樂的代表作，祭祀天地祖神必用之。上古先民們認爲演奏「六樂」、「六舞」即可感應神靈，上達於天，下布於地。據《周禮》記載，這些祭神之樂奏一遍就能感召生羽毛的神族和川澤中的神族；奏兩遍即可感召臝物的神族和山林中的神族；奏三遍即可感召鱗物類神族；奏四遍即可感召毛物類神族；奏五遍即可感召土地神族；奏六遍就能感召天神。如若在冬至日這天，用祭天神所用之禮樂，在郊外天然的圓形山丘上演奏六遍，天神就會下降到人間；如若在夏至日這天，用祭地神所奏之禮樂，在澤中方形的土丘中演奏八遍，地祇神就會顯現。這即是「神樂」感天地、動鬼神、召萬物的神奇作用。《淮南子‧覽冥訓》中還記載了一一幕幕神奇的景象。傳說春秋時代晉國的盲人樂師師曠爲晉平公演奏樂曲《白雪》時，天上的神物玄鶴從天而降，銜著月明珠來到庭院翩然起舞；玉羊、白鶴也從天空中飄然而落；無頭鬼也操戈起舞；狂風驟雨呼嘯而來。不久，晉平公因荒淫無道而致重病，晉國大旱三年無收成，遭受神樂的天譴。類似的傳說還記載於《韓非子‧十過》，據說晉平公非常喜愛音樂，命師曠撫琴演奏商紂王覆滅時的亡國之音「清商」，師曠說：「先聞此聲者其國必削，不可逐。」但晉平公執意要聽，師曠只好援琴奏之。奏第一遍十六隻玄鶴自南邊天上飛落而下聚集在庭院廊簷下；奏第二遍時，玄鶴排成隊列；奏第三遍時，玄鶴引頸鳴唱，且展翅翩翩起舞，樂中的宮、商之音上達天界。晉平公又要求師曠彈奏比清商更爲悲戚的樂曲「清角」，師曠說這是古代黃帝合鬼神於泰山上所作的樂曲，德薄之君是不能聽的，但晉平公還是執意要聽。奏第一遍，有玄雲從西北方向翻湧而起，奏第二遍，狂風大作，暴雨驟然而至，撕裂帷幕，破俎豆、毀廊瓦，聽樂之人驚慌而逃。結果晉國大旱三年，平公重病不起，這是因爲晉平公「德薄」、荒淫而觸怒了天神所致。「清商」、「清角」都是傳說中的古代神樂，具有合鬼神、感天地的神啓作用。另據先秦典籍記載，黃帝的侍女名爲素女，是一位祭神樂師，她的琴音可以讓和煦的春風在寒冷的嚴冬飄蕩；還可以使鸞鳥和著她的琴瑟唱歌，甚至還能讓人起死回生。在「樂以降神」的宗教氛圍中，先秦時期的「樂」早已不再僅僅是一種審美的形態，而是一種宗教化的神秘存在，具有宗教超驗的神力。《禮記‧樂記》中寫道樂可「鼓之以雷霆，奮之以風雨，動之以四時，暖之日月，而百化興焉。如此，

則樂者，天地之和也。」〔註19〕以上這些有關「樂」的記載雖有些神話色彩，但卻使中國傳統的「樂文化」內涵著深厚的超驗情懷，這種超驗情懷化育成源遠流長的「樂神」精神。

先秦「樂神」不僅僅見諸於古典文集之中，更見證於考古資料中。從已開掘的考古材料來看，大約在新石器時代早期，「樂」與神靈祭祀就有著緊密的關聯。在賈湖遺址三期的墓葬中，發掘出許多龜鈴隨葬品。「龜鈴」又稱龜響樂器，一般用小石子裝在龜甲殼內搖動發聲，它的出現表明，古人以龜靈崇拜爲特徵的原始宗教的萌生，龜鈴是樂器和法器的一種集合體。〔註20〕與之相伴而出的骨笛也承載著人神相通的超驗意蘊，從而具有「法器」的性質，據此可以推斷，賈湖人已經形成「樂和神人」的超驗意念。時至「三皇五帝」時代，「樂」與宗教、巫術的內在關聯在廣度和深度上都有了更爲密切的結合。距今5000多年的青海大通孫家寨彩陶盆舞蹈圖案是目前發現年代最早的一幅樂舞圖，陶盆內壁上部共繪有相同的三組舞蹈圖案，每組五人。畫中舞者手牽著手，面向左方，頭飾擺向右方，尾飾擺向左方；同屬馬家窯文化的青海宗日彩陶盆與此相似，盆內壁上繪有兩組舞蹈人像，每組十二人，均著寬鬆短裙。〔註21〕這種整齊合一、牽手群舞的畫像栩栩如生地再現了「擊石拊石，百獸率舞」的樂舞場景，真實地反映了原始樂舞、樂歌在圖騰崇拜這一宗教祭祀儀式中的重要作用。

在上古先民的觀念中，「樂」能夠使神喜悅，從而達到與神「相和」的崇高境界。「神人以和」的精神信仰反映了人對自然與神祇的敬畏、景仰之情，這種以「樂」來敬奉祭祀神靈的觀念，早在遠古時期就已內化爲華夏民族的文化基因，時至明清而暢行不衰。尤其在先秦祭祀儀式中，往往是以樂舞來表達對鬼神的頂禮膜拜。《周禮・大司樂》云：

> 冬日至，於地上之圜丘奏之，若樂六變，則天神皆降，可得而禮矣。……夏日至，於澤中之方丘奏之，若樂八變，則地示皆出，可得而禮矣。……若樂九變，則人鬼可得而禮矣。〔註22〕

〔註19〕《禮記正義》，《十三經注疏本》本，中華書局1980年版。
〔註20〕河南省文物考古研究所：《舞陽賈湖》（下），科學出版社，1999年，第969頁。
〔註21〕青海省文物管理處考古隊：《青海大通縣上孫家寨出土的舞蹈紋彩陶盆》，《文物》1978年第3期。
〔註22〕《周禮注疏》，《十三經注疏本》本，中華書局1980年版。

　　周代著名《六舞》，即是祭祀天地先祖的禮儀，又如《雲門》，黃帝樂舞，
以祀天神；《咸池》，堯之樂舞，以祭地祇；《大韶》，舜之樂舞，以祀四望；《大
夏》，禹之樂舞，以祭山川；《大武》，周武王時期的樂舞，以享先祖。由此可
見，先秦以樂舞來敬奉神靈，樂舞本身即是禮的本質內涵。「神人以和」的精
神意念反映了中國古代先民所追求的一種精神超越的審美意境──「天人合
一」。

　　無論從先秦典籍中，還是從考古材料中，都可以驗證這一結論：原始藝
術是會通人神的精神境域。在音樂的審美體驗中，想像、聯想、情感是最靈
動的心理要素，「從真正的自然界所提供的素材裏創造出另一個想像的自然
界」是音樂的一個重要本質屬性。〔註23〕音樂的迷朦性給欣賞主體展開了一
個美妙空靈、氣象萬千的審美意象，關於這一問題，不僅僅是中國上古先民
的一種獨自的荒誕意識，而是一種會通中西的古典宗教文化心理。

　　柏拉圖作為西方古典文化的奠基人，也曾有著這樣的超驗體味：真正的
美是一種超越塵世的存在，是來自心靈對「上界」的回憶：

　　　　有這種迷狂的人見到塵世的美，就回憶起上界裏真正的美，因
　　而恢復羽翼，而且新生羽翼，急於高飛遠舉，可是心有餘而力不足，
　　像一個鳥兒一樣，昂首向高處凝望，把下界一切置之度外，因此被
　　人指為迷狂。〔註24〕

　　當人們沉浸於祭祀樂典中時，音樂被蒙上濃厚的宗教超驗意識：那延綿
不盡的音符韻律宛如祭壇上的嫋嫋香煙，在空靈中扶搖登邈。皈依於音樂的
審美意境，人們如同跨越了現實世界與神靈世界的鴻溝，走向了宗教天國。
西方美學家蒂克在《音樂》一書中對這一宗教超驗境域有如下的神妙感受：
沉浸於美妙的音樂聲中時，我們的心從它的塵世界域裏昇華向上，從而進入
靜穆的信仰之國。音樂的這種宗教超驗本性總是能讓人升騰於「神人相通」
的超淩境界。黑格爾曾說過：「聲音的餘韻只在靈魂最深處蕩漾。」〔註25〕音
樂的審美意境「既使心靈和宇宙淨化，又使心靈和宇宙深化」，從而讓人「在
超脫的胸襟裏體味到宇宙的深境」〔註26〕。當音樂的「餘韻」蕩漾於「靈魂

〔註23〕《外國理論家、作家論形象思維》，中國社會出版社，1997年，第33頁。
〔註24〕參閱《西方美學家論美和美感》，商務印書館，1980年，第34頁。
〔註25〕黑格爾：《美學》第3卷，商務印書館，1997年，第333頁。
〔註26〕宗白華：《美學與意境》，人民出版社，1987年，第214頁。

最深處」之時,「大樂與天地同和」的宗教超驗之情便會驀然升騰。

三、「大樂與天地同和」——上古先民在「樂」的本體性中開掘精神源流

「樂是宇宙的韻律,是靈魂的節拍」〔註 27〕。樂舞作爲上古初民宗教文化心理的超驗意識,已不再僅僅是一種審美藝術形態,而是「鼓之以雷霆,奮之以風雨,動之以四時」的天道音律,具有極爲宏大而高遠的精神境界,寄寓著靈魂超越的宗教意蘊,內涵著天、地、人合一的精神訴求。當人們沉浸於音樂的「迷狂狀態」中時,一種驀然升騰、「永恒流逝」的超驗之情就會蕩漾於靈魂深處,從而讓人超淩於塵世而升騰於「大樂與天地同和」的形上境域。從一定意義而言,形上境遇是人類文明的精神搖籃,在形上性的超驗意識中,人類開啓了永恒的精神文化之旅,宗教、哲學等文化之流緩緩流淌。

當人置身於天地之間,仰觀蒼茫遼遠、深邃浩大的天空,心馳神往,不知有多少遐想湧上心頭,上古先民的「精神在隨著宇宙的盈虛而波動,隨著精氣的上下而抑揚,在他宇宙萬彙中顯然是看出了音樂。」〔註 28〕對於他們來說,音樂不再是一種審美藝術,而是一種靈魂超越於神靈世界的精神體驗;在上古人類的文化心態中,聲樂不僅是神人相通的靈魂超越,更是「鼓之以雷霆,奮之以風雨,動之以四時」的天道音律。天體之運行、四時之更替本身即是一種有節奏的韻律,就是非常諧和與完美的宇宙之樂。從宇宙論這一廣大的視域來看待音樂,古今中外,莫不如此。在西方,宇宙之樂的思想不僅見諸於古希臘哲學,也見諸於近代西方哲學。

在上古時代,中國古代的先民們把聲樂的萌生追溯到「太一」,追溯到「道」,認爲聲樂與「道」一同產生,從而爲聲樂確立起形而上的至高地位。《呂氏春秋·大樂》篇云:

> 音樂之所來遠矣,生於度量,本於太一。太一出兩儀,兩儀出陰陽。陰陽變化,一上一下,合而成章,渾渾沌沌,離則復合,合則復離,是謂天常。天地車輪,終則復始,極則復返,莫不咸當。日月星辰,或疾或徐,日月不同,以盡其行。四時代興,或暑或寒,或短或長,或柔或剛,萬物所出,造於陰陽。萌芽始震,凝以形。

〔註 27〕 江文也:《孔子樂論》,華東師範大學出版社,2008 年,第 4 頁。
〔註 28〕 郭沫若:《郭沫若全集·歷史編》,人民出版社,1982 年,第 40 頁。

形體有處，莫不有聲，聲出於和，和出於適。和適先王定樂，由此
而生。天下太平，萬物安寧，皆化其上，樂乃可成……故惟得道之
人，其可與言樂乎……凡樂，天地之和，陰陽之調。〔註29〕

在《呂氏春秋》中，上古先民把「道」的運行視作音樂，在他們看來，
天體的運行、四時的更替本身就具有音樂的節奏與韻律，天道的運行本身就
是非常諧和與完美的「宇宙之樂」，誠如郭沫若所說，上古先民在「宇宙萬彙
中顯然是看出了音樂。」〔註30〕後世學者對於中國古代的音樂觀有著如此的
感悟：音樂就是用來明示亘古不易的萬物運行大道的，音樂與宇宙具有同行
同態的關係。〔註31〕

「節奏」這一自然律動是會通音樂與宇宙的天然媒介。節奏是音樂的第一
要素，與之相對應的是，在中國古代的先哲們看來，節奏也是宇宙之本性。宇
宙節奏彌綸天地、無始無終，就此而言，宇宙星河運轉之節奏就是一首至大至
美的交響樂。用音樂的眼光來看待宇宙是古代中國人的固有觀念：孔子的「無
聲之樂」、老子的「大音希聲」、莊子的「至樂無樂」都是這方面的經典概括。
周武彥先生在《揭開「大音希聲」之謎》一文中如此闡釋「天樂」：「以日、月、
星、辰為音符，以天體的客觀運行規律為調式功能，以四季輪迴不息為曲式結
構，從而形成一部永恒的和諧的龐大的『交響』織體。」〔註32〕中國上古先民
們在俯仰天地之時心馳神往，引發了宇宙時空間架下的神思感悟與文化積澱，
從「天人合一」的文化意識層面生發了先民們關於宇宙時空的根本看法。或許
我們可以把這種宇宙觀稱作「音樂化的宇宙觀」，整個宇宙就是一首遍佈四方、
無始無終的盛大樂章。宇宙與聲樂的融通形成了「宇宙之樂」，古人稱之為「至
樂」、「無聲之樂」、「大樂」以及「天籟」等等。《莊子·齊物論》中的人籟、
地籟、天籟之論，無論是「山林溪谷之音」還是「鳳凰之鳴」，都只不過是「地
籟」之音。音樂藝術最終的目的是要透過對「地籟」的摹仿，直接感悟「天籟」。
在《禮記·樂記》中，有一個永恒的形上命題——「樂由天作」、「聖人作樂以
應天」，「明於天地，然後能興禮樂也。」在上古先民看來，「天」即宇宙、自

〔註29〕《呂氏春秋集釋》，中國書店 1985 年影印本。
〔註30〕《郭沫若全集·歷史編》，人民出版社，1982 年，第 40 頁。
〔註31〕參閱牛龍菲：《立象盡意：樂道——中國古典音樂哲學論稿之三》，《星海音樂
　　　　學院學報》2002 年第 3 期。
〔註32〕參閱李浩：《老子音樂美學思想闡微——兼與墨子「非樂」比較》，《南京藝術
　　　　學院學報》，2002 年第 3 期。

然，只有懂得宇宙、自然的奧秘，才能創作音樂。每種民族文化都有其特定的宇宙時空意識，從一定意義而言，宇宙時空意識是人類文明的精神母題，不同的宇宙時空意識決定著不同的文化形態。「大樂與天地同和」的音樂觀與中國古代先民們的宇宙時空觀有著上下會通的緊密關聯。

聲樂是宇宙之律動，深邃地顯現了中國傳統文化獨有的時空意識——大化之流行、宇宙之本體即是生生不已之節奏，在古代中國先民看來，宇宙時空之本身即是「節奏與和諧」，這是獨具中國文化精神的宇宙時空觀念。宗白華先生以極富藝術魅力的言語深切闡釋了中國傳統文化的宇宙時空意識，他認為最能展現中國人時空意識的是「中國詩中所常用的字眼如盤桓、周旋、徘徊、流連，哲學如《周易》所常用的如往復、來回、周而復始、無往不復」等等。在宗白華先生看來，《易經》中：「無往不復，天地際也」是中國傳統時空意識最為精當的寫照。宗白華先生還從詞源意義上探究了中國傳統文化中的宇宙時空觀。他認為：「宇宙」二字從詞源意義而言與「屋宇」有關，中國農人的屋宇就是他們的「宇宙」。中國山水畫哪怕是畫盡荒寒，杳無人迹，也往往不忘安置一亭一廬或勾勒幾筆斜陽歸鴉。再遠的空間對於中國人來說，都是可親近可遊玩的，從不作恐怖陰森狀。空間在中國人由近及遠，由遠而返，又由返而遠的俯仰、徘徊、往復中變成一迴旋的旋律。〔註33〕在中國傳統文化中，宇宙時空不是靜謐而無生機的天體物理，而是大化流行、生生不息的生命節奏。中國古代的先賢聖者們在俯仰天地之際，「意念與大化同流，與山峙川流鳥啼花笑中見宇宙生生不已之機」。〔註34〕這種大化流行、生生不息的宇宙時空觀鑄就了中國傳統文化「生生不已」的哲學底蘊，同時也開啟了中國傳統文化「生生之美」的藝術精神。「氣韻生動」是中國傳統藝術的最高精神境界，宗白華認為「氣韻生動」不是別的，恰恰就是「生命的律動」。泰戈爾曾說：中國人已本能地找到了事物旋律的秘密。所謂的「旋律的秘密」，在宗白華先生看來，就是宇宙間「生生不已的節奏」。宇宙全體，大生命的流行，其本身就是「節奏與和諧」。〔註35〕節奏在宗白華美學體系中已被上升到宇宙的本體論高度〔註36〕。藝術之所以美就是因為藝術總是試圖通

〔註33〕參閱宗白華：《中西畫法所表現的空間意識》卷二，《宗白華全集》，安徽教育出版社，1994年。

〔註34〕方東美著：《生生之美》代序，北京大學出版社，2009年。

〔註35〕參閱宗白華：《宗白華全集》，安徽教育出版社，1994年。

〔註36〕參閱彭鋒：《宗白華美學與生命哲學》，《北京大學學報》（社哲版），2000年第

過自然界各種節奏的摹仿來傳達生生不息之美。

　　音樂藝術是宇宙天地節奏的精神回響，宗白華的這一美學意象揭示並承續了中國傳統藝術哲學的精神傳統。在中國傳統藝術精神中，宇宙節奏是音樂節奏的原型。《樂記》中「大樂與天地同和」的驚世之語展示了宇宙化的音樂觀與音樂化的宇宙觀。當代學者牛龍菲先生對此有著如下詮釋，在「大樂與天地同和，大禮與天地同節」一句中，「同和」與「同節」為同義互文，「大樂與天地同和」就是指大樂皆中天地之節（節奏、節律）。〔註37〕所謂「大樂」並不是指音樂本身體制的宏大，而是意指精神境界的高遠宏大。中國音樂的精神境界直指「天地」、「宇宙」，幾成荒誕不經的怪語荒言，然而當我們打開胸襟，以高遠的精神境域、超淩世俗的心態來體悟中國傳統文化中的「大樂」意象，就會深切領悟到這一音樂意象的深邃與宏大。在中國古代先賢聖者們的精神意象中，真正的音樂是超越世俗的天籟之音，是宇宙星河之律動，這樣的音樂怎能不謂之「大」。與宇宙節奏相回響的「大樂」是精神主體在縱身大化與凝神寂照中一往情深直達宇宙之高端的宗教超驗意念。

　　「大樂與天地同和」體現了上古先民對於天地萬物之本原的一種精神冥想，在上古先民看來，「樂」的意義決「不止是單純的歌唱鐘鼓之類」，「樂」本身即源於宇宙萬物之本體，是一種至高無上的本體性存在，即所謂「樂者，天地之命，中和之紀」〔註38〕。上古先民關於「樂」的這種精神冥想，在現代人看來，雖然荒誕不經，但這種關於關於「樂」精神冥想卻有著深遠的文化淵源與宗教意蘊，在看似荒誕之中隱含著一種超驗的宗教理性。「大樂與天地同和」十分深刻地展示了一個會通中西古典意境的宗教範疇。

　　「宇宙之樂」的思想在古希臘哲學家的精神境域中也有充分的體現。古希臘畢達哥拉斯學派認為，世界的本原是數，美即是和諧與比例，而「音樂是對立因素的和諧的統一，把雜多導致統一，把不協調導致協調」，他們把這一思想應用到宇宙天體方面，認為「整個天體就是一種和諧和一種數」〔註39〕，因而也是一種音樂諧和之美。畢達哥拉斯學派認為，天上的星體在按照一定軌道運動時，能夠演奏出諧和美妙的樂章，「音樂和節奏體系既按數字排列，就必

　　　　2 期。
〔註37〕牛龍菲：《以類相動──樂道──中國古典音樂哲學論稿》之一。
〔註38〕《禮記正義》，《十三經注疏本》本，中華書局 1980 年版。
〔註39〕徐紀敏：《西方美學家論美和美感》，商務印書館，1980 年，第 6 頁。

然體現天地和諧並與宇宙相應,而整個宇宙就是一首和諧的樂章,創造出一部天體的音樂,此「天體音樂」是行星運轉而產生的音樂,人類雖不能直接聽到,卻能夠心領神會。誠如徐紀敏先生所說:

> 他們堅信物體在空間運動時會發出聲音,音調的高低與運動的
> 速度有關,因此天上無數星體在遵行某種軌道運動時也演奏出一種
> 和諧的音樂,整個宇宙就是一首和諧的樂章。〔註40〕

在古代先哲看來,宇宙中所發生的一切自然現象都具有美學的性質。吉樂伯特與庫恩合著的《美學史》中也介紹:畢達哥拉斯所講的這個宇宙,乃是一個「神妙的百音盒」:星體以和諧的距離彼此間隔,以預定的軌迹運行,它們運行時激揚起的靈氣,發出強有力的旋律。可是對人們的耳朵來說,這無比美妙的音樂卻是靜然無聲的。猶如一位生長在海邊的人,對波濤衝擊海岸的鳴聲毫無所聞一樣,我們的聽覺無法發現那天體的和聲。〔註41〕畢達哥拉斯宇宙之樂的思想與《呂氏春秋》中宇宙之樂的思想極爲相似:他們都認爲和諧即美,並且都認爲宇宙的運行是最偉大、最美妙的的音樂旋律。

真正的音樂是超越世俗的天籟之音,是靈魂深處的節拍,是神明聲音的回響,是直指宇宙本源的精神向度。「大樂與天地同和」的超驗意識時至現代仍具有極爲發人深省的精神意蘊。從「樂」的維度來探究宇宙的本原也是現代西方存在主義哲學的重要精神境域。存在主義思潮通行於 20 世紀 50 年代～60 年代,是現代西方哲學的重要精神主脈,時至如今仍具有極爲深遠的影響。存在主義思潮不僅僅是一種哲學流派,而且幾乎成爲一種生活方式,滲透於文學、藝術、餐飲及家庭關係等諸多方面。在世界哲學史上,還沒有那個哪一個流派產生過如此廣泛而深刻的社會影響。在存在主義者看來,「人的本質的存在不能用傳統的理性的方法去認識,只能通過揭示孤寂、畏懼、煩惱、死亡等非理性的體驗去領會」〔註42〕。在存在主義者看來,對「存在」意義的思索是人之爲人的一種內在特徵,是人在世界上存活下去的特有智慧,即「存在智慧」。「存在智慧」的一個主要精神主脈就是從藝術的維度來探究宇宙的終極狀態。哈佛大學教授加德納先生作爲多元智慧理論之父、當代世界最爲著名的發展心理學家對於音樂藝術與人類存在的關係有過極爲精

〔註40〕徐紀敏:《科學美學思想史》,湖南人民出版社,1987 年,第 9 頁。
〔註41〕參閱吉樂伯特、庫恩:《美學史》,上海譯文出版社,1989 年。
〔註42〕《辭海》,上海辭書出版社,1999 年,第 554 頁。

湛的闡釋：

> 存在智慧，就是對人生和宇宙終極狀態的思考。……存在智慧
> 的核心能力，是在直達廣袤無垠的宇宙盡頭爲自己定位的能力，是
> 在人類的生活環境中與存在有關的能力，如在探索生命的價值、死
> 亡的意義、個人肉體和內心世界的最終命運之時，在被人所愛或全
> 身心沉浸在藝術之中獲得刻骨銘心的感受之時，爲自己的存在定位
> 的能力。

> 這種能力在人類已知的每一種文化中都受到重視。在各種文化
> 背景下生活的人類，都創造了各自宗教的、神秘的、超自然的以及
> 哲學的體系，來處理有關存在的問題。在現代的社會裏，除宗教意
> 義外，人類還從美學的、哲學的、科學的等各種角度，說明自己對
> 於存在問題的思考。

> 早期人類最主要的認知活動之一，就是思考並力圖弄懂與存在
> 有關的哲學命題，直接或間接地研究與宇宙這個主題有關的遠古的
> 藝術、舞蹈、神話和戲劇的存在含義。

> 但直到眞正的宗教和系統的哲學理論出現之後，人們才開始用
> 語言直接討論有關存在的問題。此前的神話和戲劇，可以被認爲是
> 討論存在問題的間接方式。認識存在的能力和掌握語言的能力，都
> 是人類的特徵，是人類與其他生物最大的差異。〔註43〕

在這一段論述中，加德納教授認爲對「存在」意義的認識是是人類區別
於其他生物的本質特徵。面對永恒的時間之流，生與死的無奈與焦慮，使我
們沉浸於對「生命的價值、死亡的意義」的思索，俯仰於天地之間，面對蒼
茫邈遠、浩大無窮的宇宙蒼穹，我們人作爲一個如此渺小的個體如何來定位
自己的存在，這一直是個永恒的思考主題。在加德納教授看來，只有當人們
「全身心沉浸在藝術之中獲得刻骨銘心的感受之時」，我們才能獲得「爲自己
的存在定位的能力」。從古至今，人類對於本體存在的沉思，除了表現於宗教
教義和哲學理念之外，還沉浸於繪畫、舞蹈、音樂、神話等藝術形式之中。
從這一意義而言，音樂、舞蹈、繪畫等審美藝術形式本身就轉化成爲一種本
體性的存在。

─────────────

〔註43〕Gandner: lntelligence Reframed, New York, Basic Books, pp.60～62.

現代存在主義大師海德格爾在其中年以後，開啓了研究領域的重大轉向，從關注包括存在論在內的整個「存在」歷史，轉而一心關注主體形而上學問題，讓「存在」自身走向澄明、成就眞理，也就是在藝術的境界中探究「存在」的眞理。海德格爾將藝術上升到本體論的高度，認爲藝術是本眞「道說」的一種方式。北大教授宗白華先生作爲現代中國美學的奠基人早年留學德國，深受海德格爾藝術本體論的影響，把藝術與「道」相提並論，認定藝術可以「由美入眞」，其最深最後的基礎在於「眞」。他堅信從音樂、舞蹈等藝術形態中可以探究關於宇宙本原問題的眞理，他說：「因我已從哲學中覺得宇宙的眞相最好是用藝術表現，不是純粹的名言所能寫出的，所以我認爲將來最眞確的哲學是一首『宇宙詩』，我將來的事業也就是盡力加入做這首詩的一部分罷了。」〔註44〕

「大樂與天地同和」這一先秦樂論思想雖然看似荒謬，但古往今來，音樂常常被人視爲一種神秘的存在，將其尊奉爲上帝的聲音，宇宙的韻律，靈魂深處的節拍。在音樂開啓的精神境域中，人們看到了本體存在的奧秘，以「樂」這一本體性存在爲精神源頭，中國上古先民們衍生了一系列原始宗教意識及文化觀念。

四、「樂非止於技藝」——「樂」是先秦文化的精神主體

在上古中國社會，「樂」不僅僅是一種審美藝術形態，樂舞「首先是一種社會文化符號形式，其次才是藝術符號形式」〔註45〕。馬端臨在《文獻通考·經籍考》中尤爲強調：樂者國家之大典，古人以之與禮並稱，非止於技藝之末而已。在傳統中華文化中，「樂」有著極爲特殊的重大意義，從一定意義而言，「樂」是傳統中國文化的精神源頭，「可以說是當時所有精神活動（包括宗教、藝術、哲學甚至科學）生息發展的土壤」〔註46〕。李澤厚先生更是從本體論的高度將中國古代文化概括爲「樂感文化」〔註47〕，從而揭示了「樂」在傳統中國文化中的獨特品格。

（一）上古之「樂」的語義內涵及其歷史風貌

古漢語語境中的「樂」與當今時代的音樂之「樂」在涵義上有著很大的

〔註44〕郭沫若，宗白華，田漢著：《三葉集》卷一，安徽教育出版社，1994，第225頁。
〔註45〕袁靜芳：《中國傳統音樂概論》，上海音樂出版社，2000年，第65頁。
〔註46〕修海林：《古樂沉浮》，山東文藝出版社，1989年，第1頁。
〔註47〕李澤厚：《中國古代思想史論》，人民出版社1985年，第310頁。

不同，在上古先民的觀念中，「樂」有兩個層面的意含：一是「代表物質層面的含義。是可視可聽的樂之器、樂之歌、樂之舞等可觸感的層面」；二是「代表觀念形態的精神層面」〔註48〕。從現有的史料來看，樂舞與上古初民生活中的圖騰崇拜、祭祀典禮、農耕狩獵、軍事戰爭乃至生息繁衍等社會生活有著十分密切的關聯。音樂源起之初，與舞蹈、詩歌緊密結合，形成一種歌、樂、舞三位一體的綜合形式。郭沫若在《青銅時代》中指出：中國舊時的所謂樂，它的內容包含得很廣。音樂、詩歌、舞蹈，本是三位一體，不用說繪畫、雕刻、建築等造型藝術也被包含著，甚至於連儀仗、田獵、肴饌等都可以涵蓋。中國古代文獻對原始樂舞有這樣的記載：「擊石拊石，百獸率舞」〔註49〕，「若國大旱，則師巫舞雩」〔註50〕，從這些史料來看，原始樂舞並非是一種以審美爲主要目的的社會活動，而是源自宗教儀式的需要，或出於農耕生產所需的求雨之祭。就此而言，可以說樂舞即是上古社會生活本身〔註51〕。由此可見，在上古時代，「樂」已不僅僅是一種藝術形態，而是涵蓋宗教、政治、思想等社會意識形態的諸多方面，因此，「樂」是上古初民精神世界的軸心，「可以說是當時所有精神活動（包括宗教、藝術、哲學甚至科學）生息發展的土壤」〔註52〕。

「音樂的起源與人類的起源同步，音樂始終觀照著人類生命的目的、生命的奧秘。音樂審美漫長的歷程也是人類文明不斷演變發展的歷程」〔註53〕。最近幾十年來，隨著考古研究的深入，上古時代的樂舞風情逐漸由神話顯現爲歷史的實證。尤其是80年代以來，考古工作者在中國境內發掘出近百處與古樂有關的史前遺址，從出土的大量樂器以及部分圖象資料中，我們不但可以從中確切地看到古樂發展的歷史狀況，而且還可以透過這些考古資料探究當時的政治、經濟、禮制、曆法等發展狀況。出土的樂器，數量較大，門類齊全，包括笛、哨、塤、號等吹奏樂器，鼓、磬、鍾等打擊樂器。樂器的質地可分爲骨、陶、石、木、銅等多種，其中以骨、陶的數量最多。1985年，

〔註48〕 齊柏平：《先秦儒家音樂觀的本質及特徵》，載於《星海音樂學院學報》，1995
年第1、2期，第33頁。
〔註49〕 《尚書正義》，《十三經注疏》本，中華書局1980年版。
〔註50〕 《周禮注疏》，《十三經注疏》本，中華書局1980年版。
〔註51〕 參閱龔妮麗：《音樂美學導論》，中國社會科學出版社，2002年。
〔註52〕 修海林：《古樂沉浮》，山東文藝出版社，1989年，第1頁。
〔註53〕 龔妮麗：《音樂美學導論》，中國社會科學出版社，2002年，第9頁。

河南舞陽賈湖新石器時代遺址出土了 25 支豎吹骨笛，係由丹頂鶴的尺骨製作而成，經碳-14 測定，證明這是距今 7800～9000 年前的古樂器遺物。1987 年經過音樂工作者的測試，其中一支完好的七音孔笛可吹奏出與傳統音階大致相同的音列，而且更令人驚歎的是，這支骨笛的音孔旁還留有鑽孔前的等分符號和調整音響的小孔〔註 54〕。這充分證明，早在 8000 年前，我們的先祖就已經創制了音律。千百年來，《呂氏春秋‧古樂》中「葛天氏之樂」，「黃帝令伶倫作為律」，「鑄十二鍾以和五聲」的記載被視為神話傳說，如今，隨著考古資料發掘，《呂氏春秋‧古樂》中的有關記載並非神話，考古發掘的文物以無可辯駁的事實力證了上古時代燦爛的樂舞文化。

考察上古時代燦爛的樂舞文化，西方人類學的研究方法具有普世性的理論參照意義。廣義人類學是指研究人類本身及人類所創造的一切文化現象，其創始人泰勒在《原始文化》、《人類學——人及其文化研究》中，大量羅列了他那個時代所能收集到的調查材料，栩栩如生地描繪出一幅幅古老的祭祀場面，這些祭祀場面，往往是伴隨著祈禱，並載歌載舞。泰勒認為文藝來源於上古先民的樂歌、樂舞，人們跳舞是為了表達自己的情感與願望，並通過這種方式與外在世界建立聯繫，因此，在上古社會，舞蹈具有十分現實的功用。「在文化的童年時期，舞蹈卻飽含著熱情和莊嚴的意義。蒙昧人和原始人用舞蹈作為自己的愉快和悲傷、熱情和暴怒的表現，甚至作為魔法和宗教的手段。」〔註 55〕其後，弗雷澤在巨著《金枝》中，大量收集了不同文化背景下宗教祭祀的事例，他曾以遠古時期歐洲農民篝火節的風俗為例，來說明音樂、舞蹈在早期人類祭祀活動中所具有的特殊意蘊，在人類文化學研究中具有典範的意義，常常為人稱引。

人類文化學家泰勒與弗雷澤有關上古樂舞的研究具有普世性的理論意義。在上古中國社會，樂舞也是一種涵蓋政治宗教等諸多意含於一體的精神載體與文化符號，決非僅僅以審美為目的，或出自巫術祭祀儀式，或源於農耕勞作。在漢字中，「巫」字是從「舞」字衍化而來的。從目前的考古材料看，「樂」與祭祀儀式的結合出現在新石器時代的早期。在賈湖遺址三期的墓葬中，發現許多龜鈴隨葬的現象，這在稍後山東大汶口文化的墓葬中也大量發

〔註 54〕黃翔鵬：《舞陽賈湖骨笛測音研究》，載於《文物》，1989 年第 1 期。

〔註 55〕愛德華‧伯內特‧泰勒：《人類學——人及其文化研究》，連樹聲譯，上海文藝出版社，1993 年，第 269 頁。

現。龜鈴又稱龜響樂器，一般用小石子裝在龜甲殼內搖動發聲。它的出現表明古人以龜靈崇拜爲特徵的原始宗教的萌生，龜鈴是樂器和法器的一種集合體〔註 56〕，與之伴出的骨笛也有可能充當了通神的工具從而具有法器的性質，由此可以推斷，賈湖人已經形成了「以樂通神」的思想觀念。此外，在河南舞陽賈湖新石器早期文化遺址中出土的骨笛文物，據考古專家分析，其應用與原始宗教中的巫術活動有關。音樂學家修海林也認爲：「在原始宗教禮儀活動中，骨笛的演奏不僅是爲了某種形式美感的需要而存在，它所引發或者表現的，是與宗教觀念、情緒與想像等深層心理感受渾然一體的的情感體驗，這也是骨笛樂音美的文化功能所在」〔註 57〕。

　　「樂」與巫術祭祀的關係，時至古史傳說中的「三皇五帝」時代，在廣度和深度上有了更爲緊密的結合。距今 5000 多年的青海大通孫家寨彩陶盆舞蹈圖案是目前發現年代最早的一幅樂舞圖，陶盆內壁上部共繪有相同的三組舞蹈圖案，每組五人。畫中舞者手牽著手，面向左方，頭飾擺向右方，尾飾擺向左方〔註 58〕；同屬馬家窯文化的青海宗日彩陶盆與此相似，盆內壁上繪有兩組舞蹈人像，每組十二人，均著寬鬆短裙〔註 59〕。這種整齊合一、牽手群舞的圖象生動再現了「擊石拊石，百獸率舞」的樂舞場景，眞實地反映了原始樂舞、樂歌在圖騰崇拜和宗教祭祀儀式中的重要作用。

　　作爲社會化行爲的儀式活動，乃是人類所獨有的。現代人類學的研究表明：儀式活動是人與動物的根本區別之一，也是一切文化形式的最早雛形。上古先民的儀式活動是自然崇拜、圖騰崇拜、鬼神崇拜、祖先崇拜等神靈信仰的精神載體。著名人類學家愛德華・泰勒在《原始文化》中寫道：野蠻人的世界觀就是給一切現象憑空加上無所不在的人格化的神靈的任性作用。他們讓幻想出來的神靈充塞自己的住宅、周圍的環境。面對莽莽蒼蒼的自然世界，上古先民感到神秘而又恐懼，從而希冀於神靈的祭祀來影響、控制自然萬物。祭祀神靈的儀式活動貫串於社會生活的方方面面，上古先民通過巫術儀式「祈求降雨、祈求消災、祈求生子、祈求狩獵成功、祈求戰爭勝利等等。

〔註 56〕 河南省文物考古研究所：《舞陽賈湖》（下），科學出版社，1999 年，第 969 頁。

〔註 57〕 修海林、羅小平：《音樂美學通論》，上海音樂出版社，1999 年，第 30 頁。

〔註 58〕 青海省文物管理處考古隊：《青海大通縣上孫家寨出土的舞蹈紋彩陶盆》，載於《文物》，1978 年第 3 期。

〔註 59〕 《青海宗日遺址有重大發現》，載於《中國文物報》，1995 年 9 月 24 日。

原始歌舞最理想地成了巫術活動的載體，因為巫術活動與藝術活動具有共同的心理過程，如強烈的情感、奇妙的想像。也有共同的方式，如以物態化的方式來象徵、比擬主體精神和主體願望。狂熱的巫術活動往往呈現為如醉如狂的歌舞」〔註60〕。

在巫術祭祀禮儀活動中，歌舞活動將巫術觀念「物化」為可以感知的現實形式，「這些歌舞受幻想驅使，充滿神秘性。歌舞者不由自主地進入一種迷狂狀態，歌聲、舞姿以及裝束都顯誇張、怪誕，以表現與現實區分的神性」。就此可以想見，上古樂舞「不是純粹審美的產物」，作為巫術祭祀活動的載體，它「將觀念、情感，生命的衝動，化為粗放狂熱的情緒」，從而表現出「神秘、狂熱的風格特點」〔註61〕。

隨著「樂」與巫術祭祀更為密切的結合，「樂」的內涵得以不斷擴大，並與禮開始結合。早期華夏諸國禮樂文化模式的形成，正是在史前樂舞文化中孕育發展而來的，無論夏還是其後的商周，樂教活動都是當時社會政治文化生活中十分重要的內容之一。古「樂」的繁榮推動了社會文化的發展，並最終使中國古代社會步入了繁榮的「鐘鳴鼎食」時代。1956 年在河南信陽長臺關一號墓出土的帶有銘文的編鍾，以及 1978 年在湖北隨縣擂鼓墩曾侯乙墓出土的青銅編鍾都是極為著名的代表。尤其是後者的出土震驚了世界，65 件青銅編鍾總計重達 2500 公斤，各鍾上有標明音階音律的銘文 2800 多字，並伴隨有編磬、建鼓、排簫、笛、笙、瑟等樂器的出土〔註62〕。這些出土的實物，確鑿地證明「樂」在古代宗教祭祀儀式與政治領域中的顯要地位和作用。而後禮樂文化歷經兩千餘年的歷史傳承延展至明清，從而造就了中華文化獨特的品格。

（二）「樂」是上古先民政治意識形態的精神載體

在上古中國社會，「樂」是政治意識形態的中心。作為溝通天地、神人的精神載體，「樂」在先民們的神靈崇拜、祖先崇拜中佔有核心的地位。先秦的宗教祭祀往往以樂舞、樂歌來表現對神靈的頂禮膜拜，在樂舞的沉迷中，上古先民彷彿與列祖列宗共感互通。從現存文獻看，「樂」是一種象徵王權的政治符號。據《山海經》記載，後世用以祭祀的樂歌、樂舞——《九辯》、《九歌》，就是夏禹之子夏啟登天得來的，《大荒西經》載：「開上三嬪於天，得《九

〔註60〕 龔妮麗：《音樂美學論綱》，中國社會科學出版社，2002 年，第 11 頁。
〔註61〕 龔妮麗：《音樂美學論綱》，中國社會科學出版社，2002 年，第 13 頁。
〔註62〕 參閱湖北省博物館編：《曾侯乙墓》，文物出版社，1980 年。

辯》與《九歌》以下。此天穆之野，高二千仞，開焉得始歌《九招》。」戰國
時代流傳下來的《世本》一書，也有不少關於「先王作樂」的記載，如《作
篇》有「女媧作笙簧」，「隨作竽」，「隨作笙」，「神農作琴」，「黃帝使伶倫造
磬」，「堯修黃帝樂名咸池」等等，這些傳說雖真僞混雜，但從中亦可窺見早
期「樂」的政治意涵。《呂氏春秋》對於「先王之樂」的記載最爲詳細，《古
樂》篇中歷述了自朱襄氏、葛天氏、陶唐氏、黃帝、顓頊、帝嚳、唐堯、虞
舜、夏禹、殷湯、周文王等歷代先王源遠流長的樂歌創作傳統，由此可見，
樂舞、樂歌乃早期部落首領及帝王的必備知識。

　　根據《呂氏春秋·古樂》的記載，商代用以祭祀的樂舞爲《大濩》，即《韶
濩》、《萬舞》、《隸舞》、《羽舞》等，樂歌現存五篇，即《詩經·商頌》中的
《那》、《烈祖》、《玄鳥》、《長發》和《殷武》，這些樂歌、樂舞皆爲宗廟祭祀
時炫耀武功和追念祖先所用。據《周禮·春官宗伯·大司樂》的記載，周代
以《大夏》祭祀山川鬼神：「乃奏蕤賓，歌函鍾，舞《大夏》，以祭山川。」
以《大武》祭祀祖先：「乃奏無射，歌夾鍾，舞大武，以享先祖。」在宗教祭
祀中，常常由帝王兼巫師一職。如《史記·五帝本紀》記載黃帝「順天地之
紀，幽明之占，死生之說，存亡之難」〔註63〕；《國語·楚語下》記載顓頊「絕
天地之通」；《史記·五帝本紀》記載帝堯「其仁如天，其知如神」，帝舜「類
於上帝，禋於六宗，望於山川，辯於群神」，商湯「以身禱於桑林」，等等。
據此，劉師培認爲：「古代樂官大抵以巫官兼攝」，「三代以前之樂舞，無一不
源於祭神。鍾師、大司樂諸職，蓋均出於古代之巫官」〔註64〕。陳夢家認爲：
「王者爲群巫之長」〔註65〕。近世古史專家都非常有見地地指出了樂官、巫
官與王權之間的關係。以大禹爲例，傳世典籍中多有「禹步」的記載，考之
馬王堆帛書《五十二病方》，言「禹步三」凡五處，也可以印證大禹的巫師身
份，他正是集王權與神權一身的大巫。對此，童恩正先生指出：「雖然根據現
有資料，我們還很難斷定他們的身份就是巫，但是他們在處理政事時兼行巫
的職務，並且利用宗教的手段爲自己的政治目的服務，從而使私有財產的出
現、階級的分化和國家機器的形成一步一步走向合法化，這恐怕是沒有問題

〔註63〕《史記·五帝本紀》，中華書局本。
〔註64〕劉師培：《舞法起於祭神考》，《劉師培全集》第3冊，中共中央黨校出版社，
　　　　1997年，第445～446頁。
〔註65〕陳夢家：《商代的神話與巫術》，載於《燕京學報》第20期，第535頁。

的。因此，我們可以說，沒有『巫』的配合，也就沒有中國的文明」〔註66〕。
這種分析是可信的。

（三）「樂」是上古先民道德倫理觀念的表徵

「樂」的意識形態性還表現在「樂」是道德倫理觀念的表徵。上古先民
認爲「樂象德」，「德」是「樂」的本質內涵，即所謂「德音之謂樂」。

早在商周之際，「樂」與「德」之間就相融會通。「德音」即是商周時期
的習用語，在《詩經》中凡十二見。嚴粲《詩緝》釋《詩·大雅·假樂》之
「威儀抑抑，德音秩秩」，云：「音，聲也。德音，有德之聲音也。言語、教
令、聲名，皆可稱德音」〔註67〕；陳奐《詩毛氏傳疏》釋《詩·邶風·日月》
之「德音無良」時曰：德音，猶善聞、令名也。在《左傳》中「德音」一語
也多次顯現，比如：《左傳·昭公四年》亦有「是以先王務修德音以亨神、人」
之語。《左傳·桓公二年》載：「文物以紀之，聲明以發之，以臨百官，百官
於是乎戒懼，而不敢易紀律」〔註68〕。在《國語》中「德音」也出現多次，《國
語·周語下》曰：「夫有和平之聲，則有蕃殖之財。於是乎道之以中德，詠之
以中音，德音不愆，以合神人，神是以寧，民是以聽」〔註69〕。春秋晉國大
夫魏絳提出了「樂以安德」的觀念，肯定了「樂」對於道德禮儀培養的重要
作用。「夫樂以安德，義以處之，禮以行之，信以守之，仁以歷之，而後可以
殿邦國，同福祿，來遠人，所謂樂也」。〔註70〕師曠則提出「樂以風德」的說
法，極力張揚樂教對於德政的風化、宣化意義：「夫樂以開山川之風也，以耀
德於廣遠也。風德以廣之，風山川以遠之，風物以聽之，修詩以詠之，修禮
以節之」。〔註71〕《禮記·樂記》中更明確地提出：「樂者所以象德也」，「故
觀其舞，知其德」，「天下大定，然後正六律，和五聲，絃歌詩賦，此謂德音。
德音之謂樂」；郭店楚簡《五行》篇云：「君子之爲善也，有與始，有與終也。
君子之爲德也，有與始，有與終也。金聲而玉振之，有德者也」〔註72〕。隨
著儒家學派的興起及其對「樂」與「德」關係的高度重視，「德音」逐漸成爲

〔註66〕 童恩正：《人類與文化》，重慶出版社，1998 年，第 447 頁。
〔註67〕 嚴粲：《詩緝》。
〔註68〕 《春秋左傳正義》，《十三經注疏本》本，中華書局 1980 年版。
〔註69〕 《國語·周語下》，上海古籍出版社 1978 年點校本。
〔註70〕 《春秋左傳正義》，《十三經注疏本》本，中華書局 1980 年版。
〔註71〕 《國語·晉語》，上海古籍出版社 1978 年點校本。
〔註72〕 李零：《郭店楚簡校讀記》，北京大學出版社，2002 年，第 79 頁。

儒家樂教觀念的核心要素之一，在諸多儒家典籍中，「德音」都是一個較爲重要的概念，如《禮記・文王世子》中曰：「言父子君臣長幼之道，合德音之致，禮之大者也」。《禮記・樂記》載孔子弟子子夏在與魏文侯論「古樂」時指出古樂即「德音」，而且只有「德音」才能稱之爲「樂」。在先秦儒家看來，「樂」乃「成聖成德」的必經階梯，從而使「樂」具有了道德倫理品格。

（四）「樂教」是中國上古教育的核心內容

教育作爲人類實踐活動，是人類社會特有的現象，「它隨著人類社會而俱來，自從人猿揖別，便有了教育」〔註73〕。中國自古以來就有著文教立國的優良傳統，所謂「建國君民，教學爲先」、「化民成俗，其必由學」〔註74〕。中國古代教育無論在教育制度上還是在教育思想上，都極爲發達成熟，位居東西方世界前列。尤其宗周立國而後，教育體系更爲發達。在上古社會的教育活動中，「樂教」居於核心地位。誠如近代新儒家代表人物徐復觀所言：「我國古代的教育是以音樂爲中心」〔註75〕。

中國古代的「樂教」脫胎於原始社會宗教活動的儀式及其祭祀樂舞。在上古時期，「樂教」已具有極爲重要的地位。《尚書・堯典》曾記載了舜與夔的一段話。

> 帝曰：「夔！命汝典樂，教胄子，直而溫，寬而栗，剛而無虐，簡而無傲。詩言志，歌永言。聲依永，律和聲。八音克諧，無相奪倫，神人以和。」夔曰：「於！予擊石拊石，百獸率舞。」

在這段文字裏，舜要求夔用詩與歌來教導貴胄子弟，使他們形成正直而溫和、寬大而謹愼、性情剛正而不凌人、態度簡約而不傲慢的人格特質。時至夏商周三代，隨著正式教育機構的衍生，「樂教」體系漸趨完備，「樂教」地位更爲突出。

中國古代教育機構的設立，歷史悠久，早在夏商周之時，即已設立學校，《孟子・滕文公上》所言，「設爲庠序學校以教之。庠者，養也。教者，教也。序者，射也。夏曰校，殷曰序，周曰庠，學則三代共之，皆所以明人倫也」〔註76〕。夏校、殷序、周庠皆以「明人倫」爲教學內容；認爲只有「人倫明於上」，才有

〔註73〕高時良，《中國教育史綱》，人民教育出版社，第 1 頁。
〔註74〕《禮記正義》，《十三經注疏本》本，中華書局 1980 年版。
〔註75〕徐復觀：《中國藝術精神》，春風文藝出版社，1987 年，第 1 頁。
〔註76〕《孟子注疏》，《十三經注疏》本，中華書局 1980 年版。

「小民親於下」。由此可以想見，當時的教育首先當為倫理教育。其主要內容是從原始部族社會遺留下來的祖先崇拜信仰及其祭祀儀式，即世系教育。在上古先民的觀念中，「樂」是會通神人的精神載體，在「神人以和」的宗教氛圍中，「以樂事神」的宗教信仰儀式自然成為上古社會的極為重要的社會活動，於是「樂教」在上古教育體系中便處於核心地位。近世古史專家劉師培對此深有研究：「古代教育之法，則有虞之學，名曰成均，均字即韻字之古文，古代教民，口耳相傳，故重聲教。而以聲感人，莫善於樂。觀舜使后夔典樂，覆命后夔教胄子，則樂師即屬教師」〔註 77〕。

在殷商時期出現了一種專門開展「樂教」的教育機構「瞽宗」，《禮記·明堂位》中曰：瞽宗，殷學也。殷人重祭祀，祭祀時必鼓樂，瞽宗即是學樂的教育場所。《國語·周語下》中云：「古之神瞽宗考中聲而量之以制，度律均鍾，百官軌儀。」韋昭注：神瞽，古樂正，知天道者也，死以為樂祖，祭於瞽宗，謂之神瞽。可見，瞽宗不但是學樂的教育場所，還是祭祀樂祖的地位。

尤其宗周立國而後，教育體系更為發達。西周學制分為國學與鄉學，國學中的主要內容是禮、樂、射、御、書、數六藝，其中「樂教」處於核心地位。西周「樂教」制度在《周禮》、《禮記》等書中有較多記載。據《周禮·春官·宗伯下》記載：「大司樂掌成均之法，以治建國之學政。」孔穎達疏：學，大學也，大司樂專教大學。鄭玄注曰：均，調也，樂師主調其音。鄭玄由「均」推測「成均」之學以「教」樂為主，故在西周時，大司樂所執的「成均之法」，即以「樂教」教育貴族子弟。

「樂教」在宗周之際尤顯重要，涵蓋的內容十分寬泛，《周禮·地官·大司徒》中曰：

> 以鄉三物教萬民而賓興之，一曰六德：知、仁、聖、義、忠、和；二曰六行：孝、友、睦、婣、任、恤；三曰六藝：禮、樂、射、御、書、數。

以「六德」、「六行」、「六藝」教萬民乃中國古代禮樂教化的基本原則。在從事六藝之教的司徒官署中有「鼓人」、「舞師」等具體執掌。如《周禮·地官·鼓人》中說：鼓人掌教六鼓、四金之音聲，以節聲樂，以和軍禮，以正田役。教為鼓而辨其聲用。

〔註 77〕劉師培：《古政原始論》，《劉師培全集》第 2 冊，第 48 頁。

　　大司樂爲樂官之長，其主要職能是「治建國之學政」，孫詒讓在《周禮
正義》卷 42 釋「大司樂」時曰：樂雖爲六藝之一端，而此官掌治大學之政，
其教以通陝三物（即六德、六行、六藝），不徒教樂也。在宗周，樂官數量
龐大，據《周禮・春官・宗伯》所載：有明確職責的樂官就有一千四百餘人。
在教學分工上，大司樂、樂師和樂官各司其職，「大司樂掌成均之法，以治
建國之學政」，以樂德教國子，使其具備「中、和、祇、庸、孝、友」的道
德品質；以樂語教國子，使其具備「興、道、諷、誦、言、語」的從政能力；
以樂舞教國子，使其學會祭祀祖先神靈的「大舞」。此外，「大師掌六律六同，
以合陰陽之聲。……教六詩。曰風、曰賦、曰比、曰興、曰雅、曰頌。以六
德爲之本，以六律爲之音。」〔註78〕在教學時間上，根據春夏秋冬陰陽所宜
分別施教，《禮記・文王世子》載：春夏學干戈，秋冬學羽龠……春誦夏弦……
秋學禮……冬讀書。《禮記・王制》中曰：春秋教以《禮》《樂》，冬夏教以
《詩》《書》。在教學步驟上，依據學生長幼，由易到難，循序漸進，《禮記・
內則》中曰：男童六歲受教，「十有三年，學樂誦詩，舞《勺》。成童，舞《象》，
學射御。二十而冠，始學禮，可以衣裘帛，舞《大夏》，惇行孝悌，博學不
教，內而不出。」〔註79〕西周政教一體，學校既是教學的地點，也是踐行禮
樂儀式的場所。辟雍、泮宮、鄉學舉行射禮、饗宴、養老、獻俘等典禮，學
生學習傚仿，實踐禮樂。

　　在宗周之際，「樂教」不僅有專門的職掌機構，國家的最高統治者也親歷
親爲。對於「樂教」周公身體力行，奠定了中國古代「樂教」的基礎。《詩經》
是中國最早的詩歌總集，在中國文化史中具有極爲重要的意義，它既是中國
傳統文化的精神源頭，也是中國古代「樂教」的經典範本。周公對於《詩經》
的編訂與流傳所作的貢獻是不可磨滅的。據有關專家考證，《詩經》中《周頌》
31 篇，就是周公親自創作或編訂的。此外，《小雅》中的《棠棣》以及《詩經》
中的《周南》等篇章也可能是周公所作或爲周公所編定〔註80〕。周公關於「樂
教」的觀念及其作爲對後世影響甚爲重大。

　　春秋之際雖然戰亂頻仍，但各諸侯國的教育仍不絕如縷。如《左傳・閔

〔註78〕　《周禮注疏》，《十三經注疏》本，中華書局 1980 年版。
〔註79〕　《禮記正義》，《十三經注疏本》本，中華書局 1980 年版。
〔註80〕　毛禮銳、沈灌群主編：《中國教育通史》第 1 卷，山東教育出版社，1995 年，
　　　　　第 138 頁。

公二年》記載衛文公穿著粗布衣服，克勤克儉。他一面指導農耕生產，通商惠工；一面「敬教勸學」。《詩・魯頌》描繪魯僖公興辦教育，整修泮宮，「敬慎威儀，維民之則，允文允武，昭假列祖」，以身教育天下。從教學內容而言，春秋教育仍以《詩》、《書》、禮、樂、《春秋》為主。《左傳・僖公十七年》中曰：「說禮樂而敦《詩》《書》，《詩》《書》義之府也，德之則也，德、義禮之本也」〔註81〕。《國語・楚語》載：教之《春秋》，而為之聳善而抑惡焉，以戒勸其心；教之世，其為昭明德而費幽昏焉，以忱懼其動；教之《詩》，而為之導廣顯德，以耀明其志；教之禮，使知上下之則；教之樂，以疏其穢而鎮其浮；教之令，使訪物官；教之語，使明其德，而知先王之務用明德於民也；教之故志，使知廢興者而戒懼焉。

春秋戰國時期，諸侯紛爭，「天子失官」，王權失墜，周室漸趨衰微。在此歷史背景下，以國學、鄉學為主體的官學日漸廢弛。「學在官府」逐漸演變為「學在四夷」，「官首其書」的社會格局逐漸被打破。由於學術下移，私學勃興，始有百家爭鳴的出現。上古中國社會從此進入教育發展的新階段。

在諸子百家中，儒家對文教尤為重視。從一定意義而言，儒家思想即是一種教育思想。儒家學派的創始人孔子本身即是中國歷史上最為重要的教育思想家，在中國古代教育史中具有開山鼻祖的崇高地位，孔子在教育上最大的貢獻就在於創辦私學，首次提出了「有教無類」的教育主張。孔子的這一教育主張「開創了通向文化下移和普及教育的新道路，是中國教育史劃時代的革命創舉」〔註82〕。以孔子為代表的儒家士人以「仁學」為根基對傳統的禮樂文化進行了重新闡釋。在《論語》中，說詩論樂的言論是其重要的思想主脈，對於詩書禮樂的教化功能及意義進行了很多極富啟發意義的論述，並將「樂」作為人格修養的最高境界，如：「興於詩、立於禮，成於樂」，充分表明孔子對於「樂教」的高度重視。

總體而言，源起於巫卜文化系統的「樂教」以「報本返始」之宗教情懷、「樂以致治」之政治訴求、「盡善盡美」之審美追求統攝了上古人文教育的各個方面。在上古先民的觀念中，「樂」最重要的特徵就是「不可以偽」，言詞可以偽飾，但「凡音者，生於人心者也」，發自肺腑，難以造作矯情，從而能使人從審美的境界昇華到「著誠去偽」的道德境界。對於統治階層而言，「樂

〔註81〕《春秋左傳正義》，《十三經注疏本》本，中華書局 1980 年版。
〔註82〕匡亞明：《孔子評傳》，齊魯書社，1985 年，第 278 頁。

教」還是傳達宗法政治倫理觀念精神載體，尤為重要的是，在上古先賢聖哲看來，通過「樂教」能夠「化民成俗」、「化成天下」，由此可以想見「樂教」在上古社會的地位何等重要。

（五）「樂」是人類最古老的表達方式

美國著名學者戴維斯在《人類的音樂》一書中曾指出：「音樂是人類最古老的表達方式，比語言或其他藝術還要古老。它同人聲與生俱來，在我們與他人溝通的急切需要同時發生。」〔註83〕這種音樂源於人類信息溝通的觀點，已經獲得大部分學者的認同。在人類社會中，「樂」不僅僅是一種審美的藝術形態，還是一種極為重要的信息傳播方式。縱觀人類的傳播發展史，無論在古代社會，還是在當代社會，「樂」都具有十分重要的傳播功能。

1. 原始口頭歌謠：最早的語言傳播方式

原始口頭歌謠是遠古部民集體創作的一種用來吟唱的口頭韻文藝術形式，分為原始口頭民歌和原始口頭歌謠兩部分，是人類歷史上最早產生的語言藝術形式之一，也是最早的語言傳播方式。

原始歌謠是在遠古先民的生產勞作中產生的，是協調人們勞動動作、緩解勞動強度的一種重要手段。誠如普列漢諾夫所說：「在原始部落那裡，每種勞動有自己的歌，歌的拍子總是十分精確地適應於這種勞動所特有的生產動作的節奏。」〔註84〕

原始人在集體勞作的過程中，為了協調動作，使筋力的張弛和工具的運用得到步調一致的配合，自然地發出一些高低起伏的勞動號子。在一定的時間內，呼號聲或重複而無變化，或變化而有規律，於是形成了樂舞節奏。這種簡單的節奏即是音樂、舞蹈節拍的自然生發，也是詩歌韻律的起源。正如魯迅在《門外文談》中所言：

> 人類在未有文字之前，就有了創作的，可惜沒人記下，也沒有法子記下。我們的祖先的原始人，原是連話也不會說的，為了共同勞作，必須發表意見，才漸漸的練出複雜的聲音來。假如那時大家抬木頭，都覺得吃力了，卻想不到發表，其中有一個叫道「杭育杭育」，那麼，這就是創作；大家也要佩服，應用的，這就等於出版；

〔註83〕耶胡迪・梅紐因：《人類的音樂》，冷衫譯，人民文學出版社，2003年，第1頁。
〔註84〕普列漢諾夫：《沒有地址的信》，人民文學出版社，1962年，第39頁。

倘若用什麼記號留存了下來，這就是文學；他當然就是個作家，也是文學家，是杭育杭育派。

普列漢諾夫在《沒有地址的信》中對於勞動與節奏的共生關係也進行了較爲充分的闡釋，以此來證實節奏感的產生與遠古部民的生產勞動有密切的關係。有節奏的唱和與表意的語言相結合，便產生了原始歌謠。《呂氏春秋·音初》記載的塗山氏妾歌，在反覆歌唱的一句歌詞「候兮猗」』中，把表示音調的虛字「兮猗」搭配上實義詞「候人」，然後再把音調拉長，加上一定的節奏，便成了歌謠。《吳越春秋》中記載的中國最古老的歌謠《彈歌》，相傳是黃帝時代的一首獵歌，它用「斷竹，續竹，飛土，逐肉」8個字，形象地描繪了原始先民削竹製彈弓用以追捕野獸的全過程。文字簡潔而節奏緊迫，表現了緊張的勞作氣氛，再現了狩獵者熱烈亢奮的情緒。

遠古先民除集體勞動時以原始歌謠相呼應外，還與祭祀禮樂活動相結合，表達上古初民征服自然的欲望或祈求萬物神靈保祐的心情。剛剛學會說話的遠古先民，由於語言的不發達，還不能僅憑語義去表情達意，於是，遠古歌謠與音樂、舞蹈相結合，形成歌謠、音樂、舞蹈三位一體的原始藝術形態。在祭祀禮儀、圖騰崇拜活動中，上古初民模擬各種生產活動，借助歌聲和人體動作來彌補語言表達的不足，呈現生產勞作的喜悅心情。《呂氏春秋·古樂》載：

> 昔葛天氏之樂，三人操牛尾，投足以歌八闋：一曰「載民」，二曰「玄鳥」，三曰「遂草木」，四曰「奮五穀」，五曰「敬天常」，六曰「建帝功」，七曰「依地德」，八曰「總禽獸之極」。

這八闋歌詞的具體內容雖無可查考，但從上述篇名中不難看出原始樂舞與巫術禮儀、圖騰崇拜以及人類的生產勞作有著密切的關聯。魯迅認爲「詩歌源於勞動和宗教」，源於宗教「是因爲原始民族對於神明，漸因畏懼而生敬仰，於是歌頌其威靈，讚歎其功烈，也就成了詩歌的起源」。〔註85〕

由此可見，原始口頭歌謠源起於遠古先民的物質生產實踐及原始宗教活動的需要，其內容和生產勞作密切相關。原始口頭歌謠是由遠古先民集體創作、集體享受、集體保存，並在遠古部落中代代口頭相傳。由於歷史的變遷，原始歌謠保存下來的極少，但它作爲人類最古老的信息傳播形式之一，以個體無意識的形式傳遞著遠古社會生活信息。

〔註85〕《魯迅全集》第10卷，人民文學出版社，1981年，302頁。

2. 舞蹈：一種人體動作語言

舞蹈是以人體動作作為主要表現手段、組織成一種「無聲的語言」以表達情感的非言語傳播方式。從現代舞蹈藝術研究的視角來考察上古樂舞，中國兩千年前《毛詩序》中所說的「手之舞之足之蹈之」大概只能算作初級的「抒情方式」，只能是一種有感而發的自然生發狀態。如今，舞蹈藝術的功能是多方面的：對於虔誠的宗教信徒而言，舞蹈可以頌揚神的意志、表達對神的敬畏；對於熱戀的情侶來說，舞蹈可以展現心中的熱望，博得對方的歡心；對於驕奢的貴族而言，舞蹈可以愉悅他們的感官、點綴朱門的豪奢；對於飽經磨難的民族來說，舞蹈可以伸張民族意志、昂揚民族精神。

原始舞蹈是人類歷史上最早產生的內涵審美意蘊的藝術活動之一，中國青海大通縣上孫家寨出土的「舞蹈彩陶盆」，根據碳素測定製作於 5000 年前，相當於中國上古傳說中的黃帝至炎帝時期。彩陶盆上描繪的舞者服飾規整劃一，舞姿規範整齊，是一種經過精細加工與組合的集體舞蹈。舞者擺弄尾飾舞蹈的畫面，生動再現了上古典籍中「擊石拊石，百獸率舞」的場面。原始舞蹈不僅人類歷史上最早的藝術活動之一，也是最為基本的信息傳播方式。非洲原始舞蹈在其文化傳統中一直發揮著記述部落歷史、傳播生產勞動知識的巨大作用。

原始舞蹈是遠古先民生活和情感的動作化，與遠古社會的生產勞作有著極為直接的內在關聯。生產勞作促進了遠古先民生理結構的不斷完善，並決定著遠古社會的社會意識內容，為原始舞蹈的產生奠定了客觀的物質基礎。普列漢諾夫曾說過：原始舞蹈是勞動者的動作的單純的再現。原始舞蹈的再現性與當時的生產力水平相適應。在生產工具極其簡陋的遠古社會，幾乎所有的生產勞作都要調動全身的關節和筋骨，而舞蹈又是整個人體的活動，因此，生產勞作的動作也自然容易成為舞蹈動作的素材。比如，為了獵取動物，就產生了模仿狩獵行為的舞蹈；為了傳授勞動技藝，就產生了模仿生產動作的舞蹈。

原始舞蹈不僅是勞動動作的單純再現，也是遠古社會生活的綜合反映。遠古先民的性愛生活、圖騰崇拜儀式、宗教巫術行為以及征戰殺伐行動等，都對原始舞蹈的發展產生重大而深遠的影響。狩獵舞蹈是遠古先民創造的培訓狩獵技能的舞蹈，主要是模仿各種動物的動作，再現狩獵活動的過程。遠古先民或者以此訓練人們的體力與勇氣，為狩獵活動做準備；或者以此歡慶狩獵的成功，表達滿載而歸的喜悅心情。澳洲土著居民有傳統的袋鼠舞、野

犬舞，北美印第安人有熊舞、山羊舞，中國鄂倫春族有黑熊搏鬥舞和樹雞舞。戰爭舞是訓練遠古部落成員軍事技術的舞蹈。遠古部落之間經常爆發戰爭。戰爭舞對強化部族團結、抵禦入侵具有十分重要的作用。中國古籍中記載的「干戚之舞」，就是一種拿著盾牌和斧頭等武器的戰爭舞。原始舞蹈是遠古社會生活的縮影，人們的很多日常生活，如出生、死亡、求愛、婚嫁、醫病、歡慶豐收等都離不開舞蹈。遠古先民通過原始舞蹈表達了他們的喜怒哀樂，折射出他們對現實世界的理解，呈現了遠古先民質樸朦朧的思想意識，再現出很多遠古社會生活的信息。

3. 音樂是人類的第二語言

音樂萌生之初，就與人類的生產生活緊密地聯繫在一起。在遠古社會，音樂是遠古先民在勞動或狩獵過程中相互交流情感的一種重要手段。與打手勢傳遞信息相比較而言，呼喊聲更為直接。現代的人類學研究成果表明，用聲音來傳遞信息是人的一種本能性生理反應。在遠古時期，隨著信息內容漸趨複雜，人的語音也日趨賦有較為豐富的情感意涵。在歷經漫長的進化後，音樂與語言的各自功能漸趨強化，語言作為社會生活的一種記錄工具，慢慢向符號化和表意化方向進化。音樂則濾掉了所有的雜音，在自然中尋找較為美妙的樂音，從而使自己衍化成為更為強烈的情感激發手段，走上了與語言完全不同的演進道路。在人類歷史的發展過程中，雖然音樂與語言形成了各自獨立的形態，但音樂作為一種信息傳播方式仍然具有不可替代的傳播功能，因而被譽為「人類的第二語言」。英國著名民族音樂學家約翰・布萊金曾經說過：音樂不是一種可即時理解的語言，而更多的是情感的隱喻的表達。但是，倘若在特定背景中被賞聽，音樂能夠精確地傳播它所攜帶的信息。

德國哲學家恩斯特・凱西爾認為，「符號」是人類認識世界最主要的中介物，人們是「如此地使自己包圍在語言的形式、藝術的想像、神話的符號以及宗教的儀式之中，以致除非憑藉這些人為媒介物的中介，他就不可能看見或認識任何東西。」〔註86〕凱西爾把「符號化的思維」和「符號化的行為」看作是人類生活中最本質的特徵，因此，他把人定義為「符號的動物」。以凱西爾的符號理論為視角，包括音樂傳播在內的人類各種文化活動，都可理解為符號活動，都可以借助符號學的認識角度和分析方法加以研究。符號學既

〔註86〕參閱卡西爾：《人論》，甘陽譯，上海譯文出版社，1985年。

是一種文化哲學意義上的認識論，也是分析哲學的一個分支。以符號學爲視域，觀察客觀事物就不再囿於實證主義的藩籬，而是把一切表象都視爲符號，並通過對符號結構、符號功能、符號意義和符號交流活動等的具體分析，探究隱含在文化表象背後的實質。

從符號學的維度而言，音樂作爲一種文化現象也可以理解爲一種符號的存在，因此音樂常被人譽爲人類的第二語言。波蘭音樂學家卓菲姬·麗薩曾指出：人類的每一件創造物都標誌著人對現實的某種特定的關係，在某種意義上都具有語義性，也就是都意味著什麼。從這個意義上講，具有語義性的不僅是人類的語言，不僅是可以提供表象、觀念的藝術，而且也包括風俗習慣、儀式、裝飾等諸多文化形態。音樂作爲一種文化形態當然也具有一種語義性，它處在同現實的某種關聯中，在其中發揮著特定的作用，內涵特定的意蘊。在音樂的「語義場」中，音樂語言在概念與表象上是非單義的，不確定的；音樂的意涵不斷在流變，這種流變取決於欣賞者的解釋，取決於欣賞者的時代背景與地域情勢等等。但是，儘管如此，音樂畢竟總是意味某種情感意涵，表達著某種語義情態。英國著名民族音樂學家約翰·布萊金也曾說過：音樂不是一種可實時理解的語言，而更多的是情感的隱喻表達。

音樂是以聲音爲素材的藝術，但並不是自然界中的任何音調都可以作爲音樂的素材，只有少數悅耳和諧的音調——樂音才被遴選出來作爲編織美妙樂曲的素材。音樂中的聲調是有節奏的樂音，這種樂音在自然界中並不常見，它是人類審美意識的產物。我們很難在自然界中找到大二度、小三度的音程關係，也很難尋覓到三和弦和七和絃。雖然音樂有時也再現某些現實的聲響，但這類聲響在整個音樂領域中只占絕少的比重。音樂反映現實情景的基本準則不是摹擬，而是比擬；不是再現，而是表現；不是寫實，而是寫意。

樂音按音樂特有的章法，在時間的流動中形成有序動聽的音調，從而展現出無法用語言表達的內在意蘊與深層情感。先秦時代的音樂論著《樂記》將音樂定義爲：「凡音者，生人心者也。情動於中，故形於聲；聲成文，謂之音。」這便揭示了音樂的本質特徵：情感表現。音樂語言作爲「人類的第二語言」所傳達的情感信息在某種程度上比言語更爲摯烈、更爲深邃，波蘭語義學家沙夫以蕭邦的作品爲例寫道：

> 作曲家經驗到愛情的狂喜，他就用音樂語言中的小夜曲的形式
> 把它表現出來，或者他由於自己祖國的民族起義而經驗到愛國的激

情，他就用革命練習曲來表現他的心情，或者他就用《雨序曲》的
形式來感情地傳達雨天的寂寞。許多年以後，別的人聽到這些音樂
作品，雖然他們不知道這些作品誕生的環境，也不知道這些作品的
名稱，而且也沒有應用理智語詞對這些作品的意義作出任何標題化
的解釋，然而，他的確是經驗到了小夜曲的熱戀，革命練習曲的激
動和雨序曲的寂寞。〔註87〕

　　音樂所營造的意境，相對於繪畫而言，情意更爲纏綿多姿；相對於詩文
而言，情意更加含蓄豐滿。從貝多芬的《命運》交響曲中我們能感受到不向
命運低頭、頑強不屈的抗爭精神，從克萊德曼的琴聲中我們能感到溫馨與浪
漫，從阿丙的《二泉映月》中我們能感受到淒苦與悲訴……。

　　音樂語言有自己獨特的詞彙、語法、結構與體裁。例如，舒緩的節奏會
給人帶來安靜、柔和、閒適、迷茫等感覺；明快的節奏可以給人輕鬆、舒爽、
緊張、興奮、急促等感受；大調音色明快、剛健；小調音色幽暗、柔和。就
器樂來說，其音色、音區的高低也是構成音樂表現力的重要因素，如激情奔
放的弦樂、莊嚴凝重的長號、田園風情的長笛、感人至深的薩克斯等都給音
樂形象賦予深邃雋永的意涵與回味悠長的情感。

　　各自不同的音高、音量與音色，跌宕起伏的旋律、節奏、調式與和聲，
經過千變萬化的律動組合，細膩地表達出意味悠長的內心情感，從而使音樂
具有表情達意的功能，有鑒於此，音樂常被人譽爲人類的「第二語言」。

　　先秦「樂神」精神的生成與化育再一次驗證這一永恒的人學眞諦：「在神
身上，人描述了自己。」因爲，「人的生成與神的生成從一開始就是互爲依存
的。」〔註88〕不管我們是否相信天神上帝，但沒有天神上帝，人將不成其爲
眞正的人，人也無法維繫自身的社會生活。不管我們能否認識到天神上帝，
但正是源自於對天神上帝的體悟與領受，人類文明才得以形成。在混沌初開
的上古之際，正是源自於「神聖」的超驗信念，人超越自身的生物性，完成
人性從「生物性到「文化性」的超越，實現從動物世界走向「人類社會」的
人性超越，開創出各種人類文化形態。中華先祖在「樂神」精神這一超驗意
識的引領下，演繹出中華禮樂文明，化育成尚「文」的政治傳統，這是既是
確鑿無疑的歷史啓示，也是最爲深切的學理眞諦。

〔註87〕 參閱陳原：《社會語言學》，學林出版社，1983 年，第 186 頁。
〔註88〕 劉小楓選編：《舍勒選集》下，上海：三聯書店，1999 年，第 1361 頁。

第二章　王權神授的古「樂」言說
——「樂神」精神與上古國家權威的形成

　　政治的宗教化、王權的神權化是上古人類社會的基本特徵，神的旨意是政治正當性的終極來源。爲了維繫王權統治，歷代先王都將君臨天下的政治權威歸結爲神靈的旨意。在上古社會的超驗心態中，樂舞「通於神明，參於天地」〔註1〕。「樂」是神明的聲音，「樂」是神諭的傳達。〔註2〕上古先王通過祭祀樂舞這一象徵儀式來傳達王權神授的政治意旨，從而樹立國家政權的終極權威，即所謂「先王以作樂崇德，殷薦之上帝，以配祖考」。〔註3〕

一、神靈信仰在上古時代的主宰地位——上古時代是「神本」的時代

　　人是一種信仰的存在。人與其他生命體最顯著的區別即在於，人是生物性存在與精神性存在的共同體。面對生死安危之無常，人類總是力圖尋求一種靈魂上的安頓、精神上的開悟，從而超越自我、超越生死，實現安身立命的生命渴求。無論是在蒼茫邈遠的上古時期，還是在當今時代，宗教神靈的信仰都是人類精神世界的根基。尤其是在遠古時代，宗教神靈的信仰更是主宰著人類社會生活的方方面面。在古代先民看來，國家之治亂興衰、戰爭之

〔註1〕《荀子集解》，《諸子集成》本，中華書局1954年版。
〔註2〕於潤洋：《音樂美學文選》，中央音樂學院出版社，2005年，第334頁。
〔註3〕《周易正義》，《十三經注疏》本，中華書局1980年版。

勝敗吉凶、個人之榮辱禍福皆決定於神靈的意志，天神、帝祇的權能幾乎遍及大自然和社會生活的各個方面，主宰著人間君主的行動甚至命運，主宰著人類的社會生活〔註4〕。

（一）上古先民的靈魂觀念與「泛靈信仰」

人類學大師泰勒曾指出：上古先民出於對夢境、幻覺與死亡等現象的感悟，從而形成了「泛靈信仰」，他們相信，世界上任何一種物體——不管是生物或非生物、實體或自然現象——均有靈魂。這些靈魂各具特質，各有其願望和目的。它們擁有某些魔力，可將禍福於人。在這種「泛靈信仰」的基礎上，進一步發展出對神的崇拜。〔註5〕泰勒關於上古先民「泛靈信仰」的人類學揭示具有普遍性的價值意義，「泛靈信仰」也是上古中國先民精神信仰的典型特徵。中國的原始神靈信仰有諸多分野，但總的來說，主要有三個方面：一是天界諸神的信仰崇拜，二是地界自然神崇拜，三是動物神崇拜。

在遠古時期，原始部民的地面自然生存環境隨著氣候的流轉而不斷遷移變化，但天空中的日月星辰卻永恒不變。仰望浩邈的日月星空，一種靈魂升騰的宗教情感油然而生。在世界各民族的原始宗教中，天神信仰是一種世界性的宗教文化現象。在很多民族的原始宗教信仰中，都有將天體、天象與氣象神化崇拜的現象，但並不是每一個民族都將天體本身作爲自然崇拜對象。在古埃及宗教文化中有天空女神奴特，埃及先民把天空想像爲奴特用雙手雙腳支撐在地平線上彎曲成的半圓形身體，她巨大的身軀裝飾著很多星星。在中國的原始宗教文化中，既沒有天空崇拜這一自然屬性的天神，也沒有天象綜合體的自然神，而是衍生了諸神中的至高神——天神（上帝），但這並非是自然神，而是綜合各種神靈屬性的人格神。天空本身並非神靈崇拜的對象，對於先民們來說，天空只是諸神存在的世界，在這浩邈宏大的天界中，日、月、星、風、雲、雨、雪、雷電等都是他們信仰崇拜的對象。

地面上的資料能源是人類賴以生存的物質基礎。土地、山河、湖海，以及生長於其中的動植物，都是人類所依存的自然對象。對於自然生物的依賴感是自然宗教信仰衍生的基礎。在遠古中國社會，先們民把賴以爲生的自然條件、自然產物作爲信仰崇拜的對象，他們根據人類對天然生物的依賴程度賦予某些自然生物以神性的權威。由於中國地域廣大，自然條件的地域性差

〔註4〕參閱陳夢家：《殷虛卜辭綜述》中華書局，1988年。
〔註5〕參閱泰勒：《原始文化》，連樹生等譯，上海文藝出版社，1992年版。

別較大，各民族自然崇拜的信仰對象也有所不同。在地面萬物中，一般來說，土地、山嶽、河川，以及能充饑的動植物，都是自然崇拜的信仰對象。諸如特定的山峰奇石、動植物，有時也被賦予神靈的色彩。在古代中國的地面諸神中，對土地神的崇拜最爲廣泛隆重。

在遠古初期，人類以採集野生植物或獵取動物來求得生存，野生動植物成了支持人類生存的唯一條件。遠古初民把動植物尊奉爲神加以崇拜，是原始宗教中的一種普遍現象。在中國古代的諸神信仰裏，有許多動物神和由動物神衍化而來的半人半動物神。這表明，在上古中國社會曾經盛行過動物崇拜。關於這一歷史事實，《山海經》曾有過非常集中的反映。《山海經》作者把很多歷史傳說中的神靈都描繪成奇特的動物，或與動物有關。例如《南山經》中出現的神靈，全都與鳥、龍有關係，其形狀「皆鳥身而龍首」，或「龍身而鳥首」、或「龍身而人面」。在動植物崇拜中最爲神聖的是圖騰崇拜。圖騰崇拜是自然崇拜與祖先崇拜結合在一起的原始宗教。圖騰崇拜和一般的自然崇拜有所不同，被當作圖騰來崇拜的自然對象，一般不是某種動植物的個體，而是該物類的全體。圖騰崇拜最爲突出的特點是：篤信其崇拜對象爲本族的祖先，或曾與本族祖先發生過某種特殊關係而成爲本族的保護神。對於先民而言，圖騰即是崇拜的對象，又是該族的名稱或標記。圖騰作爲一種標識是維繫部族團結的凝聚力，它既是一種神靈信仰體系，也是一種社會認同的精神依歸。在從屬於同一部族圖騰下的男女都會特別重視他們與圖騰的相似性，並且在外在形態上刻畫圖騰標識，篤信自己係源於相通的祖先並具有共同的血緣關係，分享圖騰信仰以增強自身與群體的認同性。圖騰信仰形成了共同的文化心態，這種共同的文化心態使部族成員緊密結合在一起。

（二）上帝、天命與殷周時代的神明信仰

如果說上古初民的「泛靈信仰」還是一種自然生發的朦朧意識，那麼隨著人類自覺意識的逐漸萌醒，神靈信仰也在不斷的衍化下漸趨規範化、制度化。殷商時代，上古先民們已建構起完善而發達的祭拜天神、帝祇、人鬼的宗教信仰系統〔註6〕。神靈信仰是殷商社會的主軸，居於至高無上的地位。殷王在一年中幾乎無日不舉行祭祀〔註7〕。可見神靈信仰在殷商時代的地位極爲重要。

〔註 6〕陳夢家：《殷虛卜辭綜述》，中華書局，1988 年，第 562 頁。
〔註 7〕李亞農：《李亞農史論集》，上海人民出版社，1978 年，第 42 頁。

　　殷墟卜辭確鑿地證明，殷商時期即已形成了天界最高權威神——上帝的信仰。在殷商先民的宗教信仰中，「帝」、「上帝」作爲至上神具有至高無上的地位。帝（上帝）不但是一種異己的最高權威的存在，更是一種本體的存在。「有娀方將，帝立子生商」，帝是人類的創生者。帝不但創生人類，還是人類賴以生存的依靠，《詩經》中說：自天降康，豐年穰穰。在殷商先民看來是上帝造生了食糧。關於上帝的至高無上的權能，古史專家陳夢家在《殷虛卜辭綜述》一書中，有充分而詳實的論證。陳夢家認爲：卜辭中上帝有很大的權威，是管理自然與下國的主宰，幾乎遍及大自然和社會生活的各個方面。從卜辭中可得知，帝（上帝）統治自然界，支配風雲雷雨，掌控自然生物的成長，它可以「令雨」、「令風」、「令雷」、「降旱」等，但這些自然功能的實施都是通過每一單獨的自然神分別完成的，這些自然神都是帝的廷臣〔註8〕。帝（上帝）不但掌控自然界，還主宰人間君主的行動甚至命運，主導人類的社會生活。

　　西方先民在皈依於上帝後，就把宇宙上的一切權威都交給了上帝，從而消除了眾神的信仰空間。但殷人的神靈信仰卻是「一元多神」，上帝雖爲至上神，但還有其他「屬神」存在。卜辭中帝有「五臣」、「五工」、「史（使）鳳」諸閣臣〔註9〕，從而形成了以帝神爲核心的神靈信仰體系。在殷商先民的神靈信仰中，神靈也有上下之分、強弱之別。有的被奉爲至上神，有的被貶爲下屬神。殷族從一個游牧民族發展爲強大的農業部族，並建立了統御天下的王國，這樣的神奇歷程，使殷商先民篤信這一切都是至上神——「帝」（上帝）的恩賜，因此，「帝」（上帝）在有商一代都是上古先民們最爲主要的信仰依靠。

　　周人承繼了殷人的上帝信仰，同時又延續和延展了本族的天神信仰。殷商時期，人們稱天上的至上神爲「帝」，或「上帝」，而不稱之爲「天帝」或「天」。《商書》中雖有「皇天上帝」、「天」、「皇天」、「天命」、「天道」等名稱，但卻被後世學者認定爲西周之後的著作。誠如陳夢家所說：《尚書》中《商書》之《微子》、《西伯勘黎》、《高宗肜日》、《盤庚》和《湯誓》等雖有「天」字，但都不能信爲殷人原著。卜辭中有大量「帝」的稱謂，卻無作爲至上神「天」的出現，卜辭的「天」沒有「上天」之義。「天」之觀念在商周

〔註8〕參閱陳夢家：《殷虛卜辭綜述》，中華書局，1988 年。
〔註9〕參閱陳夢家：《殷虛卜辭綜述》，中華書局，1988 年。

之際日益彰現，有關學者曾用計量史學的方法作了這樣的統計：「商周之際『天』觀念急劇發展，幾乎可以說是一個飛躍」，而且「從西周早期到中期，『天』觀念呈繼續增長趨勢，而從中期到晚期，『天』觀念的比重基本維持不變」〔註10〕。西周之後，雖然有時也沿用「上帝」舊稱，但更多的是用「天」的神稱，或是在「天」之前加上「皇」、「上」、「旻」、「昊」，以昭示至上神的偉大與神聖。周代的「天」與商代的「帝」有共同的本質特徵，即同為上古先民的「至上神」，因此，西周之後，「天」與「帝」常被連用，如《詩經·大雅·雲漢》中曰：「昊天上帝」，《禮記·月令》云：「皇天上帝」。「昊」、「皇」均繫修飾語，意為「大」。但周代的「天」其意涵較之於「帝」或「上帝」也有顯著不同。首先，周代的「天」其意涵更為寬泛。在中國的古文字中，「天」是會意字，其意所在乃人頭頂上方的蒼穹空間。〔註11〕在世界各民族的宗教信仰中，「天神崇拜」是一種普遍化的宗教情感。宗教學者詹姆斯指出：史前人類普遍有天神信仰，其原因就在於把天看作超自然力量的居所。〔註12〕在周代先民的信仰中，「天」是神鬼的居處，「天」作為神鬼的居所「是對神靈世界的泛稱」〔註13〕。「天」雖然是一種神性的存在，但不是某一個具體的神靈，而是綜合了神靈的集體神格特徵，具有天界全部神靈的功能。其次，殷商時期的至上神——「帝」與「上帝」作為自然界與人世的主宰，在一定程度上還是原始自然力的某種表徵，還不具備任何倫理色彩與宗教理性成分。有的學者認為：「殷人的至上神不具有善惡、倫理、價值的內涵。周人的『天命』或『天』已具有價值理性。」〔註14〕

荷蘭宗教學者蒂勒提出，宗教的進化基本上是從自然宗教發展為倫理宗教的過程。〔註15〕卡西爾說：一切成熟的宗教必須完成的最大奇迹之一，就是要從最原始的概念和最粗俗的迷信之粗糙素材中提取出它們的新品質，提取出他們對生活的倫理解釋和宗教解釋。〔註16〕殷商時期「帝」作為至上神

〔註10〕張榮明：《中國的國教——從上古到東漢》，中國社會出版社，2001年，第106頁。

〔註11〕夏淥：《卜辭中的天、神、命》，載《武漢大學學報》，1980年第2期。

〔註12〕參見 E.O. James, Prehistoric Religion, New York, 1957.

〔註13〕張榮明：《論殷周上帝觀》，載《齊魯學刊》，1992年第4期，第55頁。

〔註14〕朱丁：《從「天帝」到「天命」的信仰變遷》，載《重慶師院學報》，2002年第1期。

〔註15〕參閱呂大吉：《宗教學通論新編》，中國社會科學出版社，1998年，第307頁。

〔註16〕參閱卡西爾：《人論》，甘陽譯，上海譯文出版社，2003年，第48頁。

雖然具有極高的權能，但這一至上神卻未與人定約，從而使中國的「上帝」信仰最終未像基督教那樣，產生出一套宗教神學體系來規定社會倫理和組織政治實踐。宗周王朝開國之初，周人損益殷人的神學觀念體系，改造殷商的「帝」或「上帝」爲「天」或「皇天」，並賦予「天」以道德倫理的內涵與價值判斷的意志。殷周之際「帝」與「天」內在意涵衍變開啓了一場極具重大歷史意義的宗教變革。

在殷周之際，周雖爲蕞爾小邦，卻一舉推翻了強大的殷商王朝。殷商王朝的覆滅在一定程度上扭轉了殷商時期濃烈的巫風習氣，開啓了神靈信仰的新時代。殷商先民的祈禱並非不虔誠，祭祀並非不勤勉，但是上帝之神仍沒有將人世的政治統治權力永恒地交付於殷商先王。可見，「上天」的意志不是永恒不變的。這一強烈的現實反差爲理性介入人世奠定了現實的依據。以周公爲代表的宗周先人，以殷商王朝的覆滅命運爲鑒，重新審視了「上天」與人事命運的關係。在回顧了夏命轉於商、商命轉於周的歷史後，周初先王深切感受到「天命靡常」、「皇天無親，惟德是輔」。夏殷商王朝之所以覆滅，都是因爲「惟不敬厥德」，才「早墜厥命」〔註17〕。周人只有「惟王其疾敬德，王其德之用」，才能「祈天永命」〔註18〕。

古漢字「命」原寫作「令」，它們原是一字，以後「令」加「口」作「命」，分化爲二字，但在甲骨文、金文中，「命」多寫作「令」。卜辭中的「令」和「受令」，讀作「命」和「授命」，是殷人崇拜的「命運之神」，以後稱作「授命」、「司命」〔註19〕。《楚辭·九歌》即有「大司命」和「少司命」的娛神樂章，「司命主知生死，輔天行化，誅惡護善也」〔註20〕。關於「命運之神」的觀念有著極爲久遠的歷史，從殷代的甲骨文開始，已經有祈求「命運之神」的記錄。在上古典籍中，有一些關於殷商時期篤信「帝命」的記載。「帝命」也就是天意、天命，帶有神的主動性，由此而後發展成爲有系統的天命觀。《尚書》有很多關於「命」與「天命」的記載，例如：

　　上天孚祐下民，罪人黜服，天命弗僭，賁若草木。〔註21〕

　　先王顧諟天之明命，以承上下神祇、社稷宗廟，罔不祇肅。〔註22〕

〔註17〕《尚書正義》，《十三經注疏》本，中華書局1980年版。
〔註18〕《尚書正義》，《十三經注疏》本，中華書局1980年版。
〔註19〕參閱夏淥：《卜辭中的天、神、命》，載於《武漢大學學報》，1980年第2期。
〔註20〕《楚辭集注》，上海古籍出版社1979年本。
〔註21〕《尚書正義》，《十三經注疏》本，中華書局1980年版。

先王有服，恪謹天命。茲猶不常寧，不常厥邑，於今無邦，今
不承於古，罔知天之斷命。〔註23〕

　　從《尚書》有關「命」與「天命」的記載來看，所謂「天命」就是最高
的命令。上帝根據下民行為的善惡來決定「天命」，即所謂「惟天無親，克
敬惟親」。人們必須「恪謹天命」，「奉若天道」，恭恭敬敬地絕對服從上帝的
指令。人世間個人之禍福、王權之興衰都有賴於「上天」的命令，「天命理
論的本質是帝王對祭祀天神的壟斷，以及帝王對世俗政治權力來自天神的安
排，即天子受命於天的思想觀念」〔註24〕。司馬遷在《史記》中曾對天命的
理論作了最簡明的總結與概括：「自古受命而王，王者之興何嘗不以卜筮決
於天命哉」。〔註25〕「自古聖王建國受命，興動事業，何嘗不寶卜筮以助善。」
〔註26〕

　　如果說殷商時期的「天命」是永恒不變的意旨，那麼時至宗周之時，「天
命」觀念則發生了很大的變革，「天命」不再是一種永恒的旨意，而是一種永
恒的理性。卡西爾所說的一個成熟的宗教必須完成的最大奇迹—提取出他們
對生活的倫理解釋和宗教解釋，也就是賦予宗教以倫理的意義。若沒有殷周
之際的宗教變革，也就不會形成後來的中國傳統文化，換而言之，如果沒有
殷周之際的宗教變革，中國傳統文化將會走向不同的發展道路，也就不會出
現後來春秋戰國時期所謂的「軸心時代」了。每一種成熟的文明都是在多神
信仰向倫理宗教轉變的過程中形成了爾後的基因與特色。在由自然宗教向倫
理宗教的衍化過程中，各個國家的表現不一。在中國的表現就是周人在對「天」
這一宗教概念進行解釋的過程中，賦予其道德意涵。由此，中國的人文精神
之萌芽悄然出現，並蘊育了後來的儒家思想。殷商先民與宗周先民世界觀的
根本區別是，在殷商先民的「上帝」信仰中並無倫理意涵在其中，總體上還
未達到倫理宗教的層面。而在宗周先民們的神靈意識中，「天」或「天命」已
經有了明確的道德意涵，這種道德意涵是以「敬德」和「保民」為主要特徵。
可見，民本思想在周初已初見端倪，並被囊括進了君主「德」的內涵裏。君

〔註22〕　《尚書正義》，《十三經注疏》本，中華書局 1980 年版。
〔註23〕　《尚書正義》，《十三經注疏》本，中華書局 1980 年版。
〔註24〕　侯玉臣：《論夏商周三代的天命理論》，載於《甘肅社會科學》，2005 年第 4
　　　　　期，第 196 頁。
〔註25〕　《史記·日者列傳》，中華書局 1959 年排印本。
〔註26〕　《史記·龜策列傳》，中華書局 1959 年排印本。

王可以根據民意來瞭解天意，並能夠主動通過自己的行爲來行德，從而接近上帝，這比殷人通過占卜來瞭解天意，跪求在上帝腳下來祈求上帝有了更爲清醒的理性覺醒，這表明在宗周王朝，人們的理性認知能力得到了顯著提高。

在中國古代文化的發展史中，商周之際宗教變革最值得重視，正如王國維所言：「中國政治與文化之變革，莫劇於殷周之際」〔註27〕。這場重大的宗教變革運動確立了中國古代文明的發展方向，鑄造了中國文化的精神特質，形塑了華夏民族的民族性格。

（三）「祖賓於帝」與商周之際的祖先信仰

人從那裡來、向何處去？這是一個人類永恒思索的話題。祖先信仰自氏族社會即已存在，這是繼圖騰信仰之後，人類對自身來源的一種精神探求。「對於祖先的重視和對於子嗣的關注，是傳統中國一個極爲重要的觀念，甚至成爲中國思想在價值判斷上的一個來源，一個傳統的中國人看見自己的祖先、自己、自己的子孫的血脈在流動，就有生命之流永恒不息之感，他一想到自己就是這生命之流中的一環，他就不再是孤獨的，而是有家的，他會覺得自己的生命在擴展，生命的意義在擴展，擴展成爲整個宇宙」〔註28〕。

祖先崇拜的早期表現則是對圖騰祖先的崇拜。現代研究表明，圖騰崇拜是祖先崇拜的第一個階段，祖先崇拜是由圖騰崇拜發展、過渡而來的，人祖先崇拜的形成過程，是作爲圖騰崇拜晚期的圖騰人格化的過程。〔註29〕最早的祖先應當是圖騰祖先。〔註30〕《商頌・玄鳥》有「天命玄鳥，降而生商」之說。這種帶有原始圖騰意味的血緣誕生神話意義十分重大。遠古社會是一個以血緣關係爲紐帶的部族社會，一個氏族就是一個大的家庭，部族成員有著血緣關聯上的同一祖先，往生的部落首領和有功於氏族的英雄往往被部族成員追認爲共同的祖先；而狹義上的祖先僅指血緣關繫上的祖先，它是隨著社會的發展與個體家庭的出現而出現的。

血緣關係是遠古人類社會最爲基本的社會關係，血緣宗親關係是維繫遠古社會的基本紐帶，即便時至殷周之後的中國奴隸社會與封建社會時期，血

〔註27〕王國維：《觀堂集林》，中華書局，1959年，第451頁。
〔註28〕葛兆光：《七世紀前中國的知識、思想與信仰世界》，復旦大學出版社，1998年，第24頁。
〔註29〕參閱何星亮：《中國圖騰文化》，中國社會出版社，1992年。
〔註30〕參閱楊堃：《女媧考》，《民間文學論壇》，1986年，第6期。

緣宗親關係也始終都是實現社會整合的基本紐帶。中國上古社會不同於西方
社會的一大特徵就在於血緣部族關係並沒有隨著社會的複雜化過程解體。血
緣宗族一直都是社會的基本單位。在以血緣宗親關係爲基本紐帶的部族社
會，找到自身的血緣源頭，也就找到了本部族的生命之根。血緣關係的溯源
可以使氏族、家族尋找到自己的源頭。通過血親關繫上的正本清源，確定自
己的血統身份，從而強化血族認同，培植血族的向心力和凝聚力，對氏族的
生存、發展、壯大極爲重要。尤爲重要的是，血緣族體的興旺發達，可以鼓
舞部族成員的生存信心；血脈的不斷綿延使部族成員在冥冥之中感受到祖先
的神秘力量對他們的保祐與支持，從而強化個體對家族與部族的依賴感；血
緣意識的深化，還可以加深家族成員的責任感，使他們對家族盡忠盡孝，遵
守和維護部族制度。

　　在上古中國社會，血親意識是維繫部族、家族制度的內在力量。血在上
古先民的心目中既神秘又神聖。中國早期的血祭體現了家族意識的根深蒂
固。血祭，就是殺牲取血來祭祀。《周禮・春官・宗伯》即有：「以血祭祭社
稷、五祀、五嶽」〔註31〕。在上古血緣崇拜意識中，身體流動的血脈，已成
爲生命的符號，血脈的基因已不再僅僅具有生物學的意義，血脈的基因已經
衍生爲中國文化特有的文化基因。這種獨特的血脈基因可以繁衍、可以傳承，
它構成了部族與家族體制最爲強大的精神紐帶。血緣崇拜在上古先民頑強不
息的生存願望中逐漸萌生興盛，由血緣崇拜衍生的習俗及精神價值也隨之發
揚光大，血族的維護、家譜的編修、宗廟祠堂的建構等祖先崇拜意識逐漸成
爲上古先民的精神主宰。宗廟、祠堂與祭祀活動「就是通過對已逝的祖先和
親人追憶和紀念，來實現親族聯絡、血緣凝聚與文化認同」〔註32〕。

　　部族組織是祖先崇拜的社會根基。遠在殷商時期，部族制度即已十分完
備，祖先崇拜的宗教信仰極爲深厚與興盛。上古先民深信，祖先不但繁衍了
後世子孫，還保祐後人、懲治邪惡。關於商代祖先信仰的具體情形，有關學
者作了如下研究：第一，祖先神是殷人祈禱的主要對象；第二，殷人祭祖盡
量追溯傳說中的早期祖先；第三，殷人對女祖先的崇拜雖遜於男祖先，但仍
很顯著，在整個商王朝時期，女祖先一直受到重視，這反映出殷人原始思想

〔註31〕《周禮注疏》，《十三經注疏本》，1980 年版。
〔註32〕葛兆光：《七世紀前中國的知識、思想與信仰世界》，復旦大學出版社，1998
　　　　年，第 24 頁。

仍很濃重；第四，殷人祭祖用牲數量多，祭典特別隆重；第五，殷人先祖多被分為若干祭祀組，如「大示」、「小示」等；第六，殷人不但尊崇王室的祖先，而且敬仰非王室的祖先。〔註33〕祖先崇拜在殷人信仰中具有極為重要的地位，殷墟卜辭中祖先神的記錄遠遠超過「上帝」，據學者統計，關於祖先的有 15000 多條，而關於「帝」的僅 600 多條。陳夢家先生說：「（殷人）祖先崇拜的隆重，祖先崇拜與天神的逐漸接近、混合，已為殷以後的中國宗教樹立了規範，即祖先崇拜壓倒了天神崇拜」〔註34〕。

時至宗周時代，祖先信仰仍興盛不衰。根據先秦典籍記載，周人在立國之初就建立宮廟以祭祀先祖。相較於殷商時代的祖先信仰，周人的祖先崇拜活動漸趨制度化。周代將宗廟與宗法制結合在一起逐漸形成昭穆制度。尤為關鍵的是，在宗周先民的神靈信仰中，先祖與上帝處於同等地位。在殷商時代，人們即已形成至上神的精神信仰，至上神稱為「帝」或「上帝」。祖先神只是諸多神靈中的一員，所以「賓於帝」，也就是客座於上帝那裡，其職責就是為殷王傳達上帝的旨意，並把殷王的要求轉達於上帝，祖先神只是殷王與上帝之間的媒介，擔負殷王與上帝的「中間人」角色。至宗周之際，周代先王把祖先提高到與上帝等同的位階，祖先因此具有了「上帝」的至上性，且神性也得以極大提高，此時先祖就是上帝，上帝就是先祖，二者合而為一。周人把「帝」與「祖先」等同後，周王自稱天子，周代帝王與「上帝」（祖先）從此也就有了血脈關聯，王權上升為神權，從而開啟了兩千餘年封建王朝的神化歷史。祖先神信仰在宗周之際的變革奠定了傳統中國政治文化的精神取向與基本形態。

二、設神道以服天下——祭政合一與上古政治的宗教化

政治的宗教化、王權的神權化是上古人類社會的基本特徵。神的旨意是終極的政治權威，為了維持政治統治，歷代先王把王權統治歸結為神的旨意，從而開啟了設神道以服天下的歷史帷幕。綜合考古學、人類學等研究成果，穿過歷史的迷霧，我們依稀可知，大約從新石器晚期開始，中國即已形成王權和神權相統一的歷史傳統〔註35〕，即所謂「政教合一」或者說「祭政合一」

〔註33〕參見晁福林：《論殷代神權》，在《中國社會科學》1990 年第 1 期。
〔註34〕陳夢家：《殷虛卜辭綜述》，科學出版社，1956 年，第 561 頁。
〔註35〕參閱張光直：《宗教祭祀與王權》，載於《華夏考古》1996 年第 3 期。

的傳統。在其後的歷史進程中，這一政治傳統雖然在不同的時代呈現某些不同的特點，但從總的趨勢來看，王權的神權化仍是上古政治形態的根本特徵。

（一）「奉天承運」：上古政治的宗教化

宗教是人類文明的搖籃，沒有宗教神靈意識的萌芽，也就沒有人類精神境域的開啓，宗教是早期人類社會得以建構的精神紐帶。如果說人類社會是一種理性秩序的存在，那麼宗教以神聖方式使社會得以秩序化，正是通過宗教活動的展開，才建立了社會運轉所必須的理性秩序與內在凝聚力。宗教的精神權威形成了神權體制，這正是早期國家政治體制形成的前提與條件。

政治正當性問題是政治領域中的根本問題，政治權力只有實現自身的合理化、正當化才能確立其政治統治的根基。宗教是文明與國家形成的契機。〔註36〕在人類文明的發展史中，宗教一直是歷史上流轉最廣、最爲有效的合理化工具。也是人類文明秩序合法化最適用的工具和手段。宗教可以將社會之中難以穩定的實在結構與一種終極性的存在聯結在一起，從而使社會政治結構獲得一種神聖性的資源與根基。它讓人們忘記這個秩序是人創造的，而是神建造的秩序。〔註37〕在古代中國社會，歷代先王自稱「天子」，將自身的王權統治歸結爲「奉天承運」的政治授權，其根本目的就是將王權神權化，將王權政治宗教化。誠如張榮明先生所言：商周社會就其政治形態而言是「宗教政治」，宗教構成了政治的前提和本質，政治於是宗教化。〔註38〕當時的國家政治，「完全是借宗教之力得以推行的，當時君主的宗教活動，就是最重要的政治大事，重大的國家大事全包容在宗教活動中。」〔註39〕

如前文所言，上古中國社會是一個神治的社會，這一特定的社會性質決定了上古政治的宗教化形態。有關中國宗教與社會、權力秩序的內在關聯，早在 1961 年，楊慶早先生即在《中國社會與宗教》一書中作了開拓性的研究。他在書中提出「制度型宗教」與「擴散型宗教」這組概念，以闡釋中國宗教的獨特性質。在楊先生看來，「擴散型宗教」不是一種獨立自在的宗教。這種

〔註36〕參閱亞當斯：《關於早期文明發展的一些假說》，載《當代國外考古學理論與方法》，三秦出版社，1991 年。

〔註37〕彼特・貝格爾：《神聖的帷幕——宗教社會學理論之要素》，上海人民出版社，1991 年，第 40～41 頁。

〔註38〕參閱張榮明：《殷周政治與宗教》，中華發展基金管理委員會出版，1997 年。

〔註39〕參見黃奇逸《歷史的荒原——古文化的哲學結構》，巴蜀書社，1995 年，第110、115，1995 年。

宗教儀式、教義及其神職人員，均已和其他的世俗制度如宗法、家庭及政治混雜在一起，融合在其他世俗制度的概念、儀式或結構裏。與此相對應的是「制度型宗教」這個概念。佛教、道教即是屬於這種宗教類型。「制度型宗教」具備特有的宇宙觀、崇拜儀式及專業化的神職人員。楊先生的這一看法深刻地揭示了在中國古代歷史的深層結構中，隱含著一種神權與世俗權力相互勾結的權力運行機制，那就是在制度化型宗教與擴散型宗教之間，擴散型宗教常常利用制度化型宗教所提供的符號、儀式或神職人員，將私人或個人的東西轉化爲公共的東西；而制度化型宗教則根據世俗社會不同的現實需求，常常借助於私有權力以左右世俗社會。社會中的政治權力與宗教中的神聖資源，就是這樣通過宗教、符號、信念或者宗廟祭祀的社會形式相互勾結、相互利用。從中國古代宗教的這兩種社會形式及其相互關係中，我們可以感悟出很多重要的啓示意義。如果說中國古代的宗教意識很有特別之處，那就是中國古代的先民們常常抱持功利性、實用性的心態來敬奉神靈，他們對鬼神的供奉只是爲了風調雨順、免災消禍等。宗教祭祀好像請客、疏通、賄賂。宗教祈禱如同許願、哀乞。所以，鬼神對他們來說是權力，是財源，不是公道，也不是理想〔註40〕。這可以說是中國傳統宗教最典型、最重要的社會特徵。中國傳統宗教的特有形態，蘊涵著古代中國社會權力秩序的建構過程，從根本而言，中國特殊的「宗教形式」實際上也就是傳統中國社會的「政治統治模式」。中國特殊的「宗教形式」使世俗的王權統治具備了超驗的政治正當性。

從新石器時代晚期開始，中國已形成王權與神權、世俗權力與精神權威相統一，亦即「政教合一」的政治傳統。在而後的發展歷程中，這一政治傳統在不同的時代雖然表現出諸多不同特點，但從總的趨勢來看，中國「政教合一」政治傳統的發展方向是王權越來越利用神權，神權越來越服從於王權，這一政治特徵在殷商之際漸趨明顯。縱觀有商一代，商王既爲政治領袖，又是群巫之長。尤其是武丁時代及武丁之後，有明顯強化之勢。據《史記·殷本紀》記載：「武丁修政行德，天下咸歡，殷道復興。」〔註41〕武丁「修政」內容之一即是強化王權，所以在武丁時代的卜辭中，常強調「余一人」，這無疑是在有意突出商王的特殊地位。武丁之後，王權仍處在不斷的擴張之中，

〔註40〕參閱費孝通：《美國和美國人》，三聯書店，1985年。

〔註41〕《史記·殷本紀》，中華書局1959年排印本。

時至商末，紂王地位之尊，權力之大，已到了高度膨脹的地步。

王權的擴張，帶來神權信仰的相應衍變，一是形成「帝廷」的概念。這一變化反應了隨著世俗政權結構的變化，天國的權力結構也相應地發生了變化；二是把直系先祖稱爲「帝某」。這一衍變反映了世俗君主希冀借助天國上帝的威嚴與地位，來維繫和鞏固自己的王權統治地位；三是強化祖先祭祀並且使其系統化、規律化，如形成周祭制度。這一趨勢反映了商王企圖通過強化有利於自身利益的祖先崇拜，來加強自己的權勢。

時至宗周之時，周王自稱「天子」，即天帝之子。「天子」壟斷對天的祭祀，以祭天的禮儀來表明自身政權存在的正當性，並以此顯示權威。很明顯，周王通過借助神權來強化王權。爲了強化對神權的壟斷地位，周公「制禮作樂」，對祭神儀式加以制度化的規範，形成一套嚴密的祭祀禮儀。在周代，祭祀禮儀與國家制度相對應。例如：

> 天子祭天地，諸侯祭社稷，大夫祭五祀，天子祭天下名山大川。
>
> 諸侯祭名山大川之在其地者〔註42〕。
>
> 天子祭天地、祭四方、祭山川、祭五祀，歲遍。諸侯方祀，祭
> 山川、祭五祀，歲遍。大夫祭五祀，歲遍。士祭其先〔註43〕。

周公「制禮作樂」，其最終目的即是通過祭神儀式的制度化來維繫周王朝的政治統治秩序。由此而後，在傳統中國社會，宗教淪落爲一種論證工具，一種爲政治統治秩序尋求正當性的論證工具，宗教禮儀也蛻變爲一種官僚體制。著名宗教學家馬丁‧馬蒂把宗教分爲「救贖宗教」與「秩序宗教」。「救贖宗教」旨在拯救靈魂，使人心由悲轉樂；「秩序宗教」旨在爲社會秩序提供共同信仰〔註44〕。戰亂頻仍是古代中國社會的一大特徵，戰亂所帶來的「白骨露於野，千里無人煙」的慘痛經歷使傳統中國文化存有一種「秩序情結」，換言之，中國文化的形貌就是由「追求秩序」這個主題結合起來的〔註45〕。

「秩序」一詞，是個晚近才出現、使用的語詞。在中國古代漢語用法中，秩、序二字常常分開使用，但在意義上卻十分接近。其主要意蘊是：一，朝廷

〔註42〕《禮記正義》，《十三經注疏本》本，中華書局1980年版。

〔註43〕《禮記正義》，《十三經注疏本》本，中華書局1980年版。

〔註44〕參閱R.G.哈切森著：《白宮中的上帝》，段琦等譯，中國社會科學出版社，1992年。

〔註45〕參閱張德勝：《儒家倫理與秩序情結——中國思想的社會學詮釋》，臺灣巨流圖書公司，1989年。

的官職、品位、爵秩等〔註46〕；二，與官職品位相應的王朝俸祿，或根據爵秩等級分配俸祿〔註47〕；三、依據朝廷官品等級舉行的宗教祭典〔註48〕；四、自然秩序和社會秩序，包含有秩序正常之意〔註49〕；五、上下長幼尊卑貴賤之禮〔註50〕。根據上述古典文獻可見，秩、序所內涵的社會政治意義，大抵上是以爵秩、官職、品位爲基本意義。在古漢語語境中，「秩序」的主要意涵是政治等級秩序。爲了維護既得利益集團的權勢與地位，中國古代的政治統治集團常常把政治等級秩序神聖化，將其歸結爲「天序」在人間的映照。在上古中國社會，「天秩」是一個非常重要的概念，「天秩」這一詞彙，首見於《尙書‧皋陶謨》：天秩有禮，自我五禮有庸哉。「天秩」一詞將自然終極秩序與權力政治秩序合爲一體，進而將「天秩」作爲人間政治禮儀制度合法存在的論證手段。這個論證的結果，如同《荀子‧禮論》所說：「天地以合，日月以明，四時以序，星辰以行，江河以流，……禮豈不至矣哉！」〔註51〕

就中國古代宗教信仰的起源而言，「天帝」、「天命」、「天意」等神靈崇拜是中國古代宗教信仰的淵源，是傳統中國社會秩序和人心秩序的正當性基礎。這裡的「天」是一種超驗性形上存在。然而隨著殷周之際的宗教變革，宗教日益政治化、世俗化，祭神儀式漸趨人文化、官制化。

在上古時代，國家的職官分爲兩大系統，一是神務系統，一是政務系統。《國語‧楚語下》記載古者「有天地神民類物之官，是謂五官，各司其序，不相亂也」〔註52〕《禮記‧曲禮下》曰：「天子建天官，先六大，曰：大宰、大宗、大史、大祝、大士、大卜，典司六典；天子之五官，曰：司徒、司馬、司空、司士、司寇、典司五眾」〔註53〕。將朝官劃分爲「天官」與「五官」，

〔註46〕《左傳‧文公六年》「委之常秩」。杜預注：「常秩，官司之常職。」秩分，官位品分。秩位，職位。《左傳十九年》：「卿大夫以序守之。」杜預注：「序，位次也。」官爵品位。

〔註47〕《周禮‧天官‧宗伯》「行其秩敘。」鄭玄注：「秩，祿稟也。」秩次，表示俸祿之高低。

〔註48〕《書‧洛誥》：「祀於新邑，咸秩無文。」

〔註49〕《周語‧國語下》「陰陽序次，風雨時至。」《墨子‧非攻下》：「商紂之時，天不序其德。」

〔註50〕《左傳‧文公六年》：「本秩禮，續常職。」杜預注：「貴賤不失其本。」《荀子‧仲尼》：「貴賤長少秩焉。」

〔註51〕《荀子集解》《諸子集成》本，中華書局1954年版。

〔註52〕《國語‧周語下》，上海古籍出版社1978年點校本。

〔註53〕《禮記正義》，《十三經注疏本》本，中華書局1980年版。

「天官」典司「六典」，即司理宗教活動；「五官」典司「五眾」，即司理民事活動。這種將宗教組織與官僚組織相對應的政教體制是將宗教祭祀活動囊括在帝國專制的程序之中，從而使中國的傳統宗教淪落為一種權力表述方式。

以權力表述為本質特徵的傳統宗教形態，無法形成超驗理念與世俗社會的兩分併立，所以，在傳統中國社會，一個獨立於世俗權力之外的宗教團體始終無法出現，宗教的神職階層與世俗權力階層往往合流為一套權力運作體系。雖然中國古代宗教也存在具有職業特徵的神職人員，但是他們始終缺乏獨立於權力之外的教團組織。在祭神活動中，承受的是業已神化的世俗王權的操控；在現實社會生活中，則承受世俗宗法權力的擠壓。在這種雙重世俗權力的壓制下，中國傳統社會的宗教祭祀活動亦與世俗權力制度、宗法家族活動同流合一。

（二）王之事莫重於祀：祭政合一的政治組織架構

上古社會是神治的社會，神靈的意旨是一切政治權力的終極來源，祭祀作為一種溝通神人的的宗教儀式，在古代中國社會被視為首要的國家大事，所謂「祀之與戎，乃國之大事」〔註54〕。「祀」之所以成為首要的「國之大事」，全部奧秘就在於通過祭祀這一象徵性活動「隆興上下之神」，把王權神授這種無形的政治宗教意念轉換成感同身受的精神體驗，從而建構起「天帝合一」、「祭政合一」的現實情景，如此便為世俗的王權注入了終極的政治權威。

在傳統中國社會，祭祀活動涵蓋了政治、文化等諸多領域的精神意涵。祭祀活動與宗教典制，既是古人類的文化核心，也是古人類政治生活的綱維。祭祀儀式即是一種宗教文化現象，也是一種政治現象。人類社會最初的組織手段之一是原始宗教及其祭祀活動，故最初的國家即是所謂「祭儀國家」。〔註55〕根據考古研究發現，早在仰韶文化期間，就出現了「與祭祀有關的標誌圖案和符號，以此顯示某些權力，並提供唯一一種宗教祭祀在政治或其他場合發揮作用的線索」〔註56〕。可見早在新石器時代，祭祀即與政治權力有著極為緊密的內在關聯。時至殷商時代，祭祀與政治權力之間極為緊密的內在關聯才有確鑿的文字資料可考。

《孝經・士章疏》中說：祭者際也，人神相接，故曰際也。祭祀即獻祭，

〔註54〕　《春秋左傳正義》，《十三經注疏本》本，中華書局 1980 年版。
〔註55〕　岡村秀典：《農業社會與文明的形成》，載《華夏考古》，2002 年第 1 期。
〔註56〕　張光直：《宗教祭祀與王權》，載於《華夏考古》1996 年第 3 期。

意指通過物質性供品，與神交際，從而得到神的眷顧。祭祀活動表達了神與人之間相互溝通的神秘關係。在上古人類社會，祭祀歷經了一個由簡到繁，由野到文，由零散雜亂到系統化、制度化的演化過程。祭祀活動的制度化、祭祀組織的官僚化、祭祀觀念的世俗化、倫理化，貫穿了整個上古中國社會的演化趨向。山頂洞人撒在亡者旁邊的赤鐵礦粉反映了靈魂不滅觀念下的最早的祭禮儀規。《管子》記載從神農氏到黃帝都有封禪事件，即祭天、祭地之舉。《尚書・堯典》中記載：「（舜）在璿璣玉衡，以齊七政，肆類於上帝，禋於六宗，望於山川，遍於群神」〔註57〕。原始氏族社會所祭拜的主要神靈是日、月、山川、河流等自然萬物，儀式也不過是「禋」、「望」、「遍」等較為簡單的祭拜形式。有關夏代祭祀活動，史書記載較少，僅可從《尚書》、《禮記》中窺見一二。

　　《禮記・表記》載：殷人尊神，率民以事神，先鬼而後禮。在殷商之際，巫風盛行，沉迷鬼神。尊崇上帝和祭祀鬼神已成為殷商先王及王室貴族的重要日常活動，祭祀活動之頻繁和複雜可從殷墟中遺留下來的大量祭祀卜辭記錄得到證明。殷商祭祀活動名目繁多，如伐鼓而祭、舞羽而祭、獻酒肉而祭、獻黍稷而祭等。

　　「周因於殷禮」又有所變革發展。周時有專門的祭典及祭典人員，《周禮》記載，周朝政府要員中春官大宗伯就是主管祭祀事務，其職責分工極為精細。祭祀根據不同的對象、時間、地點而稱謂各異，如敬天是為祀，敬地是為祭，敬人鬼是為享，而且祭祀與四季時令相配，春祭是為祠，夏祭是為禴，秋祭是為嘗，冬祭是為蒸。可見，周代的祭祀進一步系統化。

　　周代最為盛大的祭祀活動有如下四種：一為祭天，就是冬至那天進行祭天，祭時先在宗廟內卜筮，以定吉凶，而後周王身著大裘帶領百官赴南郊，行「燔柴」之禮。所謂「燔柴」之禮即是指積柴於壇，放玉、帛、牲等祭品於柴火之上焚燒，使煙氣上達於天，以此來昭明天人通達之意。「燔柴」之禮由周王親自主持，這是君王獨享的神權，他人不能染指，以此樹立王權至高的權威。祭天儀式在周時已漸趨完備。二為封禪。封禪之時，周王親臨泰山，登高於峰頂，築土為壇祭天，報天子之功，曰封；在山下祭地，報地之功，曰禪。三為告祭，即國之新建或遷都之時，為求得上天認可而舉行的祭祀。四為明堂之祭。

〔註57〕《尚書正義》，《十三經注疏本》本，中華書局1980年版。

　　周代最爲重要的祭祀儀式是祭祖活動，以祖配天的祭祀儀式有著極爲重大的政治意義，祭祀祖先的本意是「追養繼孝」〔註 58〕。是人子對已逝的先輩寄託思念之情的一種形式。但是在王權社會，祭祖不僅包含這一層含義，還被附加了更多的政治用意。把祭祖與政治統治相結合的意圖雖然很早即已出現，但是從周代開始才被嚴格制度化。周天子的祭祖則尤爲獨特，它不僅可以推導出政權的繼承權，而且還把自身的政治統治歸結爲「君權神授」。

　　從家、國關係考察，人類早期文明的演進大致可分爲兩條路徑，一是「從家族到私產再到國家，國家代替了家族」；二是「由家族到國家，國家混合在家族裏面」〔註 59〕。中國古代社會不同於西方之處在於血緣關係並沒有隨社會複雜化過程而解體。相反，在中國中原地區的歷史發展進程中，血緣宗族構成了社會的基本單位。以宗族爲特徵的血緣群體在祭祀活動中當然極爲重視祖先崇拜。「由家族到國家，國家混合在家族裏面」成爲中國古代歷史發展的總體趨向。崇祖重孝在原始社會就已出現，然自殷商始，祖先崇拜「壓倒」其他一切崇拜，至周代臻於隆盛。史載武王伐紂時載文王木主而行，凱旋後，武王首先祭祀祖先，而後才祭祀上天〔註 60〕。可見祭祖儀式最爲重要。祖先崇拜的日益隆盛，表明王權肆意膨脹，權力的家族化漸趨明顯。周公攝政，通過宗親分封將「家」與「國」緊密結合起來，並以此爲原則，確立起宗法政治形態，從此開啓了兩千多年的「家國政治」形態，「由家族到國家，國家混合在家族裏面」成爲中國古代歷史發展的總體趨向。

　　周代的祭祀活動最爲典型的特徵是通過「禮」將祭祀儀式官制化、國家政權家族化，從而使祭祀活動日益淪落爲一種政治活動。《國語・周語中》載：「內官不過九卿，外官不過九品，足以供給神祇而已」〔註 61〕。可見就官職設置來說，早期國家的政權組織僅足以應付祭祀事務而已。在當時，祭祀幾乎是行政機關的專務，國家的祭祀功能與行政功能相互重疊，祭祀是最爲重要的國家政務，即所謂：夫祀，國之大節也；而節，政之所成也。祀以成政，二者幾不可分。

　　祭祀活動與宗教典制，是世界範圍內原始人與古人類的文化核心，更是

〔註 58〕　《禮記正義》，《十三經注疏本》本，中華書局 1980 年版。
〔註 59〕　侯外廬：《中國思想通史》第 1 卷，人民出版社，1992 年，第 11 頁。
〔註 60〕　《尚書正義》，《十三經注疏本》本，中華書局 1980 年版。
〔註 61〕　《國語・周語中》，上海古籍出版社 1978 年點校本。

古人類政治生活的綱維。當時的國家政治，完全是借宗教之力得以推行的，當時君主的宗教活動，就是最重要的政治大事。〔註62〕祭祀的重要作用體現在早期國家脫胎於祭祀組織之中。就上古人類社會而言，國家是一種建制的復合體，是在超越血緣關係的基礎上而建立起來的政權。在中國早期國家形成的過程中，血緣部族通過與祭祀活動的有機融合，實現了神緣關係對血緣關係的超越，原始部族社會從單純的血緣關係轉型為一種內涵血緣關係的神緣關係，從而實現了更為廣泛的社會控制。

宗教是一種重要行動的集中，一切重要行動都需要協作團體的共同參加，共同發生起意，所以任何宗教儀式必得要群眾來舉行。〔註63〕《禮記‧坊記》載：「因其酒肉，聚其宗族，以教民睦也。」〔註64〕在上古社會，祭祀是凝聚部族的一種基本社會活動，社會組織的聯結依靠的即是祭祀力量。《國語‧楚語》：「國於是乎烝，家於是乎嘗祀，百姓夫婦擇其令辰，奉其犧牲……帥其子姓，從其時享。」〔註65〕祭祀的一大功能即是具有超越血緣的作用，從而實現族群之上的社會聯合，建立起超越部族的社會管理組織，即在部族之上形成國。從這一意義而言，「祀」不僅是國之大事，更是國家權力的本體存在。掌控了祭祀權力也就掌控了國家政權，因此歷代先王無不極為重視祭祀活動與祭祀權力的壟斷掌控。

祭祀活動有助於政治忠誠的培植。政治統治秩序的維繫有賴於被統治者的順從與效忠，祭祀先祖宗親，弘揚孝道，有利於培植對王者的忠道。「孝」是對於先祖親人的愛，並且由愛而生敬，兼具愛敬而主於愛；它源於血緣親情，是生發於內心的天然感情，因而使「孝」具有一定的自發性。「忠」與「孝」不同，它要求臣民對君王做到「敬」與「順」。即所謂：「忠臣以事其君，孝子以事其親，其本一也。上則順於鬼神，外則順於君長，內則以孝於親，如此謂之備。」〔註66〕「忠」完全是外在的倫理規範，並非人所自發，因而帶有顯著的強制性與人為性。忠君之情與孝親之情雖有本質不同，但「敬與順」

〔註62〕參見黃奇逸《歷史的荒原——古文化的哲學結構》，巴蜀書社，第110、115，1995年。

〔註63〕參閱馬林諾夫斯基：《巫術、科學、宗教與神話》，李安宅譯，中國民間文藝出版社，1986年。

〔註64〕《禮記正義》，《十三經注疏本》本，中華書局1980年版。

〔註65〕《國語‧楚語》，上海古籍出版社1978年點校本。

〔註66〕《禮記正義》，《十三經注疏》本，中華書局1980年版。

確是其共通之處。在古代中國社會，「國」由「家」推展而來，就實體而言，「國」是「家」的擴大；就倫常觀念而言，「忠」是「孝」的延伸。「國」與「家」同源同構，「忠」與「孝」也自然一致。祭祖可生發「孝」的觀念，同時也能衍生「忠」的意識。因而從孝親的「孝」可推展出忠君的「忠」。「孝」與「忠」的同源同構，也就是先秦儒家爲什麼努力強調「治國必先齊家」的內在緣由。即所謂「君子不出家而成教於國。孝者，所以事君也。」〔註67〕

中國歷代專制王權莫不提倡孝道，其一大奧妙就在於洞察了「忠」與「孝」之間有共通之處，利用孝親之情來培養政治忠誠意識是歷代先王的不二法門。他們通過祭祀，把本來屬於後天政治倫理的「忠」，內化爲一種血緣孝親之情。中國歷代先王無不深明此理，並將其視爲根本的治國之道。他們先是自己隆重祭祖，用昭孝的方式帶動民眾也紛紛祭祖，在民眾祭祖的同時，將政治忠誠意識移植到祭祀先祖的孝親之情裏，利用孝來培植忠。即所謂「借君權神授的幌子，通過孝忠的橋梁，利用宗教祭祀的形式，把對忠君思想的教化，灌輸到對人倫情感的培養上。」〔註68〕

祭祀權力的掌控建構了政治統治秩序。政治的實質是秩序與等級化管理，等級制是專制政治統治的必然要求。沒有等級制度，政權、政治都將落空。爲維持王權至高無上的地位，上古先王通過祭祀等級的設定把神靈等級化。鬼神分等級的實質就是統治者把現實社會的政治等級反襯到鬼神之中，而後再以祭祀等級的劃分把政治等級意識折射和強化到民眾的觀念中去。在這一過程中，上古先王通過神靈等級與祭祀等級的劃分把世俗社會的政治等級神聖化，從而爲王權政治的等級化確立了終極的正當性。當一般民眾看到他們所尊奉並祭祀的天、地、先祖等神靈都有等級，他們就會認爲現實的社會等級是合理的，如此也就安於被統治的地位。當人們把政治等級的根源歸結到神靈那裡，自然也就不會再置疑王權統治的合理性。

祭祀權力的專斷建構了政治統治的正當性。在古代人類社會，政權來源於神權，祭祀本身即是一種神權的載體，掌握了祭祀之權，也就掌握了國家政權，統治者被虛構爲天與人之間的中介。「人主之情，上通於天」，「王者承天意以從事」，「受天之祐，而享鬼神之靈」。這種特殊身份和地位，正由祭祀權力的專有得以體現。因此對祭祀權力的壟斷就成爲最重要的「國之大事」。

〔註67〕　《禮記正義》，《十三經注疏》本，中華書局1980年版。
〔註68〕　吳哲賢：《治人之道莫大於祭》，載於《西南民族學院學報》，1997年第5期。

祭祀權力的專有壟斷，顯示出政治行為的正義性。行使祭祀權力，不僅有助於表明其政治地位的合法性，同時有助於說明其政治行為的合理性。假神靈旨意而行政，使其政治活動閃現出「替天行道的」虛假幻象。

祭祀權力的專有，強化了政治統治的權威性。《易·象》：「聖人以神道設教，而天下服矣。」〔註69〕《禮記·祭義》亦載：「因物之情，制為之極，明命鬼神，以為黔首則，百眾以畏，萬民以服。」〔註70〕這種令天下畏服的政治原則，錢鍾書先生認為這是「古人政理之要言也」。《管子·牧民》也認為「守國之度」與「順民之經」即是：「明鬼神」、「祇山川」、「敬宗廟」、「恭祖舊」。在古代先民看來，祭禮活動的主要目的之一，就是謀求下民的「畏」、「服」、「順」、「敬」，維護其政治權威。

（三）巫與巫術：早期的統治者與政治形態

在上古社會，宗教神權是世俗政權的終極來源，「佔有通達祖神意旨手段的便有統治的資格，統治階級也可以叫做通天階級」，於是「通天的巫術，成為統治者的專利」〔註71〕。在巫風盛行的特定時代背景下，「王者為群巫之長」，巫與巫術便成為早期的統治者與政治形態。

有關巫卜的的記載見諸於多種先秦典籍中，《山海經·海外西經》中說：巫咸國在女醜北，右手操青蛇，左手操赤蛇，在登葆山，群巫所從上下也。《大荒南經》中云：大荒之中，又有登備之山。所謂「登備之山」，郭璞注：即登葆山，群巫所從上下也。群巫因山升降，上下於天，為人神之中介。《大荒西經》則說：

> 大荒之中，又山名曰豐沮玉門，日月所入。有靈山，巫咸、巫即、巫盼、巫彭、巫姑、巫眞、巫禮、巫抵、巫謝、巫羅十巫，從此升降，百藥爰在。

巫升降於靈山而「百藥爰在」，說明巫事中有行醫的成分。巫咸，是傳說中具有神性的巫人。其活動年代，有的說在神農時，有的說在炎黃時，或說「巫咸，堯臣也」，又有巫咸服務於殷帝大戊的記載。巫咸確切身世之莫可究詰，暗示從遠古直至殷商時，都是巫人活躍的時代。

先秦時期的巫，是極具中國本土特色的一種遠古文化現象。它們與西方

〔註69〕《周易正義》，《十三經注疏》本，中華書局 1980 年版。
〔註70〕《禮記正義》，《十三經注疏本》本，中華書局 1980 年版。
〔註71〕張光直：《考古學專題六講》，文物出版社，1996 年，第 107 頁。

上古時代的巫師（witch）在基本特徵與主要功能上並不一致。先秦時期的巫，其基本功能是降神。《說文·巫部》：巫，祝也。女能事無形，以舞降神者也。《國語·楚語下》：「民之精爽不攜貳者，而又能齊肅衷正，其智慧上下比義，其聖能光遠宣朗，其明能光照之，其聰能聽徹之，如是則明神降之，在男曰覡，在女曰巫。」〔註72〕巫者降神的記載，常見於先秦典籍。《國語·周語上》：

> 十五年，有神降於莘，王問內史過，曰：「是何故？固有之乎？」
> 對曰：「有之。……昔夏之興也，融降於崇山；其亡也，回祿信於聆
> 隧。商之興也，檮杌次於丕山；其亡也，夷羊在牧。周之興也，鸑
> 鷟鳴於岐山；其衰也，杜伯射王於鄗。是皆明神之志者也。」〔註73〕

其中的融、回祿、檮杌等，皆屬附體於巫而降住在人間的神明。這些「神明附體」事迹見諸於多種上古典籍中，由此可知這是一種被上古先民普遍接受和認同的神異現象。巫者降神最詳細的記載則在《左傳·僖公十年》：

> 秋，狐突一適下國，遇大子（已故之申生）。大子使登，僕，而
> 告之曰：「夷吾無禮，余得請於帝矣，將以晉畀秦，秦將祀余。」對
> 曰：「臣聞之：神不欲非類，民不祀非族。君祀無乃殄乎？且民何罪，
> 失刑乏祀，君其圖之。夕君曰：『諾，吾將復請。七日，新城西偏將
> 有巫者而見我焉。」許之，遂不見。及期而往，告之曰：「帝許我罰
> 有罪矣，敝於韓。將以晉畀秦，秦將祀余。」對曰：「臣聞之：神不
> 欲非類，民不祀非族。君祀無乃殄乎？且民何罪，失刑乏祀，君其
> 圖之」。夕君曰：「諾，吾將復請。七日，新城西偏將有巫者而見我
> 焉。」許之，遂不見。及期而往，告之曰：「帝許我罰有罪矣，敝於
> 韓。」

晉國已故太子第二次與狐突的交流，顯然就是通過附體於巫者來完成的。

巫，是遠古人群中最早分化出來的腦力勞動者階層，他們的活動促進了早期文明的源起以及早期政治形態的衍生。在遠古之際，王者爲群巫之長，具有雙重社會身份。郭璞《巫咸山賦》說巫咸「生爲上公，死爲貴神」，正體現了這種雙重身份。巫這種溝通人神的品性，同時也是氏族首領所應具備的基本素質。在古代典籍中，傳說中的遠古社會部族首領，往往具有超人的神力。《史記》載：「天遣玄女下授黃帝兵信神符，制伏蚩尤」。《山海經·大荒北經》：

〔註72〕《國語·楚語下》，上海古籍出版社1978年點校本。
〔註73〕《國語·周語上》，上海古籍出版社1978年點校本。

蚩尤作兵伐黃帝，黃帝乃令應龍攻之冀州之野。應龍蓄水，蚩
尤請風伯雨師，縱大風雨。黃帝乃下天女曰魃，雨止，遂殺蚩尤。

這種神話傳說，體現出部族戰爭中巫術的運用。《尚書・堯典》記述，堯
選擇自己的繼承人，對候選者舜進行了種種考驗，最後讓舜置身大山之麓的
密林中，舜經歷烈風雷雨而不失方向，即所謂「納於大麓，烈風雷雨弗迷」，
終於得到堯的認可，宣佈：「汝陟帝位。」

綜合考古學、人類學、民俗學和文獻學的研究成果，在對中國上古社會
巫覡文化及其活動的描述性詮釋中，我們依稀可見早期國家形成的歷史軌
迹。從某種意義而言，早期國家衍生的歷程就是巫師集團的壟斷巫覡文化及
其活動的過程。仰韶文化時期，氏族中的精英充當巫覡逐漸成為神族，資質
平凡或者血統低賤的一般氏族成員只能成為普通的人族，「民神不雜」是這
一歷史時期的顯著特徵。「古者，民神不雜」〔註74〕，每個人都是自己的「法
師」：

夫人作享，家為巫史，無有要質。民匱於祀，而不知其福。烝
享無度，民神同位。民瀆齊盟，無有嚴威。神狎民則，不蠲其為。
嘉生不降，無物以享。災禍薦臻，莫盡其氣。〔註75〕

由於人人為巫祝，從而使天下失去了終極的神靈權威，於是人間陷入了
不可挽救的困境，為了重建人間秩序，作為帝王的顓頊實施了一場「絕地天
通」的宗教壟斷行動：

顓頊受之，乃命南政重司天以屬神，命火正黎司地以屬民。使
復舊常，無相侵瀆，是謂絕地天通。〔註76〕

顓頊對於宗教巫術活動的壟斷，開啟了王權壟斷神權的歷史時期。在仰
韶文化後期，巫覡作為原始巫術文化及其巫術禮儀活動的主要踐行者，成為
政治統治集團的成員，其中的首領兼具部落酋長和巫師統領雙重身份，既是
氏族的通神者，又是氏族事務的裁決者，神權與王權合一，神權標識著王的
神性，王權賦予神權以特有的社會功能。祭祀與巫術權力的壟斷是上古國家
政權得以衍生的歷史機緣。

神權是王權的合法來源，只有具備通神的巫術才有君臨天下的資格。因

〔註74〕《國語・楚語下》，上海古籍出版社 1978 年點校本。
〔註75〕《國語・楚語下》，上海古籍出版社 1978 年點校本。
〔註76〕《國語・楚語下》，上海古籍出版社 1978 年點校本。

此，上古先王自身即爲政治領袖，同時也是群巫之長，〔註77〕古代中國「君及官吏皆出自巫」〔註78〕。現代人類學的研究成果也表明：「在未開化的野蠻社會中，許多酋長和國王所擁有的權威，在很大程度上應歸之他們兼任巫史所獲得的聲譽」〔註79〕「巫士的神性，可使之成爲『人上人』，可實現政治權力的集結，從而攬取到最高權力，也就出現酋長或國王。」〔註80〕據古代典籍記載，商王朝開國之君湯就曾爲求雨而親自齋戒，剪髮斷爪，以己爲牲，禱於桑林之社。

上古先王之所以能夠成爲人神通達的使者，關鍵在於「通天的巫術，成爲統治者的專利。」〔註81〕有的學者甚至認爲「巫術產生王權」〔註82〕。在上古時期，巫術、宗教與祭祀之間並不存在著明顯的界限，在原始宗教中，巫術與祭祀往往合而爲一，基本可以劃入原始宗教的範疇，與祭祀具有共生關係〔註83〕。如果說「祭政合一」是上古政治的基本形態，那麼巫術與祭祀的相互滲透，則使巫術成爲上古政治的基本內涵。

巫術，作爲遠古時期普遍存在的一種文化現象，雖然具有極爲重要的政治功能，但在先秦時期卻沒有獨立的社會地位。它們只是以祭祀的名義隱身於祭祀行爲當中，從而成爲祭祀儀式的一個組成部分，蛻變爲王權政治的附庸與奴婢。從理論上講，先秦社會的巫，其神奇力量源於神靈的附體，源於與神之間的交通，而不是其本身即具備「超自然力」〔註84〕。即所謂「與神通言，當東則東，當西則西，可近則近，可遠則遠，無常數。」〔註85〕女巫逢邦之大災，歌哭而請，也是希望能「以悲哀感神靈也」。〔註86〕一旦神靈脫離身體，巫也就等同於凡夫俗子。所以人間君主一旦認爲巫者失去靈性，等同於凡人時，就可以對其行使生殺之權，如《左傳‧成公十年》所記。弗雷

〔註77〕　陳夢家：《商代神話和巫術》，燕京學報，1934 年，第 20 期。
〔註78〕　李宗桐：《中國古代社會史》，中華出版事業委員會，1954 年，第 118 頁。
〔註79〕　弗雷澤：《金枝》，大眾文藝出版社，1998 年，第 126 頁。
〔註80〕　游文賦：《中國古代宗教在儒家中的理性化及其限制》，《湖南社會科學》，2002
　　　　年第 2 期。
〔註81〕　張光直：《考古學專題六講》，文物出版社，1996 年，第 107 頁。
〔註82〕　參閱黃劍波：《宗教人類學的發展歷程及其學科轉向》，載《廣西民族研究》，
　　　　2005 年第 2 期。
〔註83〕　參閱許兆昌：《先秦巫和巫術》，載《史學集刊》，1997 年第 3 期。
〔註84〕　參閱詹‧喬‧弗雷澤：《金枝》，徐育新等譯，中國民間文藝出版社，1987 年。
〔註85〕　《周禮正義》，《十三經注疏》本，中華書局 1980 年版。
〔註86〕　《周禮正義》，《十三經注疏》本，中華書局 1980 年版。

澤在《金枝》一書中曾把「人神」區分為「宗教化的」和「巫術化的」兩種。
其中宗教化的人神,「其神性是來自於一位神祇,而這位神祇曾屈尊地把他那
上天的光輝隱藏在一個凡身的陰暗的面罩後面」,而其「肉身僅只是一個脆弱
的塵世的、寄居著不死神靈的軀殼」。巫術化的人神,「則從自然的某種物質
感應中獲取他的非凡的權力,他不僅是一個神靈的託身之所,他的整個存在,
肉體和靈魂,都是如此微妙地與整個世界和諧一致,以致他一抬手一轉頭都
可以給宇宙的整個結構帶來一陣劇烈的顫動。」〔註 87〕先秦時期的巫,顯然
應屬於宗教化的人神,而不屬於後一種巫術化的人神。先秦時期的巫與亞歐
大陸北部通古斯語族中盛行的薩滿教中的薩滿極為類似。薩滿的本義是「因
興奮而狂舞的人」,其狂舞的結果就是神靈附體或魂魄出殼進入神靈世界,由
於「能直接與超然世界交通」,薩滿遂擁有了諸如治療疾病、預卜未來等多種
神異功能,並在氏族節日或重大事件發生時為氏族舉行祭祀祝禱儀式以及在
平時為氏族成員求兒求女、保畜興旺等等。〔註 88〕從行為方式上看,由於先
秦社會的巫之神異直接源於神的附體,因此其對待神靈的方式主要表現為乞
求和討好,而不是西方巫師的強制性壓迫和控制。〔註 89〕巫作為一種歷史的
存在,在中西方的宗教文化形態中具有極為顯著的內在差別,這在一定程度
上導致中西方政治發展道路的南轅北轍。中國走上了王權無限膨脹的歷史深
淵,而西方則邁向了神權至上的中世紀時代。

三、「有祭祀也就必有樂舞」——「樂通神人」與王權神授旨意的傳達

　　樂舞作為上古初民最為本真的生命情態,具有「形而上」的精神境域,寄
寓著靈魂超越、「神人以和」的精神意蘊與宗教功能。在蒼茫邈遠的上古時代,
堅韌的生命意志與神往的天國追求,使上古先民在沉醉於樂舞之時,「跨過了
現實世界與另一個世界的鴻溝,走向了魔鬼、精靈和上帝的世界」〔註90〕。對
於上古先民來說,「樂」不再是一種審美藝術,而是「行乎陰陽而通乎鬼神」。

〔註87〕 詹・喬・弗雷澤:《金枝》,徐育新等譯,中國民間文藝出版社,1987 年,第
　　　　92 頁。
〔註88〕 參閱《簡明不列顛百科全書》「薩滿」條,中國大百科全書出版社,1985 年。
〔註89〕 參閱詹・喬・弗雷澤:《金枝》,徐育新等譯,中國民間文藝出版社,1987 年。
〔註90〕 庫特・薩克斯:《世界舞蹈史》,第 4 頁,轉引自蘇珊・郎格:《情感與形式》,
　　　　劉大基譯,中國社會科學出版社,1987 年,第 216 頁。

〔註91〕

（一）「樂」可「窮高極遠」：中西共通的宗教超驗意識

　　宇宙萬物本身即是一種神秘的存在，尤其在上古時代，面對風雲變幻、氣象萬千的神奇世界，在上古先民的靈魂深處充滿了無限神秘情感，這種神秘的情感即是「神靈崇拜」的重要精神源泉。列維─布留爾說：「『神秘』這個術語含有對力量、影響和行動這些為感覺所不能分辨和覺察的但仍然是實在的東西的信仰」〔註92〕

　　在上古中國先民的文化心態中，神的內在意蘊是指宇宙生化過程中神妙莫測而不可言說的一種超驗存在，即所謂：「陰陽不測之謂神」、「神也者，變化之極，妙萬物而為言，不可以形詰者也。」〔註93〕人是萬物靈長，俯仰於天地之間，面對玄奧深邃、蒼茫邈遠的莽莽蒼穹，感歎人生際遇之變幻無常，人們很容易觸發一種心馳神往、超越時空的宗教情感。相對於生生不息、永恒長存的莽莽宇宙，人的生命的存在只不過是短暫的一瞬。生，不容選擇；死，無法逃避。死亡最終把人的存在抹得乾乾淨淨，似乎一切都未曾發生。從一定意義而言，人生就是一種逐漸走向死亡的不歸之路。然而人是一種能動的存在，人生苦短的悲歎與焦慮觸發了超越死亡以達永恒天國之境的深切追求。超越死亡以求永恒是人類追求神靈信仰的根源之一。無論是生死還是永恒都是一種時間的存在，從這一意義而言，所謂神靈信仰就是一種時間意識的萌醒，沒有時間意識，沒有未來的時空維度，就難以萌生追求永恒的精神信仰，因此所謂「神」從一定意義來說就是那超越時空的一種永恒存在。

　　如果說「神」是一種超越時空的本體存在，那麼樂舞所致的「迷狂狀態」，剛好可以使人超越時空的界限，實現「神人合一」的精神境域。「迷狂狀態」意指審美經驗的最高境界，語出柏拉圖。柏拉圖以超越的理念來闡釋審美經驗的本質，認為現實世界中的美源自「上界之美」，真正的美是一種超越塵世的存在。真正的美感不是對「現實美」的反映，而是來自心靈對「上界」的回憶。「上界之美」使人急於高飛遠舉，可是苦於心有餘而力不足，便只能像鳥兒一樣「昂首向高處凝望」，這種高處凝望即是對美的「凝神觀照」，於是

〔註91〕《禮記正義》，《十三經注疏本》本，中華書局1980年版。
〔註92〕列維─布留爾：《原始思維》，丁由譯，商務印書館，1987年，第28頁。
〔註93〕《周易正義》，《十三經注疏本》本，中華書局1980年版。

「心中起無限欣喜」〔註94〕，這就是柏拉圖所說的「迷狂狀態」，這種「迷狂狀態」不僅僅是一種審美體驗，更是一種超越時空以達神靈境域的宗教體驗。在上古人類社會，祭神儀式「往往呈現爲如醉如狂的歌舞」，其內在奧妙即是樂舞所致的「迷狂狀態」彷彿使人跨過了現實世界與另一個世界的鴻溝，走向了神靈的世界。張光直先生也曾指出，上古先民在祭祀招神時「常常借有形（如藥品）無形（如舞蹈所致的興奮）的助力而達到一種精神極於興奮而近於迷昏的狀況，他們就在這種狀況之下與神界交通。」〔註95〕

如不把現實世界置之度外，如果人在感性領域中總是受制於現實的感性形式，那麼便無「迷狂」可言，也難以通達「神人交通」的精神境域。只有跳脫現實的時空感性形式，把「下界一切置之度外」，回歸到一種「靈魂解放」的本眞狀態，即可出神入化超拔於「神人交通」的精神境域。神的隱匿是由於我們在自然生命之上加上了太多人爲的羈絆。樂曲「是靈魂在音樂上的一種自白」〔註96〕，如果我們能夠消解靈魂上的人爲羈絆，讓生命回歸到一種靈魂超淩塵世的淨化狀態，神靈聲音就會自我表白，人在靈魂的升騰中彷彿「跨過了現實世界與另一個世界的鴻溝，走向了魔鬼、精靈和上帝的世界」〔註97〕。西方美學家蒂克在《音樂》一書中對這一宗教超驗境域有如下的神妙感受：

> 沉浸於美妙的音樂聲中時，我們的心從它的塵世界域裏昇華向
> 上，從而進入靜穆的信仰之國。

音樂的這種宗教超驗本性總是能讓人升騰於「神人相通」的超淩境界。黑格爾曾說過：「聲音的餘韻只在靈魂最深處蕩漾。」〔註98〕音樂的審美意境「既使心靈和宇宙淨化，又使心靈和宇宙深化」，從而讓人「在超脫的胸襟裏體味到宇宙的深境」〔註99〕。從某種意義而言，神即是一種宇宙的深境，當音樂的「餘韻」蕩漾於「靈魂最深處」之時，一種宗教超驗之情便會油然而生。在暮靄朦朧、樹影婆娑的仲夏之夜，當人們置身於月色溶溶的夜色裏，沉浸於美妙的音樂旋律中，一種驀然升騰、「永恆流逝」的超驗之情就會蕩漾

〔註94〕參閱《西方美學家論美和美感》，商務印書館，1980年，第38頁。

〔註95〕張光直：《中國青銅時代》，三聯書店，1983年，第327頁。

〔註96〕C.波紋等編：《我的音樂生活──柴科夫斯基與梅剋夫人通訊集》，人民音樂出版社，1982年，第137頁。

〔註97〕庫特・薩克斯：《世界舞蹈史》，第4頁，轉引自蘇珊・郎格：《情感與形式》，劉大基譯，中國社會科學出版社，1987年，第216頁。

〔註98〕黑格爾：《美學》第3卷，商務印書館，1997年，第333頁。

〔註99〕宗白華：《美學與意境》，人民出版社，1987年，第214頁。

於靈魂深處。

　　在音樂的審美體驗中，想像、聯想、情感是最靈動的心理要素，「從真正的自然界所提供的素材裏創造出另一個想像的自然界」是音樂的一個重要本質屬性。〔註100〕音樂的迷朦性給欣賞主體展開了一個美妙空靈、氣象萬千的審美意象，德國浪漫主義散文作家、思想家瓦肯羅德以宗教信徒般的虔誠來看待藝術，把藝術視爲彼岸的、超驗的精神信仰。在《詩歌、文論、書簡》一書中，他以宗教般的信仰深情地展示了音樂光怪陸離的神奇意象：音樂象一隻輕飛的鳳鳥，鼓動那強勁的翼翅，使天上人間其樂融融；音樂象一個躺在墓穴中的孩子，「一束來自蒼穹的絳紅色陽光輕輕地提走他的靈魂」；音樂象一葉快樂的綠島，沐浴著陽光，在昏暗、無邊的汪洋大海中漂泊。瓦肯羅德作爲一個被譽爲「虔誠致志地尋找音樂和古老藝術的新出路人」，以聖徒般的虔誠來看待藝術，把藝術視爲彼岸的、超驗的、形而上的精神信仰。在瓦肯羅德的靈魂深處，音樂被蒙上一層濃厚的宗教超驗意識：那延綿不盡的音符韻律宛如祭壇上的嫋嫋香煙，在空氣中扶搖登逴，皈依那音樂的國度，也就是那信仰的精神國度，人們的種種疑惑和苦難都滌除在樂音的審美意境中，人類的紛擾將被忘得乾乾淨淨。

（二）祭祀樂舞：王權神授的政治語境

　　李學勤先生說：「所謂『國之大事，惟祀與戎』，有祭祀也就必有樂舞」〔註101〕。劉師培在《舞法起源於祀法考》中斷言：三代以前之樂舞，無一不源於祀法。在上古先民的文化心態中，祭祀樂舞是神人相通精神載體，即所謂「禮樂順天地之誠，達神明之德，隆興上下之神」〔註102〕。在傳統中國社會，「祀」之所以成爲首要的「國之大事」，其中的一大奧秘就在於通過祭祀樂舞這一象徵性活動可「隆興上下之神」，把王權神授這種無形的政治宗教意念轉換成感同身受的政治語境，從而建構起「天帝合一」、「帝祖合一」的現實情景，爲世俗的王權注入了終極的政治權威。

　　在人類的上古時代，歌、樂、舞是祭神儀式的主要組成部分。恩格斯曾說過：「舞蹈尤其是一切宗教祭典的主要組成部分。」〔註103〕西方文化人類學

〔註100〕《外國理論家、作家論形象思維》，中國社會出版社，1997年，第33頁。
〔註101〕李學勤：《古樂與文化史》，上海古籍出版社，1998年，第40頁。
〔註102〕《禮記正義》，《十三經注疏本》本，中華書局1980年版。
〔註103〕《馬克思恩格斯選集》，第4卷，人民文學出版社，1972年，第88頁。

學者馬克斯・德索在《美學與藝術理論》一書中認為,在原始部族中,戲劇、舞蹈、音樂形成了一種協調的綜合藝術,它一般說來總是和宗教儀式有關。摩爾根也指出:「舞蹈是美洲土著的一種敬神的儀式,也是各種宗教的慶典中的一項節目。……與他們的宗教信仰和崇拜神明的制度有著直接的關係。」可見,在歌、樂、舞中,舞又是作為最主要的要素與原始祭祀發生關係的。

「有祭祀也就必有樂舞」是一個普世性的宗教文化現象。顧希佳在其《祭壇古歌與中國文化》一書中寫道:

> 祭祀儀式中要唱歌,這也幾乎是一種世界性的現象。它是從祭祀儀式中的禱詞、咒語發展而來的。可以設想:人類要跟神靈溝通,讓神靈知道自己的需求和願望,就必須在儀式上把自己的這層意思表達出來。表達的方式,不外乎是手勢、語言。手勢和身體姿勢的進一步發展,就是舞蹈和繪畫;語言的進一步發展,就是歌唱,這是很自然的。〔註104〕

以樂舞來溝通神靈是一種遍及東西方的宗教文化意象,在中國古代的祭禮儀式中尤具宗教神啓意涵,即所謂「先王以作樂崇德,殷薦之上帝,以配祖考」。〔註105〕在上古先民的神化思維中,「樂」是人神通達的天道韻律,故祭神必用樂舞。有關這方面的記載見諸於多種先秦典籍中,《詩經・小雅・甫田》云:「我田既藏,農夫之慶,琴瑟擊鼓,以御田社。」農夫慶賀秋收,敲響琴瑟鼓樂。迎祭田祖,祈求郊後始耕之時有甘雨降臨,保祐禾稼豐收,故用琴瑟和鼓樂祭祀田祖。《周禮・大司樂》中曰:「乃奏黃鍾,歌大呂,舞《雲門》,以祀天神;乃奏大蔟,歌應鍾,舞《咸池》,以祭地示」〔註106〕。周代有掌理教習音樂歌舞的官員,稱為「舞人」,他們「教帗舞,帥而舞社稷之祭祀」。「帗舞」是一種手持武器和彩羽的武舞,祭祀社稷、地神時要表演這種舞蹈,還須「歌應鍾,舞《咸池》,以祭地示」。「地示」即是「地神」。「應鍾」是上古時代的一種宮起歌調,以宮音構成的一種調式,用應鍾伴奏,故名之。《咸池》是上古流傳下來的一種祭祀地神的歌舞,為「六舞」或「六樂」之一,是歌頌黃帝德政的盛大樂舞,黃帝在天神、地祇信仰中是高居於一切神靈之上的至上神,以土德王天下,故祭地神要舞《咸池》頌其土德之功。周

〔註104〕顧希佳:《祭壇古歌與中國文化》,人民出版社,2000年,第77頁。

〔註105〕《周易正義》,《十三經注疏》本,中華書局1980年版。

〔註106〕《周禮注疏》,《十三經注疏》本,中華書局1980年版。

人在夏至之日祭祀地神，所用樂舞較爲繁雜，要演奏函鍾宮起調、大蔟角調、姑洗徵調、南呂羽調；演奏這些曲調必須要用的樂器是靈鼓、靈鼗，用特製的竹管、特殊材料製作的琴瑟等；還必須舞《咸池》。〔註107〕在祭祀地祇之神時，歌、樂、舞結合爲一體，可以想見場面之隆重、盛大、壯觀。

以歌舞娛神、通神的祭祀樂舞，屈原的《九歌》是典型的華章，詩人將歌、樂、舞結合爲一體敬神娛神，承續了荊楚之地民間祀神樂舞的特徵。戰國時期的楚地，歌舞音樂已極爲發達、盛行，並廣泛應用於宗教祭神活動，尤其沅、湘一帶，民間原始巫教濫殤，有「淫祀」之風，東漢王逸在其《楚辭章句》中寫到：昔楚國南郢之邑，沅、湘之間，其俗信鬼而好祠，其祠必作歌樂鼓舞以樂諸神。楚地特有的民間風情爲屈原的詩歌創作提供了肥沃的精神土壤，詩人汲取民間祭祀歌舞形態創作出《九歌》這樣的輝煌篇章，形象生動地再現了歌舞娛神的祭祀場景，將人與神、神與神的精神意蘊與內心世界活化出來，塑造了一群形象鮮明、性格豐滿而又各異的神格形象，表達了詩人浪漫的情懷。屈原的《九歌》既表現了天地、人鬼崇拜的原始宗教信仰，又再現了古代南方祭祀歌舞的豐富多彩。

在祭祀儀式中，樂舞有著極爲重大的神啓意蘊，對神而言，有感召神靈的功用；對人而言，它可以表達人對神的虔敬篤誠之情與至誠之心，讓人在神秘的宗教氛圍中實現「神人通達」、「神人以和」的天國訴求。雖然時至宗周時代，祭祀儀式中的宗教色彩有所減弱，但「樂」與禮相互融合爲「禮樂」仍爲祭祀儀式中的不可或缺的重要活動，對於國家上層建築起到奠基、鞏固作用。祭祀禮儀是國家上層建築的具體體現，在祭祀神靈的樂舞儀式中，神靈得以感召；人性得以教化；政權得以鞏固。如此即形成了傳統中國特有的政治文化形態。

在上古中國社會，專制王權以祭祀爲依託、以「樂通人神」爲指向，形成了王權、宗教與藝術緊密結合的政治文化形態。政治的藝術化、宗教化是上古中國政治的特有品格。張光直在《中國青銅器時代》一書中還指出，在上古時期：

> 不但「政治、宗教、藝術是結合在一起的」，而且作爲通天工具之一的藝術，實在是通天階級的一個必要的政治手段，它在政治權力之獲得與鞏固上所起的作用，是可以與戰車、戈戟、刑法等統治

〔註107〕參閱林尹：《周禮今注今譯》，書目文獻出版社，1985年。

工具相比的。〔註108〕

在「樂和神人」、「樂達天界」的宗教情結中，上古先王在祭神儀式中，「先奏是樂，以致其神」，歌詠頌詞以達天庭。《詩經》「頌」及「雅」中的某些篇章，即是上古先王舉行祭神儀式時專用的「樂歌」：

> 維天之命，於穆不已；於乎不顯，文王之德之純；假以溢我，我其收之；駿惠我文王，曾孫篤之。

> 我將我享，維羊維牛，維天其右之；儀式刑文王之典，日靖四方；伊瑕文王，既祐饗之；我其夙夜，畏天之威，于時保之。〔註109〕

> 皇矣上帝，臨下有赫；監四方，求民之莫；維此二國，其政不獲；維彼四國，爰究爰度；上帝觀之，憎其式廓；乃眷西顧，此維與宅；……帝遷明德，串夷載路；天立厥配，受命既固。〔註110〕

周天子通過歌詠頌詞營造出一種天人唱和、神諭下達的神秘語境，向天下萬民傳達出「君權神授」的政治意義，從而為西周王朝尋找到政治統治的正當性。

上古社會是一個神治的社會，天國中的神是一切事物存在終極依據，歷代先王若君臨天下必須取得天神的旨諭，否則就不具有存在的正當性與合理性。自遠古以來，通天的巫術、神靈的祭祀已成為統治者的專利，只有壟斷祭神通天的特權才有資格君臨天下，才能建構政治統治的正當性與合理性。「樂」作為「人神通達」的精神境域是「王權神受」旨意的傳達，在中國傳統政治文化中佔有極為重大的現實意義。

四、「皇矣上帝，臨下有赫」──王權神授與終極政治權威的確立

對於追求理性的人類來說，存在於世間的任何事物都應得到終極性的合理解釋。失去了終極性的合理解釋，現實事物也就失去了其存在的根基與本源。政治統治作為一種社會存在也必須得到終極性的合理解釋，否則就難以確立其正當性的存在依據。政治正當性問題是「政治現象中最核心的問題之一」〔註111〕，雖然上古先民對於政治正當性還不具有理論意義上的認識，

〔註108〕張光直：《中國青銅時代》（二集），三聯書店，1990年，第113頁。

〔註109〕《詩經今注》，上海古籍出版社1980年本。

〔註110〕《詩經今注》，上海古籍出版社1980年本。

〔註111〕周光輝：《論政治權力的合法性》，吉林出版集團有限責任公司，2007年，第145頁。

但作為一種政治本能意識卻有著深切的感悟。在上古社會，神是世事萬物合理性的終極來源，「君權神授」是政治正當性的終極來源，政治的宗教化開啟了設神道以服天下的歷史帷幕，即所謂：「聖人以神道設教，而天下服矣。」〔註112〕對於古代先民而言，「樂」是神明的聲音，「樂」是神諭的傳達。〔註113〕在上古中國社會，歷代先王通過樂舞儀式領受神靈的意旨，從而建構了王權統治的正當性。

（一）神靈信仰與上古部族政權的源起

政治正當性問題是政治領域中最為根本的一個核心問題。任何統治者都必須對其政治統治的合理性作出令人信服的說明，否則就無法確立政治統治的正當性。上古社會是神治的社會，在上古先民看來，神既是世事萬物合理性的終極歸宿，也是世事萬物衍生的邏輯起點。綜合考古學、人類學、文獻學等研究成果，穿過歷史的迷霧，我們依稀可知，神靈是上古王權衍生的精神源泉。

大約從新石器晚期開始，中國即已形成王權和神權相統一的歷史傳統〔註114〕，即所謂「政教合一」或者說「祭政合一」的傳統。在其後的歷史進程中，這一政治傳統雖然在不同的時代呈現某些不同的特點，但從總的趨勢來看，王權的神權化是上古中國政治形態的基本特徵。早在仰韶文化時期，氏族部落中血統高貴的精英分子逐漸衍化為巫覡，從而成為神族，血統低賤的一般氏族成員只能淪為普通的人族。巫覡是遠古人群中最早分化出來的腦力勞動者階層，考古發現「提示了氏族部落的生活場面，並可以推測出有專門巫覡從事諸如招喚靈魂、治療疾病、抵禦邪惡的宗教活動」〔註115〕。在仰韶文化晚期，巫覡成為王者集團的成員，其中的首領兼具部落酋長與巫師統領雙重身份，既是溝通神人的使者，又是氏族事務的裁決者，神權與王權合一，神權彰現王權的神性，王權執行神權的世俗功能，降神避邪的宗教巫術活動構成了遠古氏族社會文化制度、行為規範與信仰觀念的總和。隨著巫術活動的規範化和儀式化，推動了原始氏族最初文明制度的漸趨成型。在遠古

〔註112〕《周易正義》，《十三經注疏》本，中華書局 1980 年版。
〔註113〕於潤洋：《音樂美學文選》，中央音樂學院出版社，2005 年，第 334 頁。
〔註114〕參閱張光直：《宗教祭祀與王權》，載於《華夏考古》1996 年第 3 期。
〔註115〕參閱張光直：《宗教祭祀與王權》，載於《華夏考古》1996 年第 3 期，第 104 頁。

氏族社會，爲了降神驅邪，祈求神靈保祐，氏族成員常常要舉行巫術儀式，祭神求福的巫術儀式凝聚起大規模的宗教信仰活動，從而造就出以大部落集團爲中心單位的「宗教聚落」〔註116〕，這種「宗教聚落」即是上古初民因共同的宗教信仰而組建的中心宗邑。在中心宗邑內建構了具有祭祀性質的宗廟與宮殿，聚集了一批專門掌管神權的祭司階層。《左傳·莊公二十八年》中曰：「凡邑，有宗廟先君之主曰都，無曰邑，邑曰築，都曰城。」〔註117〕在遠古時期，都邑是整個氏族部落活動的聚集中心，氏族首領通過祭祀儀式凝聚人心，從而實施有效的政治控制，都邑也逐漸衍化成爲各級權力中心。由此可以想見，在遠古氏族社會，祭祀神靈的精神信仰活動在部族統合中的獨特作用，城邑式的宗教機構即是上古之國的雛形，從這一歷史視角而言，宗教信仰是國家形成的精神源頭，政權來源於神權；從歷史發展進程來看，神權在先，政權在後。誠如張光直先生所說：夏、商、周是「平行並進式的」，並具有一個基本的共同點，即城邑式的宗教統治機構，「他們之間平行而不是一脈相承的關係才是瞭解三代關係與三代發展的關鍵，同時亦是瞭解中國古代國家形成程序的關鍵」。〔註118〕

龍山文化時期，九黎亂德，民神雜糅，帝顓頊繼一系列軍事勝利之後，首先整頓巫史隊伍，開始了一場「絕地天通」的宗教改革，「恢復舊常，無相侵瀆」〔註119〕。其後，帝堯行使上天授予的權力，放逐三苗，使重、黎的後裔繼承先祖之業，代表天神行使王權。政教合一、祭政合一是遠古社會的主要特徵，「從古史傳說來看，顓頊堯舜時代的社會簡直就是半人半神的社會，這些執政者或統治者不但『依鬼神而制義，潔誠以祭祀』，而且從顓頊開始『絕地天通』，『命南正重司天以屬神，命火正黎司地以屬民』，使權力中心和宗教祭祀的獨佔合爲一體，並形成了一個祭司－管理階層進入了神權政治早期國家階段。」〔註120〕

從黃帝到大禹，「經過一系列的史前時代的戰爭，形成了以華夏族爲核心

〔註116〕石興邦：《中國新時期時代考古文化體系研究的理論與實踐》，載《考古與文物》2002 年第 1 期。

〔註117〕《春秋左傳正義》，《十三經注疏本》本，中華書局 1980 年版。

〔註118〕張光直：《商代文明》，毛小雨譯，北京工藝美術出版社，1999 年，第 325 頁。

〔註119〕《國語·楚語》，上海古籍出版社 1978 年點校本。

〔註120〕王震中：《中國文明起源的比較研究》，陝西人民出版社，1994 年版，第 283頁。

的大的史前氏族集團,同時也就確定了占主導地位的華夏集團的崇拜神在新
的氏族集團中的核心地位。換句話說,等於奠定了統一的華夏民族的社會制
度。最初的宗族性邦國的形成正是人對神的祭祀禮儀及其禮儀活動中形成的
種種程序的延續。」〔註 121〕時至夏商「大禹之時,諸侯萬國……及湯之時,
諸侯三千。」〔註 122〕大小紛呈的邦國基本上屬於家族—宗族形式的宗教政治
結構,它影響並規制了上古中國政局的基本走向。

（二）「古帝命武湯」而君臨天下

《禮記‧表記》載孔子論及三代思想意識時說,「夏道尊命,事鬼敬神而
遠之」、「殷人尊神,率民以事神」、「周人尊禮尚施,事鬼敬神而遠之」。據古
典籍記載,殷商時代的神靈信仰已經出現了系統化的迹象,殷人在承繼夏人
神靈信仰的基礎上改稱「天神」爲「帝」或「上帝」。殷商之時雖多神崇拜,
但諸神並非群龍無首,「帝」高踞於眾神之上。〔註 123〕「帝」爲殷朝的至上神
〔註 124〕,它擁有統轄諸神的神力,是自然萬物的締造者和社會秩序的宰制者,
從而構置了一個以帝爲核心的等級化的神靈世界,全能的至上神與其他諸神
共存,「天」成了諸神的居所。近代出土的殷墟卜辭中有很多關於「帝」的記
錄,諸如「帝令雨弗其足年」、「帝其降福」、「王作邑,帝若」等話語,概括
性地表徵了殷人觀念中「帝」的全能性,胡厚宣先生把上帝的權能共列爲令
雨、授年、授祐、降若、降福、降徵等。〔註 125〕至武丁時期,殷人已經建構
起一整套較爲完備的神學政治體系,祭祀典禮成爲最重要的神事活動,即所
謂「國之大事,在祀與戎」。祭祀鬼神已成爲一種制度、一項基本國策,並由
此確立了政治正當性這一立國之本。涵攝神權與君權於一體的上古先王在利
用「神鬼」來控制人們思想的同時,便擁有一種「本之於上帝」的神聖理由,
似乎一切統治都具有合理性和正當性。在殷人看來,上帝重在維護部族間的
公正與道德,沒有上帝便沒有部族間的秩序。誰能領受上帝的旨意,誰就能
主宰世俗王國。殷商先民確信,他們之所以能夠統治天下,是因爲商湯順承
了上帝的旨意,《詩經》中曰:古帝命武湯,正域彼四方帝命不違,至於湯齊……

〔註 121〕黃亞平:《典籍符號與權力話語》,中國社會科學出版社,2004 年,第 280 頁。
〔註 122〕《戰國策》,上海古籍出版社 1985 年點校本。
〔註 123〕參閱張榮明:《中國的國教——從上古到東漢》,中國社會科學出版社,2001
　　　　年。
〔註 124〕參閱杜而未:《中國古代宗教研究》,臺灣學生書局,1983 年。
〔註 125〕韋政通:《中國思想史》上海書店出版社,2004 年。

上帝是祗，帝命式於九圍。〔註126〕「古帝命武湯」而君臨天下，「君權神授」思想由此肇始並爲後世先王所承續。

（三）「宗教維新」與宗周統治的正當化

殷周之際，宗周先王對「君權神授」這一政治觀念有了更爲自覺的認識，其觀念體系進一步完備。在《牧誓》中，武王聲討殷王「惟婦言是用」、「昏棄厥肆祀弗答」、「昏棄厥遺王父母弟不迪」、「暴虐百姓」等罪行，所以「恭行天之罰」，翦滅殷紂以替天行道。「恭行天罰」爲武王伐紂建構了政治正當性基礎。血雨腥風的牧野之戰雖然使殷商的王權統治土崩瓦解，但如何收服民心、建構政治統治的正當性則是更爲尖銳的政治挑戰。

近代著名的思想家孟德斯鳩曾說過：一般民眾精神、心理因素的改變將會引起社會機構的變化，導致社會的變革。從實證角度而言，政治權力的控御能力「依賴於權力客體的自覺、自願服從的程度」。〔註127〕歷史事實表明，「周之勝殷，主要是依靠殷人的前徒倒戈」〔註128〕。「周監於二代」，面對殷商暴政而亡的教訓，宗周先王深切認識到暴力鐵血政策與嚴酷的刑制，只能求得一時的穩定，無法實現長治久安。所謂「以力服人者，非心服也，力不贍也。」〔註129〕如果不能心服於天下，則無法開太平之盛世。所謂欲動天下，當動天下之「心」。爲了穩定由於社會動蕩而造成的動搖不定的社會心理，必須經由宗教的精神信仰以心服天下。

黑格爾曾說過：「國家應依賴於宗教，其原因在於：只有在宗教中，世人思想方式的可靠性及其爲國家盡其職責的決心，始成爲絕對的。」〔註130〕關於宗教與政治的關係，上古先王雖然還缺乏理論意義上的自覺認識，但借助宗教神靈來建構世俗王權的正當性卻有著潛移默化的自覺意識。殷王事無鉅細，從事任何社會活動都要進行占卜，上自國家大事，下至帝王貴族的私家生活，都要卜問神靈，尊奉神靈的意旨。世俗政務的裁決皆聽命於神靈，《盤庚》中曰：「先王有服，恪謹天命」、「天其永我命於茲新邑。」然而隨著殷商王權的覆滅，一直以來人們深信不移的「上帝」、「天神」等神靈觀念在人們

〔註126〕《詩經今注》，上海古籍出版社 1980 年本。

〔註127〕周光輝：《論公共權力的合法性》，吉林出版集團有限公司，2007 年，第 18 頁。

〔註128〕侯外廬：《中國思想通史》，人民出版社，1957 年，第 71 頁。

〔註129〕《孟子注疏》，《十三經注疏》本，中華書局 1980 年版。

〔註130〕黑格爾：《宗教哲學》上卷，魏慶徵譯，中國社會出版社 1999 年，第 79 頁。

心中發生了動搖。爲了統合人心，建構宗周政治統治的正當性，周公攝政後
採取了兩項重大舉措：一是推出神話人物后稷──夏之農官，以表徵自己也
是中原文化的正宗血緣後裔；另一舉措則是提出「天命不僭」、「天命靡常」、
「以德補天」等宗教變革命題。「天命不僭」與「天命靡常」看似是一對相互
矛盾的命題，實則異曲同工，隱含著共同的政治價值取向，其根本目的都是
爲西周王權奠定政治統治的終極性依據。郭沫若先生曾一針見血地指出了其
中的奧妙：「極端尊崇天的說話都是對待殷人或殷的舊時的屬國說的，而有懷
疑天的話是周人對著自己說的」〔註131〕。「反對別人用這一套，維持自己用那
一套」〔註132〕。

　　爲了論證武王伐紂的正當性，周公提出「天命靡常」的天命維新觀念。
殷商之際，巫風盛行，上古先民癡迷鬼神，事事問卜，整個社會彌漫著祭神
畏鬼的詭譎氣氛。夏商先王認爲源於天命的政權是不可懷疑和不得違抗的，
天命絕對地保祐著統治者的權勢地位。因此，當祖伊警告紂王天將「訖我殷
命」時，紂王卻認爲「我生不有命在天」〔註133〕。仍舊盲目依從於對天命神
靈的癡迷，不重以仁德施政安民，最終走向覆敗滅亡。以周公爲代表的西周
統治者，對於天命有著較爲理性的認識，形成了新的天命觀：天命不再僅僅
是神秘不可知的外在異己權威，它還可以從統治者的善惡和民心的向背中得
知；天命也並非恒久不變地絕對保祐統治者的政權，「天命靡常」〔註134〕；天
命依據統治者的善惡德性而轉移，「皇天無親，惟德是輔」〔註135〕。在周公看
來，亡國喪權的統治者，由於沒有認識到天命與政權的關係，「惟其不敬厥德，
乃早墜厥命」〔註136〕，故周人一再強調，「天惟時求民主」。

　　周公「天命靡常」、「以德配天」的宗教維新觀念，爲武王伐紂、商滅周
興提供了政治上的正當性。既然「天命靡常」，那麼政權更替、天命轉移也就
是順理成章的歷史趨勢。周公「天命靡常」宗教維新觀念表明周公在對天、
人、德、政的關係認識中，發現了人的主體能動價值，指出了人的道德理性
在社會政權興衰存亡中的決定作用。提出了唯有從「民欲」、「順天意」，方能

〔註131〕郭沫若：《青銅時代》，人民出版社，第20頁。
〔註132〕侯外廬：《中國思想通史》第一卷，人民出版社，1995年，第86頁。
〔註133〕《尚書正義》，《十三經注疏本》本，中華書局1980年版。
〔註134〕《詩經今注》，上海古籍出版社1980年本。
〔註135〕《春秋左傳正義》，《十三經注疏本》本，中華書局1980年版。
〔註136〕《尚書正義》，《十三經注疏本》本，中華書局1980年版。

受疆土於天，從而爲西周王朝「平天下奠定了理論上的「大本大源」。

周公「天命靡常」的宗教維新觀念雖然完成了政權更替的合法性論證，但卻無法確立西周王朝長治久安的正當性理論基礎。爲此，周公在提出「天命靡常」的同時，又承續了夏商以來的「帝神」、「天命」信仰。「紂作淫虐，文王惠和。殷是以隕，周是以興。」〔註137〕早在武王伐紂之際，周的統治者就曾傳告天下，討伐殷商乃是奉行「天命」，遵從「上帝」意旨的正義之舉，據先秦典籍記載，武王率領諸侯東伐殷紂，在盟津作《泰誓》，在牧野作《牧誓》，誓言中動引「天命」。他列數紂王之罪：「弗敬上天」、「弗事上帝」、「郊社不修」，致使「皇天震怒」。由於「商罪貫盈，天命誅之。」從而將東征伐紂的戰爭說成是「恭行天罰」的正當之舉。在攻陷殷都朝歌的第二天，武王修社並進行祭祀；因稱「膺更天命，革殷，受天明命。」〔註138〕籍此，周人正式接受「天命」。不久，武王罷兵西歸，又在灃都「柴望，大告武成。」即通過祭祀，把征戰獲得成功的消息向上天和山川進行報告。

周公攝政開展宗教維新，對西周王朝統治的正當性作了較爲完備的論述。首先確立了「天命」信仰；其次、周人的先祖先王多是半人半神的人物，並且有通天的本領，是合適的受權之人；其三、周人的先祖先王具有顯赫的功德，因而具有承受天命的資格。通過這一較爲完備的論述，周王朝確立了其政治統治的終極依據，並通過祭祀儀式來展示「君權神授」的「真實性」，從而將西周的王權統治最終歸結於「上帝」與「天命」。《詩經‧大雅》曰：

> 皇矣上帝，臨下有赫；監視四方，求民之莫；維此二國，其政不獲；維彼四國，爰究爰度；上帝者之，憎其式廓；乃眷西顧，此維與宅；……帝遷明德，串夷載路；天立厥配，受命既固。
>
> 維此王季，帝度其心；貊其德音，其德克明，克明克類，克長克君，王此大邦；克順克比，比于文王；其德靡悔；既受帝祉，施于孫子。
>
> 帝謂文王：無然畔援，無然歆羨，誕先登于岸。……帝謂文王：予懷明德，不大聲以色，不長夏以革，不識不知，順帝之則。
>
> 昊天有成命，二后受之。

〔註137〕《春秋左傳正義》，《十三經注疏本》本，中華書局1980年版。
〔註138〕《尚書正義》，《十三經注疏本》本，中華書局1980年版。

　　以上這些祭祀話語都是成康之後的宗周統治者祭祀文王的頌詞，這些頌詞表達了宗周王權承接天命而「君臨天下」的正當性。

　　宗周之初的「宗教維新」將宗教政治化、政治宗教化。「政治宗教化是周代的支配思想。天、帝的一般神與氏族宗主的祖先神相配的宗教思想，指導著一切國家大事，連國家的成立，最初也是由於先王受命於上帝。」〔註139〕新的宗教神靈觀念充分地將「血緣與神緣、地緣與神緣，祭權與政權、族權與政權有機地結合起來，今天上的神與地上的君結成一體」〔註140〕，由此建立的「君權神授」的專制體制影響了中國幾千年。在「宗教維新」後的中國歷史長河中，宗教不再是一種心靈的歸宿與精神的家園，宗教被架空為世俗王權形而上的終極依據。宗教的世俗化導致宗教自身的異化，雖然宗周王權仍帶有濃鬱的神化色彩，但其世俗的統治職能卻愈來愈得到強化。宗教神靈與世俗王權緊密結合，宗教於是宗法化、政治化、等級化、禮樂化。殷周之際的宗教變革雖然掃除了蒙昧主義的陰霾，但卻使神權淪落為王權的象徵符號，宗教神靈日益蛻變為古代王權的抽象源泉，從而使中國的神靈信仰失去了鮮活的精神源泉，中國由此與上帝神格擦肩而過。

　　黑格爾在研究中國宗教時認為：「天是至高無上的，而且不僅是從精神的、道德的意義上說來。……然而，世間的統攝者是帝王，而不是天；並非天賦予世人應遵守的律法、神聖的法、宗教的法、倫理的法。並非天統攝自然，帝王治理一切，只有他始與天相關聯。」〔註141〕在上古中國社會，歷代先王通過政治的宗教化，使王權神權化。尤其在歷經殷周之際的宗教變革後，「帝祖合一」的政治宗教為上古王權統治建構起至高無上的終極權威。

〔註139〕侯外盧：《中國思想通史》第一卷，人民出版社，1995年，第81頁。
〔註140〕蔡先金：《試論商周之際的宗教變革》，載《中國文化研究》，2001年冬卷，第58頁。
〔註141〕黑格爾：《宗教哲學》上卷，魏慶徵譯，中國社會出版社，1999年，第258頁。

第三章 樂官、樂治與「樂以象政」——「樂神」精神與中國傳統政治的獨特形態

　　現代考古研究表明，上古中國的確歷經一個「神、王、樂」三維一體的「神性文化」時代，在「神性文化」時代，神權即王權，樂器乃國之重器。在「王權神授」、「樂通神明」的歷史語境下，精於樂律，擁有祭祀神明的法術，方可行使神權，掌控王權，治理天下萬民，故國政即「樂政」，政治即「樂治」，王官即「樂官」。上古之際，「樂政」、「樂治」與「樂官」形塑中國獨特的政治形態，根植中國尚「文」政治傳統的歷史原型。

一、樂官：知天道之「神瞽」——樂官蔚爲國之重職

　　「神瞽，古樂正，知天道者也，死以爲樂祖，祭於瞽宗，謂之神瞽。」[註1]在中國傳統社會，樂官乃國之重職。尤其在「樂通神人」的上古時代，樂官因精於樂律，洞悉天文，故被視爲「知天道以明人事」的聖人，史稱「神瞽」。

（一）「伏羲作琴，神農作瑟」——上古先王皆為樂師與樂官的歷史溯源

　　在上古中國社會，神、王、樂三位一體，尤其在「君權神授」、「樂通神明」的歷史語境下，能以樂舞祭祀神明，行使神權，便擁有王者資格，故上

〔註1〕《〈國語〉韋昭注辯證》，北京：中華書局，2010年，第211頁。

古先王即是政治首領，又是精通樂律的樂師。如《世本》云：「伏羲作琴，神農作瑟。」《桓譚新淪》曰：神農氏既而王天下，於是始削悟爲琴，繩絲爲弦，以通神明之德，合天人之和。《尚書》亦記載，舜祖先虞幕通於樂律，能聽協風，以成天地之大功，到舜父瞽叟亦精於樂律，再到舜本人又是樂器的創制者等諸種現象看來，有虞氏精通樂律及樂器製作，並非個別現象，而應是整個族群共同的技能特長。上古先王皆精通樂律，揭示出王與「樂」之間互爲一體的內在關聯，尤其是舜更是出身於樂官世家，更從一個側面折射了樂官的歷史原型。

伏羲生活在距今六、七千年前的古成紀，是華夏民族的人文始祖。從中國古代的文獻記載中，我們可以發現很多關於「伏羲製琴」和「神農作瑟」的資料。首先，關於「伏羲製琴」。《詩經・爾雅》曰：大琴曰離，二十弦，傳此是伏犧所製；《世本》明確記載作琴之人爲伏羲，作瑟之人爲神農。《魏書・樂志》（卷一〇九）亦曰：伏羲弦琴，農皇製瑟。唐代杜佑在《通典》中寫道曰：言伏羲作琴，以修身理性。在文獻中還有關於神農製琴、炎帝作琴、晏龍始製琴和舜作琴等不同的說法。首先，關於神農製琴，東漢的桓譚在《新論》中說：神農氏始削桐爲琴，繩絲爲弦。《說文》（卷十二下）以及《隋書・音樂志》（卷一五）都認爲琴是神農所造；其次，東漢時期的皇甫謐在《帝王世紀》中也提到炎帝作五弦之琴，再次，《山海經》記載帝俊生晏龍，晏龍最早製琴。最後，《樂記》認爲舜帝製作了五弦之琴。

舜爲上古著名先王，司馬遷將他排在「五帝」中的第五位。中國大陸最大的綜合性辭典《辭海》這樣簡介：舜，父系氏族社會後期部落聯盟領袖，姚姓，有虞氏，名重華。根據古文獻記載，舜帝所屬的氏族是五帝時代最重要的部落之一，這一部族的歷代先祖都與「樂」有著極爲密切的關聯。在原始社會末期，舜帝的先祖世代擔任樂官一職，舜及其父瞽叟，都是古代樂器的重要製作人或發明者，舜本人更是創制中國古代最爲重要的一種樂器——簫。《世本・作篇》記載：「簫，舜所造。其形參差象鳳翼，十管，長二尺。」

有虞氏與「樂」的密切關係，不僅在於舜帝本人曾發明樂器——簫，更爲重要的是，舜帝所屬的有虞氏部族在歷史上曾憑藉「樂」成就偉大的功業，而且這一功業足與大禹治水相提並論。《國語・鄭語》記其事云：

> 夫成天地之大功者，其子孫未嘗不章，虞、夏、商、周是也。
> 虞幕能聽協風，以成樂物生者也。夏禹能單平水土，以品處庶類者

也。商契能和合五教，以保於百姓者也。周棄能播殖百穀蔬，以衣
食民人者也。

韋昭注：

協，和也。言能聽知和風，因時順氣，以成育萬物，使之樂生。

《國語・周語上》亦曰：「瞽告有協風至」。韋昭注：

瞽，樂太師，知風氣者也。協，和也，風氣和、時候至也。立
春日融風也。

據此可知，舜帝的先人虞幕借助樂律的幫助，比較準確地預測春季季風
的到來，從而使部眾能夠及時地組織農業生產，從而「成育萬物，使之樂生」
了。〔註2〕根據前文的考證，舜的父親瞽叟音樂十分精通，並且是絃樂器瑟的
改作者之一，顯然也應該掌握有虞氏世傳的這種通過感知氣候而知季節的科
技能力。

從「伏羲作琴」到「神農作瑟」，從皇帝作樂到舜帝精於樂律，諸種歷史
言說表明，上古先王即爲樂師。《國語》：

「虞幕能聽協風，以成樂舞生者也；夏禹能單平水土，以品處
庶類者也；商契能和合五教，以保於百姓者也；周棄能播殖百穀蔬，
以衣食民人者也；其後皆爲王公侯伯。〔註3〕

這裡的幕、禹、契和棄分別是虞、夏、商、周四代王朝的人文始祖，他
們皆精於樂律，由此可以想見，在上古時代，君王與樂官在身份上往往合二
爲一，從一定意義而言，上古先王即是樂官的歷史原型。

（二）「聖者，聲也」——先秦樂官的神聖地位

上古之時，樂官精於樂律，善於觀測天文，在一年四季中，運用他們所
掌握的天文氣象知識，能授時制曆，判斷季節的更替，從而組織指導農耕生
產。有鑒於此，樂官往往被上古先民視爲可以推天道以明治道的聖人，擁有
神聖而崇高的社會地位。

遠古時期，因沒有天文曆法，對季節的判斷主要依靠觀測天象。史書記
載舜帝的先祖——虞幕能「聽協風，以成樂物生。」〔註4〕舜帝所處的部落屬

〔註2〕許兆昌：《先秦樂文化考論》，哈爾濱：黑龍江人民出版社，2010 年，第 121
頁。

〔註3〕《國語・鄭語》。

〔註4〕《國語・鄭語》。

於夷夏聯盟，位於如今的山東一帶，屬於暖溫帶季風氣候。時至春夏之季，來自海洋的溫潤風雨即會飄散大地，滋養農耕作物。舜帝的先祖因爲能聽聞感知溫潤和煦的春季季風，從而因時順氣，組織安排春播農耕，以成育萬物，使之樂生。上古先王因精通天文，善於聽聞季風，故被視爲聖人。善於「聽」而被視爲「聖」，開啓「聖」在中國上古文化語境中的語義源流。

漢字包涵著深厚的文化底蘊。聖、聲、聽這三個字，在上古時代，語義相通。關於這一問題，已得到學者的普遍認可，如郭沫若、李孝定、徐中舒等先生都有相同的看法。〔註5〕尤其是徐中舒先生對此有著更爲詳細的闡明：

> 以耳形著於人首部位強調耳之功用；從口者，口有言詠，耳得感知者爲聲；以耳知聲則爲聽；耳具敏銳之聽聞之功效是爲聖。聲、聽、聖三字同源，其始本爲一字，後世分化其形音義乃有別，然典籍中此三字亦互相通用。聖之會意爲聖，既言其聽覺功能之精通，又謂其效果之明確。故其引伸義亦訓通、訓明、訓賢、乃至以精通者爲聖。〔註6〕

「聲、聽、聖」三字分化後，其早期文字上的聯繫，在後世的訓詁中仍時有體現，即「聖」字在訓詁中常與聽、聞聯繫在一起。朱駿聲《說文通訓定聲》：耳順之謂聖；《藝文類聚·人部四·聖》引《風俗通》：聖者，聲也，通也，言其聞聲知情，通於天地，條暢萬物也。《世說新語·賢媛篇》說：至於眼耳，關於神明。在古人看來，耳目作爲接受外部信息的重要器官，能夠會通神明。古人還認爲，成爲聖人的必備條件即「聰」，聽覺要十分發達：

> 聰也者，聖之藏於耳者也；明也者，智之藏於目者也。聰，聖之始也；明，智之始也。故曰：「不聰明則不聖智」。聖智必由聰明。
>
> 聖始天，智始人；聖爲崇，智爲廣。〔註7〕

《說文》：「聖，通也，從耳」〔註8〕。段玉裁注：

> 聖從耳者，謂其耳順。《風俗通》曰：聖者，聲也。言聞聲以知

〔註5〕郭沫若：《卜辭通纂考釋》，見《郭沫若全集·考古編》（第2卷），北京，科學出版社，1982年，第489頁。李孝定：《甲骨文字集釋》（第12卷），臺北，史語所專刊之五十，1974年，第3519頁。

〔註6〕徐中舒主編：《甲骨文字典》，成都，四川辭書出版社，1989年，第1287頁。

〔註7〕《郭店楚墓竹簡·五行》。

〔註8〕《說文》。

情。

在古文字系統中，聲、聽、聖三字語義同源。可以說，聖人觀念的形成，從一開始就與聽力有關。郭店楚簡《語叢一》：聖，耳也。《五行篇》：聞而知之，聖也，聖人知天道也。馬王堆帛書《五行》：聰也者，聖之藏於耳者也，聰，聖之始也。《老子》甲本卷後古佚書之四《德聖》亦言：

> 聖者，聲也。聖者知，聖之知知天，其事化翟，其胃之聖者，
> 取諸聲也。

因此，聖人之所以被稱爲聖人，從詞源上而言，是因爲精於聽聲，從功能上講，是因爲能聽聲以聞天道，《孟子・盡心下》就言：聖之於天道也。《韓非子・解老》曰：

> 聰明睿智，天也；動靜思慮，人也。人也者乘於天明以視，寄
> 於天聰以聽，託於天智以思慮。故視強，則目不明；聽甚，則耳不
> 聰；思慮過度，則智識亂；目不明，則不能決黑白之分；耳不聰，
> 則不能別清濁之聲；智識亂，則不能審得失之地。目不能決黑白之
> 色則謂之盲，耳不能別清濁之聲則謂之聾，心不能審得失之地則謂
> 之狂。盲則不能避晝日之險，聾則不能知雷霆之害，狂則不能免人
> 間法令之禍。書之所謂治人者，適動靜之節，省思慮之費也。所謂
> 事天者，不極聰明之力，不盡智識之任。苟極盡，則費神多；費神
> 多，則盲聾、悖狂之禍至，是以嗇之。嗇之者，愛其精神，嗇其智
> 識也。故曰：「治人事天莫如嗇。」〔註9〕

在原始時代，能知天道者，唯有巫覡。《國語・楚語下》載：

> 古者民神不雜，民之精爽不攜貳者，而又能齊肅衷正，其智慧
> 上下比義，其聖能光遠宣朗，其明能光照之，其聰能聽徹之，如是
> 則明神降之，在男曰覡，在女曰巫。

巫覡因其聖，故可「光遠宣朗」；因其「聰」，故可「能聽徹之」，接通神明，通於天道。

聽之境界，又有「以神聽」、「以心聽」、「以耳聽」的區別，巫覡降神時的精神狀態，就與「以神聽」非常接近。《文子・道德》曰：

> 文子問道，老子曰：學問不精，聽道不深。凡聽者將以達智也，
> 將以成行也，將以致功名也。不精不明，不深不達，故上學以神聽，

〔註9〕《韓非子・解老》。

中學以心聽，下學以耳聽。以耳聽者，學在皮膚；以心聽者，學在肌肉；以神聽者，學在骨髓。故聽之不深，即知之不明；知之不明，即不能盡其精；不能盡其精，即行之不成。凡聽之理，虛心清靜，損氣無盛，無思無慮，目無妄視，耳無苟聽。專精積蓄，內意盈並，既已得之，必固守之，必長久之。

天性即道，性善即德，道德之在我者也。故聖人不學而知率之謂道，修之謂教，則是以在於我者，施於人矣。中人以上，中人以下，皆得而學之，聽乎耳，悅乎心，如鏡得磨，光明內發。豈非吾心之固有乎？因其學而明之，以之修身則道德著，以之治國則事業成。此以見學問之精而吾心之明。〔註10〕

鄭玄《詩譜》言：古代之巫，實以歌舞為職。《說文》亦言：「巫，祝也，以舞降神者也」。〔註11〕巫師有時候就借助樂舞，將「聽」的生理機能無限擴大，使自己進入迷狂失神狀態。「巫」與「樂」的歷史淵源與流變形塑樂官的歷史原型。

現代考古研究表明，樂官起源於巫官，因而，樂官與巫官一樣，精於聽聲。樂律的起源，傳說是黃帝時的樂官——伶倫聽鳳凰之鳴而作。《呂氏春秋·古樂》：

> 昔古朱襄氏之治天下也，多風而陽氣畜積，萬物散解，果實不成，故士達作為五弦瑟，以來陰氣，以定群生。

> 昔葛天氏之樂，三人操牛尾投足以歌八闋：一曰載民，二曰玄鳥，三曰遂草木，四曰奮五穀，五曰敬天常，六曰達帝功，七曰依地德，八曰總萬物之極。

> 昔陶唐氏之始，陰多滯伏而湛積，水道壅塞，不行其原，民氣鬱閼而滯者，筋骨瑟縮不達，故作為舞以宣導之。

> 昔黃帝令伶倫作為律。伶倫自大夏之西，乃之阮隃之陰，取竹於嶰溪之谷，以生空竅厚鈞者、斷兩節間、其長三寸九分而吹之，以為黃鍾之宮，吹曰「舍少」。次製十二筒，以之阮隃之下，聽鳳皇之鳴，以別十二律。其雄鳴為六，雌鳴亦六，以比黃鍾之宮，適合。

〔註10〕《文子·道德》。
〔註11〕許慎：《說文解字》。

　　黃鍾之宮，皆可以生之，故曰黃鍾之宮，律呂之本。黃帝又命伶倫
　　與榮將鑄十二鍾，以和五音，以施英韶，以仲春之月，乙卯之日，
　　日在奎，始奏之，命之曰咸池。

　　　　帝顓頊生自若水，實處空桑，乃登爲帝。惟天之合，正風乃行，
　　其音若熙熙淒淒鏘鏘。帝顓頊好其音，乃令飛龍作效八風之音，命
　　之曰承雲，以祭上帝。

「伶」又與「靈」相通。《說文》中云：靈，巫也！以玉事神。在上古之
際，人們以鳳爲風神。《甲骨文合集》有「於帝史鳳」一語，近代著名史學家
郭沫若先生釋之爲：「此言『於帝史鳳』者，蓋視鳳爲天帝之使」。〔註12〕可
見，上古先民往往將鳳凰視爲傳達神諭的使者，它傳達著「王權神授」的神
聖旨意。《商頌‧玄鳥》即稱：「天命玄鳥，降而生商。」這至少可以證實，
商、周之際，在所謂「天授王權」的過程中，「鳳」作爲上天降賜祥瑞的信使
地位，已經完全確立。伶倫作爲樂官能夠聽鳳凰之鳴而制樂律，通達神明，
足以表明，在上古之際，樂官兼有巫的身份。

　　早在甲骨文中，「鳳」、「風」語義同源，故伶倫聽鳳鳴制律，實際上就是
聽風聲而作律。《淮南子‧主術訓》言：

　　　　樂生於音，音生於律，律生於風，此聲之宗也。

這是對樂律製作的學理化解釋。《呂氏春秋‧古樂》載：

　　　　飛龍，作效八風之音。命之曰《承雲》以祭上帝。

這也是「聽風作樂」的具體事例。《國語‧周語下》曰：吾非瞽史，焉知
天道？瞽爲樂官，是以聲而知天道者。〔註13〕在先民的觀念裏，鳳鳥是掌管
天時的曆正，《左傳‧昭公十七年》載郯子之言：

　　　　我高祖少皞摯之立也，鳳鳥適至，故紀於鳥，爲鳥師而鳥名，
　　鳳鳥氏，曆正也。

《國語‧周語上》亦載：

　　　　夫民之大事在農，上帝之粢盛於是乎出，民之蕃庶於是乎生，
　　事之供給於是乎在，和協輯睦於是乎興，財用蕃殖於是乎始，敦庬
　　純固於是乎成。

　　在以農業生產爲主的氏族部落裏，對曆法的掌握是非常重要的，故《尙

〔註12〕郭沫若，《卜辭通纂》，臺北，大通書局，1976），頁376。
〔註13〕朱申：《周禮句解》，《文淵閣四庫全書》本。

書・堯典》將「曆象授時」作爲首要的施政措施,《呂氏春秋・首時》〔註14〕也說:「聖人之所貴唯時也」。在先民的觀念裏,鳳鳥是掌管天時的曆正,《左傳・昭公十七年》載郯子之言:

> 我高祖少皞摰之立也,鳳鳥適至,故紀於鳥,爲鳥師而鳥名,
> 鳳鳥氏,曆正也。

杜預《集解》:鳳鳥知天時,故以名曆正之官。少皞爲東夷始祖,以鳳鳥爲圖騰,故鳳鳥與律、曆有著很密切的關係,而所謂的「瞽史知天道」,其實就是對天時曆法的掌握,故《國語・周語上》韋昭注言):瞽,樂太師;史,太史也。掌陰陽、天時、禮法之書,以相教誨者。

上古對曆法的測定,可以分爲不同的階段。顓頊絕地天通之前,巫覡皆精通曆法。明代學者顧炎武即言:「三代以上,人人皆知天文。」〔註15〕但絕地天通之後,巫覡出現分層,因特質的不同,測定曆法的手段亦出現分化,像重、黎這樣擔任「火正」的巫師,因「其明能光照之」,主要靠觀測天象來定曆法。而像虞幕、瞽瞍這樣擔任「樂正」的巫師,則因「其聰能聽徹之」,主要靠「聽風協律」來定曆法。《國語・鄭語》:「虞幕能聽協風,以成樂物生者也。」〔註16〕在原始時代,部落首領往往身兼大巫之職,而「聽風」正是他用以組織農業生產的巫術儀式。《周語》亦載:「瞽告有協風至」韋昭注云:

> 瞽,樂太師,知風聲者也。協,和也。風氣和,時候至也,立
> 春日融風也。

通過「聽協風」預知季節變換,這正是虞幕所舉行的風土巫術的遺留。

古代律曆不分,將十二月與十二律聯繫起來,既可由律呂而知月曆,又能因月曆而定律呂,形成了一個互動的聯繫機制。《淮南子・天文訓》:律之數六,分爲雌雄,故日十有二鍾,以副十二月。而對於其演生模式,《呂氏春秋・音律》有詳細記載:

> 大聖至理之世,天地之氣,合而生風,日至則月鍾其風,以生
> 十二律。仲冬日短至,則生黃鍾。季冬生大呂。孟春生太蔟。仲春

〔註14〕《呂氏春秋・首時》。

〔註15〕顧炎武著:《日知錄集釋》,黃汝成集釋,上海古籍出版社,2006年,第1673頁。

〔註16〕《國語・鄭語》。

　　　　生夾鍾。季春生姑洗。孟夏生仲呂。仲夏日長至，則生蕤賓。季夏
　　　　生林鍾。孟秋生夷則。仲秋生南呂。季秋生無射。孟冬生應鍾。天
　　　　地之風氣正，則十二律定矣。

　　這是由十二月之風氣制定樂律的學理化解釋，與伶倫制律的神話化解釋
不同，而古代的「候氣法」則是由律管推定月曆的具體應用。其中，氣在律
曆的相互轉化中起著關鍵作用。所謂「天地之氣，合而生風」。古之樂官正是
通過自己敏銳的聽力，感知風氣的運行規律，從而完成律曆的制定的。

　　樂師憑藉其敏銳的聽力，能準確地聽到「八風」到來時所發出的聲響，
並與特定的樂音相配合，爾後便可測定季節之變換，這就是樂師「掌知音樂
風氣」的職責。《淮南子・天文訓》載：

　　　　何謂八風？距日冬至四十五日條風至，條風至四十五日明庶風
　　　　至，明庶風至四十五日清明風至，清明風至四十五日景風至，景風
　　　　至四十五日涼風至，涼風至四十五日閶闔風至，閶闔風至四十五日
　　　　不周風至，不周風至四十五日廣莫風至。

　　將一年分為八個相等時段，每一時段都有相對應的風，但需要指出的是，
從某一風向另一風的轉換並不是突然的，肯定是經過了細微的形態變化，而
樂師就是負責偵知這些細微變化的。《國語・夫樂》：以開山川之風也，以耀
德於廣遠也，風德以廣之，風山川以遠之，風物以聽之，修詩以詠之，修禮
以節之。〔註17〕

　　這裡的「風物以聽之」是指當風氣作用於萬物時，會表現出不同的物態，
樂師也可以憑藉對不同的物態的感知，瞭解風氣的轉換。商代雖不具備完整
的「八風」系統，但其對「四風」的祭祀，再加之對樂官聽「協風」的具體
記載，都暗示我們通過感知風向的轉變去測定節氣的到來，是殷先民重要的
物候學知識之一。

　　聖人的德行不在其他，正在順天時，郭店簡《成之聞之》言：聖人天
德，何？言慎求之於己，而可以至順天常矣！天常即天時。《易・繫辭上》
亦言：

　　　　夫大人者，與天地合其德，與日月合其明，與四時合其序，與
　　　　鬼神合其吉凶，先天而天不違，後天而奉天時。天且不違，而況於
　　　　人乎？況於鬼神乎？

〔註17〕《國語・夫樂》。

　　上古樂官，正是通過善聽的生理特質，以樂律爲手段，感知季風變換，預測時令，從而使農業生產得到合理的安排。上古樂官「奉天時」以明人事的卓越職能開啓「樂治」的歷史先河。

二、舜帝「歌《南風》之詩而天下治」——上古「樂治」典範及其政治隱喻意義

　　先秦文獻關於「五帝」記述，以虞舜的傳說最多、最詳。時至秦漢，史書關於「三皇五帝」的記載，尤以舜帝著墨最多、描寫最爲豐富，記述虞舜的文字在《五帝本紀》中幾乎佔了一半以上。從歷代文籍的記敘中，我們可以看出，舜帝是歷史影響最爲深巨的上古先賢與聖王，尤其是舜帝「歌《南風》之詩而天下治」的「樂治」典範根植中國傳統政治「偃武修文」的精神特質，形塑中國傳統政治的基本形態。

（一）舜帝能掌握春耕時令以「阜吾民之財」——以「樂」治國彰顯以能力服人的政治真諦

　　「樂治」一詞經史均無明文，不同於「禮治」、「法治」和「人治」那樣引人注目。但「樂治」中的其人、其事，經史記載卻是不乏其例。《史記‧樂書》篇有「舜作五弦之琴，以歌南風」而教理天下的記載，這雖繫傳說，但也在一定程度上反映了上古「樂治」的基本狀況。自古以來，舜帝一直被譽爲中國的「人文先祖」，在中國五千年文明的演進中具有奠基性、始源性地位。舜帝的政治傳說開啓中國樂治或者說尙「文」政治的精神源頭，奠定中國文化的精神內核。

　　舜歌《南風》之事，在中國傳統社會影響深遠。先秦兩漢的諸多典籍均對此事有著大同小異的記載，如《史記‧樂書》云：

> 昔者舜作五弦之琴，以歌《南風》；夔始作樂，以享諸侯。故天子之爲樂也，以享諸侯之有德也。德盛而教尊，五穀時熟，然後享之以樂。故舜彈五弦之琴，歌《南風》之詩而天下治；紂爲朝歌北鄙之音，身死國亡。舜之道何弘也？紂之道何隘也？夫《南風》之詩者生長之音也，舜樂好之，樂與天地同意，得萬國之歡心，故天下治也。

　　「舜彈五弦之琴，歌《南風》之詩而天下治」的歷史事迹在《禮記‧樂記》、《韓非子‧外儲說左上》、《韓詩外傳》卷四、《淮南子》、《新語‧無爲》、

《孔子家語・辯樂解》等其他古典文集中均有記載，其影響可見一斑。舜帝歌《南風》之詩而天下治的政治傳說儼然已成爲一種極具象徵意義的政治文化符號。

一首《南風》之詩因而有如此重大意義？舜何以能歌《南風》之詩而天下治？欲揭開這一歷史之謎，必須要追索一下「以音律省土風」這一古老文化傳統的內在意涵。

所謂「以音律省土風」，乃是華夏先民長期運用的一種測量節氣、氣候的獨特方法。這種方法與當時的天文、曆法、農業生產及生活有著密切的關係。如《左傳》昭公二十年曰：

> 聲亦如味，一氣、二體、三類、四物、五聲、六律、七音、八
> 風、九歌，以相成也。

《呂氏春秋・察傳》亦云：

> 夔於是正六律，和五聲，以通八風，而天下大服。

從這種記載中不難看出，古人認爲音律、樂聲與「風」及國家的治理有著密切的關係。「夏風多暖暖，樹木有繁陰」，「秋風起兮白雲飛，草木黃落兮雁南歸」。〔註18〕中華古國是農業之國，不同的季風意味著春耕與秋收的季節變換，能否準確掌握時令，影響一年的農業收成，關涉上古之國的安危。《管子・四時》云：

> 東方曰星，其時曰春，其氣曰風，風生木與骨……
>
> 南方曰日，其時曰夏，其氣曰陽，陽生火與氣……
>
> 中央曰土，土德實輔四時入出……
>
> 西方曰辰，其時曰秋，其氣曰陰，陰生金與甲……
>
> 北方曰月，其時曰冬，其氣曰寒，寒生水與血……

南方之風屬陽，在中國陰陽五行的理論中，「陽」主生，「陰」主殺，故南風是「生長之風」，由此可推測，所謂「南風」即是春、夏之風。時至一千年後的唐代，仍然流傳著「夜來南風起，小麥覆隴黃」的詩句，這足以表明當溫潤的南風興起之時，即是小麥豐收之際。

南風作爲「生長之風」，在夏季吹來，人們當然是容易感覺到的。但如果是在早春的季節，當「大地微微暖氣吹」的時候，憑人的感覺是很難觀察到

〔註18〕　（唐）白居易：《觀刈麥》。

的，因而需要有一種專門的技術來辨別，這種專門技術就是「以音律省土風」。以音律來辨別四方或八方之風，這在當時是被廣泛尊信的一種專門技術，這門技術就是後人所稱作的「候氣法」。馮時在《殷卜辭四方風研究》一文中總結說：「候氣法是一種以律呂測氣定候的方法，它的起源相當古老，惜其術絕來既久。」〔註19〕

「候氣法」的具體操作方法，如今我們已經無法考證，但毋庸置疑，「以音律省土風」的傳統氣象技術確實存在過。既然南風是「生長之風」，南風之詩當然就是「生長之音」。尤其要說明的是，這種傳統技術，最早是由舜帝家族——虞氏家族掌握和繼承。《國語‧鄭語》云：

> 夫成天地之大功者，其子孫未嘗不章，虞夏商周是也。虞幕能聽協風，以成樂物生者也；夏禹能單平水土，以品處庶類者也；商契能和合五教，以保於百姓者也；周棄能播殖百穀蔬，以衣食民人者也。其後皆爲王公侯伯。

虞幕乃有虞氏初祖，執掌樂官之職。《左傳》昭公八年言：自幕至於瞽瞍無違命。這即是說，有虞氏家族執掌樂官之職，從始祖虞幕一直到虞舜之父瞽瞍，世代均能忠於職守，未有過失。到了虞舜這一代，「舜彈五弦之琴，歌《南風》之詩而天下治」，恐怕仍然與家族世職的緣由密切先關，只是到了虞舜繼帝位之後，命夔「典樂」，其家族的世職由此中斷。《呂氏春秋‧察傳》云：

> 昔者舜欲以樂傳教於天下，乃令重黎舉夔於草莽之中而進之。
>
> 舜以爲樂正。夔於是正六樂，和五聲，以通八風，而天下服。

舜既然已繼位爲天子，就應該以天下爲己任，「以音律省土風」的世職當然要另選他人承擔。由於身居帝位而又有著「以音律省土風」的習慣性思維定勢，所以當南風「薰」來時，他便立刻聯想到「解吾民之慍」、「阜吾民之財」。舜帝以感懷民生疾苦，故能「得萬國之歡心」，達到「天下治」的目的。

（二）「舜有孝行，故以五弦之琴歌南風詩」——上古「樂治」內涵以「仁孝治天下」的治國之道

古往今來，對《南風歌》的解釋眾說紛紜，莫衷一是，但毋容置疑的是，這首歌政治象徵意義悠遠綿長，隱喻著深邃的精神意涵。舜帝「以五弦之琴歌南風詩」的歷史典故奠定中國傳統政治文化的精神主脈，化育中國政治傳

〔註19〕《張家山漢墓竹簡》，文物出版社 2001 年版，第 140 頁。

統的內在精魂。

　　長久以來，對於舜帝所作的《南風歌》，可謂仁者見仁、智者見智。韓非子在《韓非子·外儲說左上》中認爲舜「歌南風而天下治」是因爲果實豐收，恩惠於民，故天下大治。三國魏人王肅在《孔子家語·辯樂解》中說：「南風，育養民之詩也。」〔註20〕這可以說是對《南風歌》最直接的解釋，其含義既揭示歌辭的字面意義，也暗含舜帝心憂天下的愛民的情懷。世傳所謂「南風」之詩，其內容抒寫南方之民因南風之起而產生的歡悅之情。南方酷暑易旱，令人常苦，而南風乍起，往往積雲飄雨，解萬物焦渴，除萬民之躁熱，故南方之民在炎日燎物灼人之際，喜獲及時吹來的溫潤涼爽的南風，萬物復蘇，農耕豐收，故視爲「長養之風」，舜帝作歌頌之。這首詩歌直賦其事，直抒其情，辭意平易曉暢，以五言、八言句子交錯爲詩，形式整齊對稱，將語助詞「兮」字置於句末以協和韻律，聲調輕曼悠揚。舜歌「南風」的傳說，隱喻舜帝勤政愛民、心憂天下的民本情懷。

　　然而從虞舜的孝道意識出發，後世史家又有著不同的理解。如《史記》裴駰集解引鄭弦曰：「南風，長養之風也，言父母之長養也。」《史記》張守節正義曰：

　　　　南風，孝子之詩也。南風養萬物而孝子歌之，言得父母生長，
　　　如萬物得南風也。舜有孝行，故以五弦之琴歌南風詩，以教理天下
　　　之孝也。

這是從南風的養物借喻爲父母的養子，並進一步推論《南風》詩爲「教化」之詩。不管我們如何解讀《南風》詩的精神內涵，但舜「歌南風而天下治」的歷史傳說，卻開啓中國「樂治」傳統，這一政治傳統隱喻著極爲深邃而悠遠的政治文化意涵。

　　舜帝「樂治」的政治傳說開啓中國政治倫理化的先河。在中國傳統倫理政治中，權力即是人格魅力，舜帝正是以其高尚的品德成就一代先王盛業。從先秦至西漢文獻中，關於虞舜的人格品行，主要體現在以下幾個方面：一是孝順友悌。相傳舜「起農畝，出於野鄙」〔註21〕，出身低微。其父凶頑，其弟狂傲，皆欲尋罪殺舜，而「舜順父及後母與弟日以篤謹，匪有解。」〔註22〕虞舜成了

〔註20〕《孔子家語·辯樂解》。
〔註21〕《戰國策·齊策》。
〔註22〕《史記·五帝本紀》。

中國歷史上「盡事親之道的榜樣。西漢劉向作《孝子傳》稱揚虞舜「大聖至孝道所神明矣！」〔註23〕舜帝不僅孝順友悌，而且有著仁義謙和的人格美德，在傳說中，虞舜在家孝順父母、友悌兄弟；在外處世也心存謙恭，有和人之德，為國自是廣愛民眾、大行仁政。

前文已述，堯帝獲悉臣子四嶽薦舉虞舜可「踐帝位」後，即多方測試考察虞舜。唐堯先是以「娥皇」、「女英」兩個女兒嫁給虞舜，觀其理家之道；虞舜娶得二女，「曉之義理」，使二女克守婦道；繼而，唐堯令虞舜代行司徒之職，傳佈「父義、母慈、兄友、弟恭、子孝」之五常之教，虞舜「慎美篤行」，使天下四方遵從教化而無有違命。唐堯又讓虞舜為百官度事定職，虞舜命百官各明其事，各司其職，職位井然有序，政務無誤其時。此後，虞舜賓於四門，接待四方諸侯，四方諸侯齊頌虞舜美德。最後，唐堯命虞舜，深入高山密林，大川浩澤之中，虞舜儘管在山林川澤遭遇暴風雷雨，卻行路不迷，經過歷試諸種難事，唐堯才認定虞舜為聖，命舜攝行天下之政。

舜帝以自己的道德人格贏得了眾人擁戴，承接帝位。在治理天下過程中，舜帝勤於民事，身體力行，親躬農事，造福百姓。舜帝務利天下的傳說，在先秦至漢代的諸多文獻中皆有記述，《墨子尚賢》：

> 昔者舜耕於歷山，陶於河濱，漁於雷澤，灰於常陽
>
> 堯得之服澤之陽，立為天子，使接天下之政，而治天下之民。

〔註24〕

> 舜兼愛百姓，務利天下，其田歷山也，荷彼耒耜耕。
>
> 彼南畝，與四海俱有其利，其漁雷澤也，旱則為耕者鑿瀆。
>
> 險則為獵者表虎，故有光若日月，天下歸於若父母。〔註25〕

《呂氏春秋·慎人》寫到：

> 舜耕於歷山，陶於河濱，釣於雷澤，天下說（悅）之。

《史記·本紀》記載：

> 舜耕歷山，漁雷澤，陶河濱，作什器於壽丘，就時於負夏。
>
> 舜耕歷山，歷山之人皆讓畔；漁雷澤，雷澤上人皆讓居；

〔註23〕劉向：《孝子傳》。
〔註24〕《墨子·尚賢下》。
〔註25〕《尸子輯本》卷上。

陶河濱，河濱器皆不苦窳。一年而所居成聚，二年成邑，三年
成都。

以上這類記述，明確說明，虞舜貴爲君王，仍率先垂範，親自參與農業
耕作、漁業生產、陶器燒製、房屋建築等民生活動，掌握並提升當時的種種
生產技術，爲民眾謀利。凡有利於百姓，造福於社會的，**無不躬親爲之，處**
苦行之。由於虞舜勤工勞作，身體力行，帶領民眾發展生產，先民因而豐衣
足食、安居樂業，再也不爲食物不足而爭鬥，也不因器物不良而愁苦，虞舜
以其能服人、以其德化人。天下悅之，民眾從之。在虞舜的領導下，原始社
會形態朝著文明社會不斷進步。

（三）「偃武修文」──舜帝「歸化南國」功業根植「化成天下」的政治基因

在歷史記載中，尤爲令人稱頌的是舜帝推德懷遠，「舜化南國」，化大江
南北爲一體的政治功業。如前引傳說所述：虞舜爲堯所試，賓於四門，四門
穆穆，諸侯遠方賓客皆敬，攝行天子之政。**後虞舜不辭勞苦巡狩四方，慎和**
五典，布施五教，以致於「勤於民事而野死」，因此百姓感恩，諸侯率服，遠
近朝貢。《淮南子・原道訓》載：

夫（舜）能理三苗，朝羽民徙裸國，納肅愼，未發號令而移風
易俗。

《史記・五帝本紀》說：

虞舜時代，四方諸侯，各以其職來貢，不失其宜，方五千里，
至於荒服。

舜歌《南風》故事，即是以史詩方式記載了虞舜推德懷遠、南服「三苗」、「巡
狩南方」、歸化南國歷史事迹。

「三苗」又被稱作「有苗」、「苗民」，是原始社會末期的南方大族，居處
「左彭蠡之波，右有洞庭之水」。〔註26〕三苗的活動區域大致主要在今河南南
部及洞庭湖至鄱陽湖一帶以長江中游的江漢間地爲中心也延及江南廣大地
區。堯時，壯大起來的三苗逼進中原腹地，於是，「堯與有苗戰于丹水之浦」
〔註27〕，《呂氏春秋・召類》亦載：「堯敵于丹水以服南蠻」。然而「三苗」並

〔註26〕　《戰國策・魏策》。
〔註27〕　《六韜・輯文》。

未被征服，「在江淮、荊州數為亂」〔註28〕。舜佐堯而」造三苗於三危，以變西戎」，才獲得了南方的一時安寧。舜為天子後，殘存南方的三苗初仍不服，虞舜先也一如堯時慣例，遣發大軍以武力征服，《尚書‧大禹謨》記載虞舜派禹征三苗的史實：

> 帝曰：咨，禹，惟時有苗弗率，汝徂征。
>
> 禹乃會群后，誓於師曰：
>
> 濟濟有眾，咸聽朕命，蠢茲有苗昏迷不恭，侮慢自賢，反道敗德，君子在野，小人在位，民棄不保，天降之咎，肆予以爾眾士，奉辭伐罪，爾尚一乃心力，其克有勳。

然而，「三苗」不畏強暴，雖力不敵強大的禹師，但敗而不餒。三旬，「苗民逆命」，至此，虞舜乃知三苗不能用武力征服，只能以仁德感化，以文明教化。於是，虞舜制止了禹等「請伐之」的要求，偃兵修教、推德懷遠，結果喻教行德三年，三苗不僅欣然誠服，而且，「移風易俗」，文獻中對此多有記述。《呂氏春秋‧尚德》載：

> 三苗不服，禹請攻之，舜曰：以德可也，行德三年，而三苗服。
>
> 舜卻苗民，更易其俗。〔註29〕
>
> 當舜之時，有苗不服，禹將攻之，舜曰：「不可，上德不厚而行武，非道也」，乃修教三年，執干戚舞，有苗乃服。〔註30〕
>
> 當舜之時，有苗不服，於是舜修政偃兵，執干戚而舞之。〔註31〕
>
> 當舜之時，有苗不服，其不服者，衡山在南，岐山在北，左洞庭之波，右彭澤之水，由此險也，以其不服，禹請伐之，而舜不許，曰：「吾喻教猶未竭也」，久喻教而有苗請服，天下聞之，皆薄禹之義而美舜之德。〔註32〕

武力征伐不能服眾，行德喻教方可化民。虞舜棄力徵而以德化「三苗」，足顯其明哲賢能之「聖」，虞舜在南國的行德，即如《南風歌》所云的：「解吾民之慍」、「阜吾民之財」；虞舜在南國的喻教，也即「慎和五典」，使苗民「移

〔註28〕《呂氏春秋‧召類》。
〔註29〕《呂氏春秋‧召類》。
〔註30〕《韓非子‧五蠹》。
〔註31〕《淮南子‧齊俗訓》。
〔註32〕《韓詩外傳》卷三。

風易俗」,明「五常」之義,由野蠻走向文明。

據考古資料在新石器時代中期和晚期,北方黃河流域有仰韶文化和龍山文化,南方長江流域也大致相應有大溪文化和屈家嶺文化及其發展的「青龍泉三期文化」,但比較而言,後者在總體發展水平上明顯地越來越落後於前者,虞舜在南國的行德喻教,給南國苗民帶來了中原華夏族先進的生產技術和文化觀念,使得南國苗民的生產大有發展,生活大加改善,部族大爲和睦,社會大顯進步,南國苗民豈會不感戴,不誠服,不親附,不變俗,「青龍泉三期文化」中的「龍山文化」因素,似乎映證了舜在南國行德喻教的功績。據文獻大量記述虞舜在南國行德喻教的傳說來看,虞舜當爲經營南國,安撫苗民而遠行南土,「身殉政事」,因此,澤被南土,惠及苗民的虞舜,也得到了世代南方民眾的尊崇和敬奉,傳說中的虞舜,可謂蠻荒南國的開闢者,文明南國的首創者。有了虞舜的教化,南蠻開始親附華夏,有了虞舜的巡狩,南土正式入籍中國。

綜上概言之,傳說中的虞舜是一位有孝行、布仁德、「躬藉處苦」、愛民勤政、明哲賢能,集宗法社會諸多美德於一身。又建立了地轄「九州」的王朝,實現了天下大治的「聖王典範」。

古人將堯、舜並視爲「聖王」,儒者也「祖述堯舜」。然而舜帝功蓋堯帝,德勝大禹。後世史家如此評述:唐堯其德似乎不在虞舜之下,但其功卻難逾虞舜之上,所謂「堯不能爲而舜能爲之,堯未能成而舜能成之」;古人雖將禹與舜並稱,儒者乃同頌堯、舜、禹、湯、文、武,但在傳說中,夏禹其功似乎不在虞舜之下,其德卻難逾舜之上,所謂:「人有言,至禹而德衰,不傳於賢,而傳於子。」〔註33〕

虞舜是中國古史傳說中的「五帝」之一,早在春秋之際,舜帝即被推崇爲仁德聖王,尤其是儒、墨兩家更是將舜帝推崇爲以仁德懷柔天下、以「樂」治天下的「聖王」典範,舜帝所以歌《南風》之詩而能化成天下,關鍵在於舜帝內存仁義、外施善政,一切都冥和天道,順應正道,「天下太平,萬民安寧皆化其上,樂乃可成」〔註34〕。天下大治,**關鍵在於要讓天下萬民歡心愉悅**:「凡古聖王之所以貴樂者,爲其樂也」〔註35〕。司馬遷亦云:

〔註33〕《孟子·萬章上》。
〔註34〕《呂氏春秋·大樂》。
〔註35〕《呂氏春秋·侈樂》。

德者，性之端也；樂者，德之華也金石絲竹，樂之器也。詩言
其志也，詠其聲也。夫《南風》之詩者，生長之音也，舜樂好之，
樂與天地同意，得萬國之歡心，故天下治也。

根據古史傳說並結合考古發現來看，如果說黃帝、炎帝開啓中國而初興華夏，
顓頊、唐堯諸「古帝」經營中原而壯大華族的話，那麼，虞舜則開化南國，
實現中華一統。尤其舜帝歌《南風》之詩而天下治的歷史典故，開啓中國傳
統政治「內修仁德，外化天下」的精神主脈，奠定了中國政治傳統、乃至整
個中華文化傳統的精神根基。舜帝的「樂治」天下的歷史事迹，隱喻舜帝勤
政愛民、心懷天下、造福萬民，讓天下歡心的民本情懷，從這些歷史事迹所
折射的「實踐理性」奠定中國仁治善政的人道根基，後世儒家文化、乃至整
個中國文化傳統的源自於舜帝歌《南風》之詩的「樂治」業績。

三、「樂以象政」——先秦文化的「象喻」意識與「樂」的政治象徵意義

在人類的文化史中，「象徵」是一個十分重要的概念，有的人類學家甚至
認爲，象徵的意義之重大，幾乎可以與生命的出現相比，有了象徵，各種各
樣的社會現象可以通過象徵概括表達。對於上古中國先民而言，「樂」作爲一
種政治象徵符號是「皇權神授、正統合法」之信物。

在先秦文獻中，關於帝堯、帝舜的歷史典故中，曾經數次提到了一種樂
器——琴。現代考古發現表明，遠在堯舜之際，琴作爲一種樂器已成爲關涉
王權繼承的重大問題，史載，瞽叟與舜的弟弟象合謀，試圖佔有堯賜給舜的
重要遺物——琴，以此篡奪王權：

瞽叟、象喜，以舜爲已死。象曰：「本謀者象。」象與其父母分，
於是曰：「舜妻堯二女，與琴，象取之。牛羊倉廩予父母。」象乃止
舜宮居，鼓其琴。〔註36〕

在《史記》的記載中，舜的弟弟象強佔舜的宮室之後所做重要之事，居然是
「鼓其琴」，惟獨將琴據爲己有，而將牛羊、倉廩等財富全部留給父母。從中
我們可看出，琴的價值意義要遠遠高於牛羊、倉廩等物質財富。從一般意義
而言，這樣的行爲確實有些費解，然而，如果我們將這一行爲置放於「樂通
神明」的特定歷史語境下，我們會豁然明白，舜的弟弟象之所以首先據舜之

〔註36〕《史記·五帝本紀》。

琴爲己有，顯然意在奪取王權。

琴作爲一種重要的敘事對象，在上古典籍中不斷演繹著共同的歷史事件，顯然不能視作無意義政治敘述，其中必然內涵著非常重要的政治象徵意義：

> 樂者，陰陽之和也，聖人者，協陰陽之聲，制其器以宣其和而已。琴瑟者，樂之本和者也，琴統陽，瑟統陰，以陽佐陰不可易也，是故登歌惟王備琴瑟，諸侯則有瑟而無琴，燕禮登歌有瑟而已，所以別於王也。〔註37〕

在上古時代，「惟王備琴瑟，諸侯則有瑟而無琴」，可知，「琴與瑟」等樂器是帝王有別於諸侯的政治象徵。

（一）象徵理論視域下的政治權力分析

回溯古今中外的政治發展史，我們可發現，幾乎所有政治系統的運轉都離不開某些象徵符號的應用。哈樂德‧D‧拉斯韋爾在《政治學》一書中明確指出：對政治象徵符號的操縱是各類權力精英駕馭環境、實現其政治目標的主要途徑之一。從一定意義而言，創設一種政治象徵，就意味著設定了一種權力關係，任何政治象徵的變更也必然標誌著權力關係的改變。政治象徵在政治領域中的意義尤爲重大。有的學者甚至認爲：「政治只是一連串抽象的符號」〔註38〕。這一意味深長的話語雖顯得有些絕對，但卻向人們表明一個十分重要的事實：政治象徵在紛繁複雜的政治領域之中有著極爲重大的理論意義與現實價值。

象徵能力是人類獨有的能力。象徵就其本質而言即是一種暗示，一種隱喻。象徵並不是事實本身，象徵之所以成爲象徵是因爲它寓物以深刻的含義。黑格爾曾指出：「象徵一般是直接呈現於感性觀照的一種現成的外在事物，對這種外在事物並不直接就它本身看，而是就它所暗示的一種較爲廣泛較普遍的意義來看。因此，我們在象徵裏應該分出兩個因素，第一是意義，其次是這意義的表現。意義就是一種觀念和對象，不管它的內容是什麼；表現是一種感情存在或一種形象。」〔註39〕從詞源上看，「象徵」是表示人的身份的

〔註37〕《路史‧禪通紀‧朱襄氏》。

〔註38〕Murray Edelman.The Symbolic Use of Politics.Ur-bana: University of Ellinois Press, 1964, p5.

〔註39〕黑格爾：《美學》第 2 卷，商務印書館，1979 年，第 9 頁。

符徵、命相學中的徵兆或秘密社會中的暗語符號等。在這些用法中,「象徵」
有兩個特點:一、它是具象的實物;二、它有表徵作用,即它本身表徵另一
事物。後一特點使其具有一般符號的功能。正如語詞的意義規則是人為規定
的一樣,象徵符號的這種表徵作用同樣也是由使用者人為約定的。自從近代
人文學科興起以來,象徵已成為哲學、美學、文學、社會學、心理學、人類
學的主題之一,這個語義含混而應用廣泛的語詞已成為一種文化標記,表達
著文本的或非文本的某種間接隱蔽的深層意涵。在某種文化語境中,特定的
對象和形象、特定的情境或情節、特定的觀念或思想都將成為表達另一種意
義的手段。〔註40〕就此而言,象徵本身即是一種表象與意義的結合,「意義」
與「表象」不可分割地結合在一起。沒有無「表象」的象徵,也不存在無「意
義」的象徵。從象徵「意義的表現」形態來看,象徵形態可分為兩大類:一
為具象象徵,如物體、語言文字及行動等;二為抽象象徵,如思想、觀念及
關係等等。無論是何種類型的象徵,象徵都不應被理解為是某種事物的替代
品,而是概念與意義的載體,換言之,象徵乃是傳達客體概念的精神載體與
文化符號,表達一定政治意義的精神載體與文化符號即是政治象徵。美國著
名學者拉斯韋爾在《權力與社會》一書中說:政治象徵就是「創建、變更、
維護權力的、對權力運作過程具有直接功能」的符號。政治象徵基於「社會
流行信念」,反映社會的共同命運,它總是被用來激發人們的政治情感,直接
左右人們的信仰與行動,從而達成一定的政治目的。

政治象徵的運用有著極為悠遠的歷史。作為一種具有世界普遍性的文化
現象,人類初始社會的「圖騰崇拜」在很大程度上即是一種政治象徵行為。
在上古中國社會,政治象徵不僅是一種政治意義的表達,更為重要的是,在
古代中國先民看來,政治象徵本身即是一種安邦治國之道。在古書中的人們
常會見到一句古老的話語——「垂裳而治」。《易・繫辭下》中曰:黃帝、堯、
舜,垂衣裳而治天下,蓋取諸乾坤,這句話有兩重意涵:一是說黃帝、堯、
舜依照《周易》乾坤兩卦「乾尊坤卑之義」來區別貴賤,使社會等差有序;
一是說黃帝、堯、舜無為而治,上古之際,民風純正,只要「垂衣裳」就可
以使百姓從善如流。雖然「垂裳而治」只是一個歷史傳說,不足憑信,但這
一傳說卻隱含一層很重要的精神意蘊,這就是古人相信,在象徵符號與被象
徵的事實之間,有某種神秘的聯繫使他們彼此感應,象徵就是通過這種感應,

〔註40〕參閱李幼蒸:《理論符號學導論》,中國社會科學出版社,1993年。

從而起到整理人間秩序的作用。所謂「衣裳」即上衣下裳，象徵的是男尊女卑，因爲上下不同，從而昭示著陽尊陰卑。在古代中國社會，天子、諸侯、大夫、士、庶民的服飾差異，也就是一種政治等級差別的象徵。從本質意義而言，象徵在人們心目中被確認的心理過程，即是確認事實的天然合理性的過程。在古代中國社會，政治象徵不僅僅局限於服飾，還有其他多種形態，但最爲主要的形態是象徵儀式。

儀式是人類歷史長河中最古老、最普遍的一種社會文化現象。從十九世紀末以來，在將近一百多年的歷史過程中，有關儀式的研究成果已經浩如煙海，從不同的角度加以解讀，人們對儀式有著不同的理解，從文化人類學的角度來看，儀式即是一種象徵，儀式的象徵現象是文化人類學的重要主題。象徵人類學大師特納正是從儀式的研究中建構其理論體系。特納認爲，和動物的儀式相比，人類儀式的基本原理是象徵性的，儀式中的象徵符號具有組合和重組的類似語言的能力。他認爲儀式就是「一個符號的聚合體」，比如在祭祀儀式中，祭祀供品、詩文樂舞、服飾用品等象徵符號共同建構了祭祀儀式。

美國著名學者梅里亞姆曾提出一個著名的論斷：政治現象是深深貫穿在人們日常生活中的習慣和文化的產物。分析政治現象不能就政治而談政治。任何政治現象的存在都有著深厚的歷史淵源與特定的文化背景，換言之，任何政治現象都是一種歷史的存在、一種文化的存在。文化是由社會——歷史形塑的特定符號體系，它動態、生成性地形塑社會生活與個體性情。文化符號在衝突頻繁的社會舞臺上，扮演著區隔差異、標示等級的關鍵角色。於之同時又不易察覺地、巧妙的掩飾著自身的表演，政治、經濟等社會力量往往以文化的符號形式，極爲隱蔽地施行權力支配的實質。就此而言，政治權力即是一種政治象徵符號的存在。

長久以來，在人們的慣性思維中，人們常常把權力理解爲一種強制力，其實就其根本而言，政治權力乃是一種認同情感的存在。雖然強制性的暴力是權力的基本構成要素，但暴力無法建構權力的合法性根基，被統治者除了對權力的外在服從外，還應當對權力統治內具一種不可動搖的信任和深厚持久的忠誠，如果缺失這種忠誠和信仰基礎，那麼權力的統治只是一種赤裸裸的暴力。暴力雖然能帶來一時的安定，但卻無法獲得社會的長治久安。尤爲重要的是暴力所滋生的敵意與仇恨遲早會成爲政治崩潰的導火索。權力只有

轉化爲符號權力，權力只有得到民眾的心理認同，權力只有轉化爲一種認同的情感，才能確立其穩固的政治根基。

　　人是理性的存在，也是一種感性的存在。從一定意義而言，在人的本性當中，感性的情感有時意義更爲重大。現代心理學研究也表明，情感是心理活動的組織者，人的情感傾向決定著自身的價值偏好與行爲取向。自古有言：得民心者得天下。在政治社會中，政治情感傾向往往決定著民心所向，情感問題之於政治有著極爲重大的意義。梅里亞姆在《政治權力》中，曾提出了著名的「感性政治」和「理性政治」理論，所謂「感性政治」就是爲了維護權力而使用的感性化的「使人激動的東西」，即通過某些象徵儀式，調動人們的感情和情緒以維繫權力；所謂「理性政治」，就是訴諸於合理且明智的「使人可以信仰的東西」，即通過理論化的意識形態等來獲得人們對權力的理性的支持。梅里亞姆在《政治權力》還列舉了一些有關感性政治象徵的具體事例，比如：紀念日及應該被人們記憶的時代、公共場所或紀念碑等建築物，音樂和歌曲、旗幟、裝飾品、塑像、制服等等藝術設計，精心組織的儀式、遊行等大眾性示威活動。對於努力尋求政治資源的政治體系來說，這些象徵符號都是政治權力的精神源泉。在現實的政治領域中，政治權力並非只是一種支配與被支配的關係，政治權力作爲一種特殊的政治現象，其本身即是社會文化生活的邏輯展開，梅里亞姆這樣寫道：政治現象是深深貫穿在人們日常生活中的習慣和文化的產物。對於政治權象的分析不能只是停留在一般性的政治範疇中，而是要從文化學、人類學等更爲廣闊的視域下探究政治現象的深層底蘊，這樣才能深化對政治權力的理解。

　　「文化」這一語詞，在不同的學科範疇有著不同的闡釋，在社會學中，「文化」可以作爲一種符號體系尤其是象徵性的符號體系來把握。美國文化人類學家 C・吉爾茲在《文化闡釋學》中認爲，所謂文化即是：人類爲了傳達關於生活的知識和態度，使之得到傳承和發展而使用的、以象徵符號形式來表現的繼承性的觀念體系。這個定義強調的是文化的符號性與象徵性。從某種意義而言，文化即是一套象徵體系。人類在社會實踐的過程中創造出文化這一象徵符號體系，從而擺脫了生物學意義上的自然屬性，實現了人性的自我超越。然而，文化作爲一種象徵符號體系，它既是人的一種自我超越，也是人的一種自我束縛，文化體系一旦形塑而成，就會具有相對的獨立性，作爲能動的力量反作用於社會。換言之，由於文化體系是一種「繼承性的觀念體系」，

它通過形成文化秩序來制約、形塑社會形態與人的實踐行為。文化的符號權力和社會等級、制度儀式、機構系統以及日常生活的方方面面須臾不離。符號權力並不只是無孔不入地滲透到人的精神觀念之中，它還更全面、更內在地規訓人的各項社會實踐行為。

「得民心者得天下」，從本質意義而言，政治權力的構建必以心理權力為基礎，否則，任何政治權力都將岌岌可危。政治象徵作為一種政治意義的存在通過心理情境的設定，創設一定的政治態度與政治願景。每一個政治象徵的興起，都是在反映某一時代的希望與需要。為獲取或維持政治權力，政治精英總是通過政治象徵藝術的運用來激發人們的政治情感，「任何精英都以共同命運的象徵作為旗號」來感召大眾以建構自身的政治正當性。〔註 41〕政治權力的正當性問題是政治領域中的核心問題，就其根本而言，政治正當性問題即是政治認同問題。政治權力只要能獲得廣大民眾的心理認同，便可構築政治權力的正當性基礎。

從現代學理角度而言，政治認同的建構有賴於以下兩個重要方面：一是政治權力的有效性；一是精神象徵的確立。所謂政治權力的有效性是指政治權力對社會進行政治管理所取得的實際業績。由於政治權力的有效性與政治的正當性有著極為緊密的關聯，一些著名的政治學家對於政治有效性從不同的角度進行了探討。現代著名政治學家利普塞特認為：「有效性是指實際的政績」〔註 42〕；阿拉嘎帕認為：有效性是政治權力在為提高共同體和集體利益時的有效運作；弗里德里奇則認為：有效性是指一種成就偏好，是政治權力主體取得的成就如戰爭的勝利、國家的繁榮、社會的安定和秩序。「如果一個政治制度長時期地缺乏有效性，也將危及合法制度的穩定」〔註 43〕。托克維爾也曾指出：「每個人都因貧困而指責政府，連那些最無法避免的災禍都歸咎於政府；連季節氣候異常，也責怪政府」〔註 44〕。在現實社會生活中，政治有效性主要意味經濟產業的發展。著名學者羅斯切爾德曾指出：如果政治體系能長期滿足民眾的需要和利益，即可贏得統治的正當性；一個傳統的政治體系即使完全擁有統治的正當性，但如其長久以來表現得昏庸無能，亦會慢

〔註41〕哈羅德‧D‧拉斯韋爾：《政治學》，楊昌裕譯，商務印書館，1992 年，第 19頁。

〔註42〕利普塞特：《政治人——政治的社會基礎》，商務印書館，1993 年，第 53 頁。

〔註43〕利普塞特：《政治人——政治的社會基礎》，商務印書館，1993 年，第 53 頁。

〔註44〕托克維爾：《舊制度與大革命》，商務印書館，1992 年，第 109～110 頁。

慢消耗其正當性。爲了尋求政治正當性，執政者都要極力謀求社會經濟的發展，以此來提高普通民眾的物質文化生活水準，從而鞏固其政治地位。但政治有效性所帶來得物質利益並不是政治正當性的唯一基礎，「一切經驗表明，沒有任何一種統治自願地滿足於僅僅以物質的動機或者僅僅以情緒的動機，或者僅僅以價值合乎合理性的動機，作爲其繼續存在的機會。相反，任何統治都企圖喚起並維持對它的合法性的信仰」〔註45〕。政治正當性的建構，既要以政治有效性爲基礎，也要立基於一種象徵性的精神信仰的喚起。

政治學家弗里德里奇把政治正當性的基礎歸結爲五大要素：政治有效性、宗教信仰、哲學的正義觀、傳統觀念、程序觀念。由此可見，政治正當性不僅是一個物質利益問題，更是一個精神信仰問題。政治學家羅思切爾德認爲：政治系統統治的合法性，涉及系統成員的認知和信仰，即系統成員承認政治系統是正當的，相信系統的結構與體制及在既定的範圍內有權使用政治權威。在政治正當性的建構中，認知和信仰是最基本的結構要素。「如果某一個社會的公民都願意遵守當權者制定和實施的法規，而且還不僅僅是因爲若不遵守就會受到懲處，而是因爲他們確信遵守是應該的，那麼，這種政治權威就是合法的」。〔註46〕爲了建構政治正當性的信仰基礎，政治體系總是要運用宗教信仰、傳統觀念與倫理道德權威等政治象徵意義來爲自身的統治尋求正當性的論證。以精神信念爲本體的政治象徵意義能夠培植民眾對政治正當性的忠誠和信仰，政治象徵意義作爲一種關於政治正當性的認知範式，對社會成員的認知具有導向與固定功能。被民眾所認可的政治象徵意義具有極大的感召力、動員力和凝聚力，可有效地激發個體成員的信心與熱情，整合人們的思想與行動，堅定社會成員實現既定的目標與願景的決心。人是一種精神的存在，也是一種希望的存在，當人們感到迷茫的時候，可能給自己帶來光明的政治象徵便會給人以希望與慰藉，「任何精英都以共同命運的象徵作爲旗號」來描繪光明的未來藍圖，以此感召大眾、引領大眾，從而建構自身的政治正當性〔註47〕。

從本質意義而言，政治象徵最爲重要的功能就是通過深入人心的象徵意

〔註45〕馬克斯·韋伯：《經濟與社會》（上卷），商務印書館，1997年，第239頁。

〔註46〕阿爾蒙德：《比較政治學：體系、過程和政策》，上海譯文出版社，1989年，第35頁。

〔註47〕哈羅德·D·拉斯韋爾：《政治學》，楊昌裕譯，商務印書館，1992年，第19頁。

義來感召民眾，從而獲得廣大民眾的心理支持與情感認同，以此建構政治正當性的內在基礎。由於歷史傳統、文化背景、價值理念不同，各個不同的政治體系所尊奉的政治象徵形態也各不相同。一般而言，「政治領袖大多採取訴諸於體現在國家過去的歷史、勇氣、膽略、智慧和高尚行為的形式，或者訴諸於例如平等、自由、社會、民主主義、共產主義、自由主義或宗教傳統等準則和意識形態，或者訴諸於對未來成就和獎賞的許諾。」〔註48〕然而不管各種政治團體尊奉何種政治象徵意義，就其根本而言，無不是為了尋求廣大民眾情感上的歸屬、心靈上的慰藉、信仰上的依靠、精神上的依歸，從而為其執政地位建構起政治正當性的心理基礎。

　　政治正當性不僅來源於精神信仰，政治領導人物的人格特質與個性魅力也是政治正當性的重要源泉。當代政治學家大衛‧伊斯頓把政治正當性的結構要素分為意識形態、結構和個人品質三個方面。所謂個人品質意指執政者個人能贏得民眾信任和贊同的個人素質和品德因素。近代著名的思想家馬克斯‧韋伯則把個性魅力視為政治正當性的重要源泉。馬克斯‧韋伯認為，政治正當性的建構主要不是依賴有形的物理強制力，而是無形的合法性信仰。他把政治正當性歸納為三種類型：一是傳統合法性；二是魅力合法性，三是法理合法性。所謂魅力合法性是指社會大眾由於傾心於政治領袖所獨具的神聖性質、英雄色彩及堪為模範的人格特質，從而發自內心地擁戴他的領導地位。美國學者梅里亞姆把政治治理歸結為以下六種要素，即：習慣；暴力；象徵化和儀式化；合理的同意和參加；戰略；統率力。所謂政治統率力主要是指運用象徵的能力和運用組織的能力。對於政治統率力，他尤為強調能力與勇氣等政治人格魅力。他把政治領袖的超凡魅力定位為「以代表他人的願望而成為象徵的行為」。他認為，所謂政治領袖，就是演繹自身的存在，並使自身轉化為一種政治象徵的存在。

　　政治象徵意義在政治領域中具有非常重大的價值意義，政治象徵就是一種使用精神力量以達成政治目標的工具。政治象徵的功能直接體現在權力運作的整體流程中，政治權力的建立、轉移與維持均有賴於政治象徵的建構與施用。美國著名學者拉斯韋爾在《政治學》中認為：所有政治象徵在權力關係中均含有因果存在。創設一個政治象徵，即意味著設定了一種權力關係，而任何象徵的修正或替代也標示著權力關係的變更與取代。一言以蔽之，任

〔註48〕阿爾蒙德，小鮑威爾：《當代比較政治學》，商務印書館，1993年，第168頁。

何一個政治象徵都表現著一定的權力關係。

（二）「樂以象政」的文化背景分析

象徵是一個廣泛發生於人類思維過程中的心理運動過程。在一定的歷史階段上，它甚至是人類思維的基本形式與主要過程。象徵是一種符號、一種暗示、一種隱喻，以象徵隱喻的方式來把握客觀事物是中國古代先民最爲基本的思維模式之一，尤其是「樂象」思維更是中華禮樂文明衍生的文化基因。在傳統禮樂文化中，「以樂論政」、「樂以象政」是一種典型的政治認知模式。「樂」作爲一種政治象徵，內涵重大的政治象徵意義。

中國傳統文化以「象」爲本，〔註49〕「象」是傳統中國文化的意識本源。聖人「觀象以製器」，創制物質文化；「立象以盡意，設卦以盡情僞，繫辭以盡其言」，建構精神文化；取法於天地萬物和人間萬象，制禮作樂。有感於此，胡適先生曾指出，「象」是一種「理想的形式」，它產生了人類所有的事業、發明和制度〔註50〕。

「象」是傳統中國文化中極具典型意義的觀念範疇。「象」，即是像，模仿式的表現之義。「聖人有以見天下之賾，而擬諸其形容，象其物宜，是故謂之象」〔註51〕。在中國傳統文化中，「象」有兩方面的思想意涵，一爲外在的、可感的形象本身，一爲內涵的、只可意會的象徵意義〔註52〕。對於上古先民來說，「象」是其思想意義的邏輯起點，經由「象」的感悟與體驗，引導出「形」的認知與把握。《易・繫辭上》云：「在天成象，在地成形，變化見矣」。「象」與「形」相聯共同建構了中國傳統禮樂文化的精神源頭。「象形」意識作爲傳統中國禮樂文化的精神源頭，經由先秦學者的思想闡發與意識超越，逐漸衍化爲蘊涵思維特徵、文化觀念與審美意識爲一體的「象喻」思維方式，並滲透到傳統政治文化、倫理文化、醫藥文化、軍事思想、天文曆法、文學藝術等諸多方面。政治文化中的「樂以象政」、軍事思想中的「兵形象水」、天文曆法中的「觀象授時」、文學藝術中的「意象具足」、中醫理論裏的「脈象」、「氣象」等無不浸潤著「象喻」化的思維方式。「象喻」思維貫通於古代中國先民的諸多方面，並內化爲一種深層的心理結構。朱熹在《周易本義》中寫

〔註49〕 參閱毛宣國：《先秦「象論」與古典美學》，載於《學習與探索》1995 年第 4 期。
〔註50〕 胡適：《先秦名學史》，學林出版社，1983 年，第 37 頁。
〔註51〕 《周易正義》，《十三經注疏》本，中華書局 1980 年版。
〔註52〕 胡明：《古典文學縱論》，遼海出版社，2003 年，第 429 頁。

道：言之所傳者淺，象之所示者深。

　　「象」這一字在甲骨文中即已出現，是大象這一生物的象形字符。相傳殷商時期黃河流域野象成群，近代以來的考古研究已有明證，並與古籍記載多有相符。羅振玉先生根據卜辭「獲象」、「來象」之文，最早斷言殷商時期中原產象〔註53〕。在此基礎上，徐中舒先生考證《禹貢》中豫州之「豫」為「象」、「邑」兩字合文，證明「豫當以產象得名」，又考舜「田於歷山，象為之耕」的傳說，乃由服象之事附會而成〔註54〕。帝舜「田於歷山，象為之耕」的「服象」傳說，凡見於《尚書‧堯典》、《史記‧五帝本紀》、《孟子‧萬章》中。今人根據在殷墟發掘的象坑遺址，進一步揭示出殷商之際黃河流域野象成群，殷王曾用大象為犧牲；大約公元前十世紀的氣候逐漸變冷，大象開始南遷〔註55〕。考之古典文獻，大象南遷後，在廣大的江南地區，又生存了較長時間。殷人秉承「服象」的傳統，視象為神聖之物，以象名號，用作犧牲祭祀，並把象尊為祭祀重器，直到周人仍然把象視為神物用於禘禮，留駐宮中使用，如《左傳‧定公十年》中，就有孔子「犧象不出門」的說法。殷周之際，視象為神聖之物的「尚象」意識在祭祀樂舞中也得以充分展現。相傳殷周之際出現的樂舞即以《象》為名，史傳這項樂舞是為武王伐紂功成而作，據《墨子‧三辨》載：「武王勝殷殺紂，環天下自立以為王，事成功立，無大後患，因先王之樂，又自作樂，命曰《象》。」又《荀子‧禮論篇》云：「和鸞之聲，步中《武》、《象》，趨中《韶》、《濩》，所以養耳也。」在古人的解釋中，《象》又名《大武》，在鄭玄《毛傳》箋、《禮記》注中多次提及這一點，如《周頌‧維清》毛序：「維清，奏《象舞》也。」鄭注：「《象舞》，象用兵時刺伐之舞，武王制焉。」《禮記‧明堂位》中記載魯國以禘禮祭周公：「升歌《清廟》，下管《象》。」鄭注：《清廟》，周頌也；《象》謂周頌《武》也，以管播之。從這些古代典籍中我們可知：《大武》乃武王伐紂成功之作，以此樂舞表演來頌揚和展示周人伐紂、建國、分封和安定天下的創業史。此外，根據《呂氏春秋‧古樂》的記載，也可以考見《象》與《大武》之間的關係：

〔註53〕　羅振玉：《殷虛書契考釋》，北京圖書館出版社，2008年，第37頁。
〔註54〕　徐中舒：《殷人服象及象之南遷》，《歷史語言研究所集刊》，第二本第一分冊，中華書局，1987年影印，第60頁。
〔註55〕　王宇信、楊寶成：《殷墟象坑和「殷人服象」的再探討》，《甲骨探史錄》，三聯書店，1982年版。

> 武王即位，以六師未至，以銳兵克之於牧野。歸乃薦俘馘於京
> 太室，乃命周公爲作《大武》。成王立，殷民反，王命周公踐伐之。
> 商人服象，爲虐於東夷。周公遂以師逐之，至於江南。乃爲《三象》，
> 以嘉其德。故樂之所由來者尚矣，非獨爲一世之所造也。

這裡說明的是《三象》之由來，係周公掃平殷人叛亂而作的慶功樂舞，與《大武》相同，均在祭祀大典中演出。至於兩者之間的關係是等同抑或交叉疊合，還有待於進一步探究。

「尚象」傳統與上古三代的社會文化生活有著極爲緊密的關聯，「象」與龜卜、占筮相結合，「象」由此成爲溝通天地人神的中介。在三代占卜之法中，上古先民對「尚象」理念進行了觀念形態上的昇華。龜卜與占筮是三代最爲通行的占卜之法，是溝通天地人神關係、獲悉神諭的主要方法。龜卜乃「鬼謀」時代的產物，是將龜腹骨或獸骨鑽孔火烤，依據其自然裂紋的龜象推斷人事的吉凶；而占筮乃「人謀」時代的產物，是以蓍草數目的變化來求得八卦之象，依卦象推斷人事的吉凶。《左傳・僖公十五年》中韓簡言：「龜，象也。筮，數也。」所謂「數」是指蓍草排列之數，在本質上仍然是對「象」的一種模擬。無論是龜象或卦象都反映出「象」在上古先民精神世界中的重要性。在古代先民的思維模式中，自然的某種變化與天的意志有著神秘的內在關聯，這些自然徵兆就體現在兆象與卦象中。古代先民相信，兆象與卦象表徵著宇宙秩序及其衍化規則，據此不僅可以推斷天意變化、人事吉凶，而且宇宙人事的演化規則也可以根據「象」模擬推演出來。三代留存下來的占卜之法，按照《周禮・春官宗伯》的記載有連山、歸藏、周易三種，即後世所謂三《易》，現在遺存下來得只有《周易》。《周易》是一部關於「象」的著作，它通過一套複雜的占筮之術，即《繫辭下》所謂「八卦以象告」、「《易》者象也」、「象者言乎象者也」等，用變化多端的卦爻之象來表現流動不居的人世吉凶禍福，涵括了天地萬物之規則，故《四庫全書總目》認爲：「六經之中，唯《易》包眾理，事事可通。」王先謙在《詩三家義集疏・序例》中亦曾說過：《易》有孟京「卦氣」之候，《詩》有翼奉「五際」之要，《尚書》有夏侯「洪範」之說，《春秋》有公羊「災異」之條，皆明於象數，善推禍福，以著天人之應。由此可見，「象」不僅是易學的意念核心，也是春秋諸子之學的觀念核心。

「象」是指聖人感悟天下萬物繁雜多樣，便用六十四卦來擬萬物之形

態，賦予萬物以適當的秩序，故把卦體稱為「象」。朱熹注解說：「象，卦之象」〔註56〕。聖人製作器物，創造物質文化是受六十四卦卦象啓發的結果。在精神領域，聖人「立象以盡意，設卦以盡情僞，繫辭以盡其言」以完成精神文化的建構。在上古歷史傳說中，伏羲氏作為人間君主，為使世人明事理、循天道，他仰觀天象，俯察地理，明辨世間物象與人世本身所蘊涵的天道事理，總結出治世之道，以卦象的象徵符號，把天道、人倫、自然萬物之理以八卦流佈於後世。這就是《易傳》所說的：

> 古者伏羲氏之王天下也，仰則觀象於天，俯則觀法於地，觀鳥
> 獸之文與地之宜，近取諸身，遠取諸物，於是始作八卦，以通神明
> 之德，以類萬物之情。

「象」作為「文化意象」，它源於天地萬物與人間萬象。上古先賢聖哲在宇宙萬象中感悟發掘其中的「意義母題」，並將其抽象為「文化意象」。從氣象萬千的物候天象到精神領域中的文化現象，從器物製作到典章制度等，都是一種「文化意象」。依據「象」，聖人「設卦以盡情僞，繫辭以盡其言」，建構一整套包括象、卦、辭、言的文化觀念體系。禮樂制度作為一種「文化意象」也是源於先賢聖哲對「象」的深切體悟。《荀子‧樂論》云：「君子以鐘鼓道志，以琴瑟樂心，動以干戚，飾以羽旄，從以磬管。故其清明象天，其廣大象地，其俯仰周旋有似於四時。」又說：「鼓似天，鍾似地，磬似水。」〔註57〕

春秋之際，經由諸子之學的闡釋，「象」在思想層面上實現了抽象意義上的精神超越，在理論層面上衍化為諸多學派的觀念核心。老子將「象」與「道」相結合，從而將原有的龜象、易象提升到哲學層面，確立了道家學說形而上的意義。老子曰：

> 道之為物，惟恍惟惚。惚兮恍兮，其中有象。

> 大音希聲，大象無形，道隱無名。

老子所謂「大象」，如成玄英疏所云：「猶大道之法象也」，用以指稱「道」所具有的不可把握、不可言狀、難以窮盡的特徵，這是一種言語所不能表達的境域，唯有在無形無狀、惟恍惟惚的「象」中才能感悟與體驗到「道」的存在與運行〔註58〕。老子之學的這種感悟式思維方式，通過眾多物象體悟

〔註56〕 朱熹：《周易本義》，上海古籍出版社，1987年，第59頁。
〔註57〕 《荀子集解》《諸子集成》本，中華書局1954年版。
〔註58〕 參閱成中英：《中國文化的現代化與世界化》，中國和平出版社，1988年。

「大象」，由此感悟本原的「道」，旨在表明「象」具有本體論意義上的形上特徵。儒家學說也極具「尚象」意識的傳統文化基因，形成了「象」通禮樂、「以象比德」的政教文化體系。春秋之際，「尚象」意識傳統經由諸子之學的抽象演繹，逐漸衍化為一種「象喻」化的思維模式。從比較具體的「尚象」意識發展成為比較抽象的「象喻」思維，體現了中國古代先民思維演進的心路。

「象喻」思維是古人把握世界的一種極為重要的認知方式，王夫之在《周易外傳》卷六中認為：「盈天下而皆象也。《詩》之比興，《書》之政事，《春秋》之名分，《禮》之儀，《樂》之律，莫非象也。而《易》統會其理。」在他看來，「六經」都是因「象」明義，都不離「象喻」思維的藩籬，其中《周易》更是這一思維模式的理論綱要。《易》歸于周禮，其本身即是周禮的一個組成部分。如《左傳·昭公二年》云：

> 晉侯使韓宣子來聘，且告為政而來見，禮也。觀書於大史氏，
> 見《易象》與魯《春秋》，曰，周禮盡在魯矣。吾乃今知周公之德，
> 與周之所以王也。〔註59〕

韓宣子將《易》與《春秋》視為宗周典籍，感歎「周禮盡在魯矣」，從這些先秦典籍的記敘中可獲悉至少在春秋戰國之世，《周易》已被納入了周禮系列。關於《周易》與周禮之間的關係，近世學者進行了卓有成效的工作。如從「象」的維度考察，易象較之於龜象，人文信息更為豐厚。李鏡池先生在《周易探源》中指出《周易》中卦爻辭的人文事象，如《師》議軍事、《小畜》、《大畜》議農業、《賁》談婚姻、《復》談行旅等等。易象中人文色彩的增強，與周禮的建構幾乎是同步的，也與宗周之際人文理性的萌醒相契合。由《易經》到《易傳》的演變，可以察見殷禮到周禮的衍化過程，從殷人重龜象到周人重易象，及至《易傳》言象意互動符號系統的形成，這一演進歷程就是從占筮之術到哲理之學的思維演進過程，同時也是「象喻」思維的形成過程，中國傳統文化由此開始從蒙昧走向理性。

作為傳統中國文化最為典型的系統思維方式，「象喻」思維是建立在具體性、直觀性和經驗性基礎上的一種意義推衍。《周易》通過卦象、卦德的引申、推衍，其意義範疇不斷地擴展以致包羅萬象。在易學的意象中，借助卦象的排列與推衍，可以窮盡天地萬物之象，故《繫辭上》云：「通其變，遂成天地

〔註59〕《左傳·昭公二年》。

之文。極其數，遂成天下之象。」〔註60〕《易》以陰陽二爻爲基本要素，以數的奇偶排列組合推衍出八卦、六十四卦和三百八十四爻，通過一套象徵比擬意義的圖式符號建構一個複雜的意向系統，並依託引申、暗示、象徵、隱喻、比擬、類推等心理意象，將情景相關、意義相通的事物聯繫成同感互通，可以感悟的觀念範疇，以此來把握這個變動不居的外在世界。對於這一認知模式，孔穎達在《乾‧象傳》中有這樣的詮釋：

> 或有實象，或有假象。實象者，若地上有水，比也，地中生木，升也，皆非虛，故言實也。假象者，若天在山中，風自火出，如此之類，實無此象，假而爲義，故謂之假也。雖有實象，雖有假象，皆以義示人，總謂之象也。

經過概括、歸納、整飭的易象，具有極強的統攝意涵，包容了具象、物象、心象等各種成分，既有實象，也有虛象，「皆以義示人」，不管是實際存在的還是不存在的，盡在卦象中得以顯現，故《易緯》云：卦者，掛也，言懸掛物象以示於人。這正是易象的意涵能夠在不斷的演繹中，具有普遍包容性的內在衍化義理。

「象喻」思維不僅通過八卦卦象及其推衍變化來象徵、擬喻天下萬物及其相互聯繫，而且還通過卦象、卦德的不斷引申、比附，形成了「言近而指遠」的精神主旨。《繫辭下》所謂「以類萬物之情」的推導模式，拓展了「象喻」意識範疇，李鏡池先生在《周易探源》中說：從自然界擴大到社會現象，從具體事物發展到抽象觀念，涵括了自然世界之天象、地變、山川、物候、植被；人類社會之祭祀、農耕、漁獵、畜牧、征戰、商旅、婚娶、養生、服飾等等。卦法推衍之意旨在於《賁‧象傳》所謂「觀乎天文，以察時變。觀乎人文，以化成天下」，即通過對宇宙萬物的體認及其規律性的把握，感悟社會人事變遷之規律，推衍政治倫理之準則。

對於「象喻」思維的特點，我們以《周易》爲例加以分析。《周易》的義理可以用三個關鍵術語加以概括：「象」、「數」、「辭」，這三個關鍵術語構成了《周易》義理的內在邏輯鏈條。「數」是「象」的前提和規定，源於天象喻義；「辭」是對「象」的解讀與闡釋，受制於「象」；而吉凶的演算推斷，源於「象辭」，簡言之，因「數」定「象」，觀「象」判「辭」，以「象辭」定吉凶。三者之間，「象」居於中心地位，「象」將「易」、「數」、「辭」等極

〔註60〕《易‧繫辭上》。

具高度象徵擬喻意義的圖式符號勾連起來，建構了一套複雜的意象系統。以「象」爲邏輯起點，建構了易學的三個核心命題：「觀物取象」、「觀象製器」、「象以盡意」。所謂「觀物取象」、「觀象製器」意旨易象體現了「聖人之意」，由「象」衍生人類的器物儀式與典章制度。所謂「象以盡意」，闡釋了「象」是思維過程的中介，是「象喻」思維建構的關鍵環節。這三個核心命題，建構了「象喻」思維發展的邏輯鏈條，確立了傳統禮樂文化的源頭，「樂」的象徵意義——也逐漸衍化而來，「樂之象」作爲一種文化象徵符號源遠流長。

中國文化以「象」爲本，「象喻」意識是中國文化的意識根源。在巫卜文化的浸染下，歷經先秦學者的思想闡釋與精神超越，「象喻」意識彌漫於政治、倫理以及審美諸多領域。「樂象」觀念即是「象喻」思維在禮樂文化中衍生的重要觀念範疇，內涵意味深遠的政治、倫理等文化意義。在「象喻」的文化背景下，先秦儒家常常將政治與音樂等同視之，尤其是「孔子把政治完全藝術化了。」〔註61〕先秦之「樂」已不再僅僅是一種審美藝術形態，而是一種極具政治象徵意義的政治文化符號。國古代的「樂象」觀念也是在這一「意義母題」中衍化而來的。

「樂象」作爲一個觀念範疇最早出現於《禮記·樂記》：「聲者，樂之象也」、「君子動其本，樂其象，然後治其飾」。〔註62〕「樂象」一語雖出於《樂記》，但其思維軌迹卻可溯源於上古三代的「象喻」文化傳統。春秋之際，陰陽五行思想盛行於世，一些諸子學者逐漸以陰陽五行思想來闡釋樂舞觀念。

陰陽五行學者認爲陰陽創生和形成了世界萬物。音樂作爲世界萬物的一個組成部分也是陰陽二氣的作用。在他們看來，音樂的性質和作用，音樂的審美標準，以及五聲、六律、八音等音樂現象，都應當用陰陽和五行來加以解釋。〔註63〕這些中國古代學者通過把音樂與天地陰陽緊密相聯，從而使上古樂舞呈現出氣象萬千的的「樂象」圖景：

> 是故清明象天，廣大象地，始終象四時，周還象風雨。五色成
> 文而不亂，八風從律而不奸，百度得數而有常。小大相成，終始相
> 生。倡和清濁，迭相爲經。故樂行而倫清，耳目聰明，血氣和平，

〔註61〕江文也：《孔子樂論》，華東師範大學出版社，2008年，第104頁。

〔註62〕《禮記正義》，《十三經注疏本》本，中華書局1980年版。

〔註63〕蔣孔陽：《先秦音樂美學思想論稿》，1986年，第28頁。

移風易俗，天下皆寧。〔註64〕

所謂「象天」、「象地」、「象四時」、「象風雨」、「象日月」與「五色成文」、「八風從律」、「百度得數」一樣，乃是觀乎人文而化成之種種表徵，其意在「耳目聰明」、「移風易俗」，意義重大，故爲「政教之本」。

「樂」在中國古代文化中，決非是一種單純的審美藝術形態，而是一種內涵政教意蘊的精神載體與象徵符號。古代先哲們對「樂」的闡釋，就其根本而言，更多的是以「樂」爲示例來隱喻特定的政治理念：「夫樂，天子之職也」、「王者功成作樂」等。在傳統中國政治文化中，「樂」象徵著至高無上的王權，表達著「君臨天下」的政治理念。

在古代中國社會，「樂」是帝王權力的象徵，只有建基立業、開國安邦的帝王才有資格制禮作樂。《呂氏春秋‧古樂》中曰：

王者功成作樂，沿定制禮，其功大者其樂備，其治辯者禮具……

五帝殊時，不相沿樂，三五異世，不相襲禮。〔註65〕

相傳夏朝的開國之君大禹「疏三江五湖，注之東海」，治水有成，創立開國基業，於是命皋陶作樂「以昭其功」。據先秦典籍記載，夏朝時代的樂舞《大夏》，其內在意蘊就是頌揚大禹治水的歷史功績。《呂氏春秋‧古樂》云：

禹立，勤勞天下，日夜不懈，通大川，決壅塞，鑿龍門，降通

漻水以導河，疏三江五湖，注之東海，以利黔首。於是命皋陶作爲

《夏龠》九成，以昭其功。

大禹治水的歷史功業自古以來就不斷爲世人傳頌，先秦典籍《禹貢》讚頌禹治水有成，「九川滌源，九澤既陂，四海同氣」〔註66〕。有關大禹治水的歷史記載雖然有被後人神化的色彩，但「通大川，決壅塞，鑿龍門，降通漻水以導河」的基本史實卻不可泯滅。據現今考古發掘可知，夏遺址中有相當規模的水井、溝洫，這些同《論語‧泰伯》中關於禹之治水重在「盡力乎溝洫」的記載相吻合。

自三皇五帝之時起，「樂」就已衍化成爲一種王權意識。史傳湯率六州伐夏桀，功名大成，黔首安寧，乃命伊尹作《大濩》，歌《晨露》，修《九招》、《六列》，以彰其功。《大濩》，就其字面意義而言含有統領、統率之意。成湯

〔註64〕　《禮記正義》，《十三經注疏本》本，中華書局 1980 年版。
〔註65〕　《呂氏春秋集釋》，中國書店 1985 年影印本。
〔註66〕　《尚書正義》，《十三經注疏本》本，中華書局 1980 年版。

率六州諸侯以討夏桀並取而代之，儼然爲君臨天下的諸侯之首。

周武王興師滅紂，功成「乃命周公作爲《大武》」。〔註67〕據《呂氏春秋・古樂篇》記載周武王伐殷，「以銳兵克之於牧野，歸乃薦俘馘於京太室，乃命周公作爲《大武》。」〔註68〕《武》這部樂舞流傳至後世，《樂記》借由孔子之說對這一樂舞作了較爲精彩的描述：

> 摠干而山立，武王之事也。發揚蹈厲，太公之志也。《武》亂皆坐，周召之治也。且夫《武》，始而北出，再成而滅商；三成而南；四成而南國是疆；五成而分，周公左，召公右；六成復綴，以崇天子。夾振之而駟伐，盛威於中國也。分夾而進，事蚤濟也。久立於綴，以待諸侯之至之。

這部樂舞演繹了武王伐紂戰爭的全部場景，透過上古典籍的描述，可以想見，這一氣勢浩大、壯懷激烈的樂舞儼然就是一席耀武揚威、震懾天下的政治宣言。從這些有關上古樂舞的歷史記敘中，我們可知，在上古時代，「樂」是帝王權力的象徵，表達著「一統天下」的政治象徵意義。

通過供奉樂舞、樂器來表臣服之意，這是獨具中國特色的政治文化傳統。在上古時代，一些政治部族通過進獻凝聚著民族心理認同的「樂」來表達心悅誠服的歸順之意，展示文化認同的臣服姿態。《左傳・襄公十一年》云：

> 鄭人賂晉侯以師悝、師觸、師蠲，廣車、軘車、淳十五乘，甲兵備，凡兵車百乘，歌鍾二肆，及其鎛磬，女樂二八。

《左傳・襄公二十五年》也有這樣的記載：

> 齊人以莊公說，使隰鉏請成。慶封如師，男女以班。賂晉侯以宗器、樂器。

在上古時代，「樂」是王權的象徵，歷代先王通過對樂舞的獨佔來傳達獨霸天下的政治象徵意義。敬獻「樂舞」即是等於消除自身的王者地位，王者作「四夷之樂」即等於宣示一統天下。通過敬獻樂舞來表達四海一統的政治象徵意義有著深遠的歷史影響，時至秦漢之際，這一政治意識仍在延續。《白虎通・禮樂》云：所以作四夷之樂何？德廣及之也。合歡之樂舞於堂，四夷之樂陳於門外之右，先王所以得之，順命重始也。

上古時代，「樂」作爲王權的象徵，還有另一種政治功能：「天子之爲樂

〔註67〕《呂氏春秋・古樂》。
〔註68〕《呂氏春秋集釋》，中國書店 1985 年影印本。

也，以賞諸侯之有德也」。《禮記・樂記》云：

> 昔者舜作五弦之琴，以歌《南風》，夔始制樂，以賞諸侯。故天
> 子之爲樂也，以賞諸侯之有德者也。德盛而教尊，五穀時熟，然後
> 賞之以樂。故其治民勞者，其舞行綴遠；其治民逸者，其舞行綴短。
> 故觀其舞，知其德；聞其諡，知其行也。《大章》，章之也。《咸池》，
> 備矣。《韶》，繼也。《夏》，大也。殷周之樂盡矣。〔註69〕

《禮記・明堂位》也有這樣的記載：成王因周公有勳勞於天下，是以封
周公於曲阜，地方七百里，革車千乘，命魯公世世祀周公以天子之禮樂。在
特定時代、特定地域，「樂」被王權意志當作標榜歷史人物及其功德的最高獎
賞，對被賞賜者而言這將是一種異乎尋常的榮耀。

在上古時代，「樂」不但是擬人化的政治地位、政治身份的象徵，還是各
個部族政權的象徵。在遠古社會，部族政權林立，各個部族政權爲強化族群
認同，都要制定各自的「圖騰之樂」以標示自身的主體性。這些「圖騰之樂」
如同現代社會中的國歌、國旗，既是各個部族政權的精神象徵，也是上古帝
王的身份象徵。《左傳・昭公二十一年》云：「夫樂，天子之職也。夫音，樂
之輿也。而鍾，音之器也。天子省風以作樂，器以鍾之，輿以行之。」〔註70〕
興舞作樂是天子的專有職責，唯有君王才有資格作樂，這是傳統中國政治文
化中非常重要的一種政治觀念。這一重要的政治觀念經由古代典籍不斷記述
宣揚，逐漸衍化成爲一種根深蒂固的政治心理意識。《古今圖書集成》第一卷
《禮樂總部彙考》輯錄了歷代有關圖騰祭祀用樂的情況：

> 伏羲氏始制禮樂。按：《史記補・三皇本紀》太皞包羲氏始制嫁
> 娶，以儷皮爲禮，作三十五弦之瑟。
>
> 神農氏行蠟祭之禮，作扶犁之樂。按：《史記補・三皇本紀》炎
> 帝神農氏作蠟祭以赭鞭鞭草木，又作五弦之瑟。
>
> 黃帝作《咸池》之樂，定袞冕衣裳之制，備吉凶之禮。
>
> 顓頊高陽氏定牲玉服度之制，作五基六莖之樂。
>
> 帝嚳高辛氏定升降長幼及祭祀之禮，作《九招》之樂。
>
> 舜命伯夷定三禮，夔典樂，又於巡狩正禮樂。

〔註69〕《禮記・樂記》。
〔註70〕《春秋左傳正義》，《十三經注疏本》本，中華書局1980年版。

　　黃帝部族之樂名爲《雲門》，也稱《雲門大卷》。據有關學者考證，黃帝部族以雲爲圖騰，《雲門》是其圖騰樂舞。圖騰崇拜具有很強的地域文明特徵，在一定程度上，圖騰崇拜與部族賴以生存的地域環境，以及生產方式、生活條件有著極爲密切的關聯。《左傳・昭公十七年》載：昔者黃帝氏以雲爲紀，故爲雲師而雲名。杜預注：「黃帝受命，有雲端，故以雲紀事，百官師長皆以雲爲名號。」這段記述表明黃帝部族以「雲」作爲其圖騰標誌，其軍隊也因此而稱爲「雲師」。黃帝部族以「雲」爲其圖騰標誌，暗示著某種心理意識，並且具有某種特定的思維定勢和心理指向。黃帝部族以雲爲圖騰，在很大程度上反映了農業文明對自然氣候的依賴。據《韓非子》記載：黃帝會鬼神於西泰山上，在其行進途中「風伯進掃，雨師灑道」。

　　黃帝部族的圖騰樂舞——《雲門》一直相沿到了周代，《周禮・大司樂》云：「舞《雲門》以祀天神」，「以樂舞教國子，舞《雲門》。」《雲門》被作爲莊嚴、肅穆的祭祀天神用樂而得到廣泛運用。以上文獻把《咸池》也作爲黃帝之樂，「黃帝作《咸池》之樂，定袞冕衣裳之制，備吉凶之禮。」《呂氏春秋・古樂》也有類似的記載：「黃帝又命伶倫與榮將鑄十二鍾，以和五音，以施英韶，以仲春之月，乙卯之日，日在癸，始奏之，命之曰《咸池》」。咸池，相傳是太陽初升沐浴的地方。《淮南子・天文訓》曰：「日出於暘谷，浴於咸池，拂於扶桑。」《楚辭・離騷》王逸注：「咸池，日浴處也。」以《咸池》作爲樂曲之名，顯然是與部族的太陽神崇拜有關。太陽是炎帝部族的圖騰，太陽崇拜就是其圖騰崇拜。《左傳》記載：「炎帝氏以火紀，故爲火師而火名」。顓頊部族的圖騰之樂名爲《承雲》。《呂氏春秋》說顓頊高陽氏之樂爲《承雲》：

　　　惟天之合，正風乃行，其音若熙熙淒淒鏘鏘，顓頊好其音，乃
　　令飛龍作，效八方之音，命之曰《承雲》，以祭上帝，乃會鱓先爲樂
　　倡，鱓乃偃寢，以其尾鼓其腹，其音英英。〔註71〕

　　帝堯部族的圖騰之樂名爲《大章》。《呂氏春秋・古樂》云：「帝堯立，乃命質爲樂，質乃效山林溪谷之音以歌，乃以麋置缶而鼓之，乃拊石擊石，以象上帝玉磬之音，以致舞百獸。瞽叟乃拌五弦之瑟，作以爲十五弦之瑟，命之曰《大章》，以祭上帝。」《漢書・禮樂志》云：「堯作《大章》」。《大章》之樂，傚仿山林溪谷之音，在鼓聲、琴瑟的伴奏下，「百獸」起舞，可以想見規模之宏大。

─────────────
〔註71〕《呂氏春秋集釋》，中國書店 1985 年影印本。

「舜命伯夷定三禮，夔典樂，又於巡狩正禮樂」，舜部族之樂名爲《簫韶》。《簫韶》是舜的圖騰樂舞，以簫和磬爲伴奏樂器。《尙書·虞書·益稷》云：夔曰：戛擊鳴球、搏拊琴瑟以詠。祖考來格，虞賓在位，群后德讓。下管鼗鼓，合止祝敔，笙鏞以間。鳥獸蹌蹌；《簫韶》九成，鳳皇來儀。夔曰：於予擊石拊石，百獸率舞。至西周時期，《韶》樂被加工改造成國樂，其規模和影響進一步擴大。上古時代的政治是宗教化政治，上古政權是一種神權化的政權。祭祀神靈是上古先王的專有特權，祭權即爲政權。樂舞作爲會通神人的精神載體，其創制與施用自然是帝王的專有職責。

在上古先民看來，「樂」是一種物化的政治意識形態，標誌著帝王的政治身份，具有極爲顯著的人格化特徵，尤其有關上古先王發明創制樂器的歷史傳說更加強化了「樂」的人格化色彩。據《世本·作篇》記載，伏羲創制發明琴瑟之樂，並以伏羲之瑟爲五十弦，而《史記補·三皇本紀》則這樣寫道：太暤庖犧氏結綱罟以教佃漁，作二十五弦之瑟。《古今圖書集成·經濟彙編·樂律典》引《辨樂論》記載：

昔伏羲氏因時興利，教民畋漁，天下歸之，時則有綱罟之歌。

神農繼之，教民食穀，時則有豐年之詠。《扶徠》之歌，即鳳來之頌，

乃神農之《扶犁》也。扶，風，來，犁，音相同爾。

從古代典籍的記載來看，伏羲作「樂」可能與漁獵生活和鳥圖騰崇拜有關。據古史記載，女媧也是樂器的發明者，《禮記·明堂位》有「女媧氏之笙簧」，《說文解字》：「古者女媧作簧。」《史記補·三皇本紀》：「女媧氏，風姓，有神聖之德，代宓犧氏，立號曰女希氏，作笙簧。」《史記補·三皇本紀》還有這樣的記載：「炎帝神農氏作五弦之瑟」，將五弦琴發明權歸於炎帝。雖然這些歷史記載並非信史，但流存於古代文籍中的這些歷史傳說歷經後人的不斷演繹深化，久而久之逐漸積澱爲一種歷史文化意識，定型爲一種政治文化心理。在傳統中國社會，「樂乃天子之職也」這一政治觀念早已凝結爲一種民族意識與政治規範。

公私不分、家國一體、君父合一是中國傳統宗法社會的基本形態，這種特定的社會形態使中國的傳統政治文化呈現爲一種倫理政治型文化，在世界各國中，大概沒有那個國家像古代中國那樣把政治和倫理如此緊密地結合在一起，以至於從一定意義而言，中國封建社會的政治就是一種倫理化的政治，政治的倫理化與倫理的政治化是傳統中國文化的一大本質特徵。長久以來，

中國學術始終將道德倫理與社會政治作為話語主題之核心，尤其是在儒家的禮樂文化傳統中，「樂」是政治倫理的象徵，是政治等級意識的宣示。

《樂記》認為：「凡音者，生於人心者也。樂者，通倫理者也。鄭注：「聽樂而知政之得失，則能正君、臣、民、事、物之禮也。〔註72〕孫希旦也說：「樂通倫理，謂其通於君、臣、民、事、物五者之理也。」〔註73〕所謂「樂通倫理」即是指「樂」與社會等級關係相互類通，因此它可以在協調、規範社會關係方面發揮重大作用。《樂記》還指出：

> 聖人作為父子君臣以為綱紀。綱紀既正，天下大定。天下大定，
> 然後正六律，和五聲，絃歌《詩》、《頌》。此之謂德音，德音之謂樂。

《禮記·文王世子》亦說：

> 登歌《清廟》，既歌而語，以成之也。言父子、君臣、長幼之道，
> 合德音之致，禮之大者也。下管《象》，舞《大武》，大合眾以事，達
> 有神，與有德也。正君臣之位，貴賤之等焉，而上下之義行矣。〔註74〕

在上古中國社會，天子祭祀、養老、饗諸侯、諸侯相見等禮儀，皆升歌下管。「序貴賤各得其宜」，「示後世有尊卑長幼之序」〔註75〕。從《禮記·樂記》、《明堂位》、《祭統》、《仲尼燕居》等篇可以看出，「樂」與社會政治制度密切相關，「樂」是的社會倫理等級象徵，宣示著倫理等級觀念，古代先民對於「樂」的應用有著嚴格等級規定，在先秦儒家樂論中，不但將五音與社會等級關係相對應，而且認為樂器與社會等級關係之間也有相類互通之處。後世的《白虎通·禮樂》篇對此有明確的概述總結：瑟有君父之節，臣子之法。君父有節，臣子有義，然後四時和。四時和，然後萬物生。在古代先民看來，不但「瑟」蘊涵著倫理意識。「磬」也包涵著等級意義：

> 磬者，夷則之氣也，象萬物之成也，其聲磬。故曰：磬有貴賤
> 焉，有親疏焉，有長幼焉。朝廷之禮，貴不讓賤，所以明尊卑也。
> 鄉黨之禮，長不讓幼，所以明有年也。宗廟之禮，親不讓疏，所以
> 明有親也。此三者行，然後王道得，王道得，然後萬物成，天下樂
> 之。故樂用磬也。〔註76〕

〔註72〕孫希旦：《禮記集解》，中華書局，1989年，第978頁。
〔註73〕孫希旦：《禮記集解》，中華書局，1987年，第982頁。
〔註74〕孫希旦：《禮記集解》，中華書局，1987年，第577頁。
〔註75〕孫希旦：《禮記集解》，中華書局，1989年，第1018頁。
〔註76〕陳立：《白虎通疏證》，中華書局，1994年，第125～126頁。

　　把五音、樂器與政治等級關係相互比附，這是古代「樂論」的通例。只要在「樂」中存在不同的構成要素，古代先民們就將其與社會等級關係聯繫起來。在傳統中國社會，樂舞與聲樂、樂器一樣，完全被政治化、等級化了，即便是樂舞的姿勢，也與三綱、五常有著嚴密的對應比附關係。

　　在儒家樂論中，對於「樂」的內容亦有不同的等級規定。國學大師王國維先生對此有精深的研究。按照古代禮制規定，祭祀、燕飲、射禮、迎送賓客等社會活動進行時，都要伴舞奏樂。據王國維先生的考證整理，其具體規定為：

　　（1）金奏。天子祭祀奏《王夏》、《肆夏》、《昭夏》，天子視學養老、大饗、大射奏《王夏》、《肆夏》；諸侯大射儀、燕禮奏《肆夏》；大夫、士皆無。

　　（2）升歌。天子祭祀、視學養老、大饗、大射奏《清廟》；兩君相見奏《清廟》、《文王》之三；諸侯大射儀奏《鹿鳴》三終，諸侯燕禮奏《鹿鳴》、《四牡》、《皇皇者華》；大夫、士鄉飲酒禮奏《鹿鳴》、《四牡》、《皇皇者華》。

　　（3）管。天子祭祀、視學養老、大饗、大射奏《象》；諸侯大射儀奏《新宮》二終，諸侯燕禮奏《新宮》；大夫、士無。

　　（4）笙。諸侯燕禮奏《南陔》、《白華》、《華黍》；大夫、士鄉飲酒禮也奏《南陔》、《白華》、《華黍》。

　　（5）間歌。諸侯燕禮堂上升歌《魚麗》、《南有嘉魚》、《南山有臺》，堂下笙奏《由庚》、《崇邱》、《由儀》；大夫、士鄉飲酒禮同。

　　（6）合樂。兩君相見奏《鹿鳴》之三；諸侯燕禮奏《關雎》、《葛覃》、《卷耳》、《鵲巢》等；大夫、士鄉飲酒禮同。

　　（7）舞。天子祭祀舞《大武》、《大夏》（為大舞），視學養老舞《大武》，大射舞《弓矢舞》；兩君相見舞《武》、《夏禴》；諸侯燕禮舞《勺》。

　　（8）金奏送賓。天子祭祀、視學養老、大饗、大射奏《肆夏》、《王夏》；諸侯大射儀奏《陔夏》、《贅夏》，燕禮奏《陔夏》；大夫、士射禮、鄉飲酒禮奏《陔夏》〔註77〕

_____

〔註77〕王國維：《釋樂次及附天子諸侯大夫士用樂表》，《觀堂集林》卷二，中華書局，

　　以上這些具體規定是從古代禮儀典籍中歸納而得，其間或有相同之處，但總的來說，天子、諸侯、大夫、士在各種場合用「樂」的規格有著嚴格的等級差別。

　　在古代中國社會，樂器的使用規格有著不同的等級規定。《周禮・春官・小胥》記載：正樂縣之位，王宮縣，諸侯軒縣，卿大夫判縣，士特縣。〔註78〕按照天子、諸侯、大夫等不同的政治等級，鍾、磬等樂器有「宮縣、「軒縣」、「判縣」、「特縣」等不同的懸掛方式。1978年湖北隨縣發現的曾侯乙墓的樂器組合，即「軒縣」的一個具體實例。該墓室內西、南兩壁都立架陳放著編鍾（六十五枚），北壁立架陳放著編磬（三十二枚）。〔註79〕再比如，天子、諸侯金奏用鐘鼓；大夫、士則只用鼓。《儀禮・鄉飲酒禮》有「賓出，奏《陔》」句，鄭玄注說：「鐘鼓者，天子、諸侯備用之，大夫、士，鼓而已。」〔註80〕

　　樂舞的規格也有著不同的等級規定。據《左傳・隱公五年》記載，樂舞當中執羽的人數為：天子用八，諸侯用六，大夫四，士二。《公羊傳・隱公五年》中云：「天子八佾，諸公六，諸侯四」。天子、王侯的政治等級不同，所用樂舞的隊列當然也就有著不同的等級規定。但具體人數為多少，歷代經學家有不同的解釋與爭論。杜注《左傳》認為：

　　　　八八六十四人，六六三十六人，四四十六人，二二四人。

馬融等人則認為：

　　　　每佾為八人，天子六十四人，諸侯四十八人，大夫三十二人，士十六人。

　　拋開這些具體的爭論，從《左傳》、《公羊傳》以及歷代注疏中也可看出，在古代中國社會，對於樂舞活動有著嚴格的等級規定，政治地位越高，樂舞的規模越大。如果違反了這些禮樂等級規定，則如同《論語》所言：是可忍也，孰不可忍也？

　　此外《周禮・春官・大司樂》還有這樣的記載：即根據祭祀對象的不同，樂舞也有不同的等級差別：

　　　　1959年，第84～104。
〔註78〕《十三經注疏・周禮注疏》，中華書局，1980年，第795頁。
〔註79〕湖北省博物館編：《曾侯乙墓》，文物出版社，1989年，第75頁。
〔註80〕《十三經注疏・儀禮注疏》，中華書局，1980年，第989頁。

乃分樂而序之，以祭，以享，以祀。乃奏黃鍾，歌大呂，舞《雲門》，以祀天神。乃奏大蔟，歌應鍾，舞《咸池》，以祭地示。乃奏姑洗，歌南呂，舞《大磬》，以祀四望。乃奏蕤賓，歌函鍾，舞《大夏》，以祭山川。乃奏夷則，歌小呂，舞《大濩》，以享先妣。乃奏無射，歌夾鍾，舞《大武》，享先祖。

在祭祀禮儀中，根據祭祀對象的不同，用不同的樂舞來祭祀天地、山川之神和先王、先妣。賈公彥疏云：

今分此六代之舞，尊者用前代，卑者用後代，使尊卑有序。

在祭祀樂舞中，有著不同的等級規定，受祭者政治地位越高，樂舞的等級也越高。總之，不同的樂舞規格與不同的政治地位相匹配，這樣便顯示出禮樂儀式的莊嚴肅穆，顯示出禮別貴賤的社會意義。